同性愛をめぐる歴史と法

尊厳としてのセクシュアリティ

世界人権問題叢書 94

三成美保 編著

明石書店

はじめに――同性愛をめぐる歴史と法

三成　美保

世論拮抗の中で

二〇一五年六月二六日、アメリカの連邦最高裁は、同性婚を禁じる州法（一四州存在）を「違憲」と判断した。九人の判事のうち四人が強い反対を示す中、中間派の判事がリベラル派に与する形でのギリギリの判決となった。アメリカでは、同性婚問題は大統領選の争点になるほど強い政治性を持つ。国民世論も二分されてきた。二〇〇三年には、同性婚反対と賛成の比は六対四であった。しかし、二〇一一年にこれが同率になり、二〇一五年には反対と賛成の比率が四対六になると見込まれている。[1]

フランスでは、二〇一三年五月に同性婚法が国会で審議された際、大規模な反対デモがあった。オランド大統領は同性婚容認を公約にかかげており、たとえ世論の半分が反対しようとも立法は少数者の平等達成に向けて動くべきだと唱えて、同性婚法が成立した。[2]

これら二つの事例は、世論拮抗の中、司法府や行政府・立法府が積極的に人権保障に乗り出したケースである。日本では、一九九六年の民法改正要綱に定めた選択的夫婦別氏すら、世論の理解が得られていないとして先送りにされている。世論を根拠にするジェンダー平等政策の停滞については、女性差別撤廃委員会（ＣＥＤＡＷ）からも鋭い改善勧告がなされている。[3]二〇一五年二月に東京都渋谷区が「同性パートナーシップ条例」を検討していると公表したのを受け、日本でも同性婚に関して各種の世論調査が行われた。例えば、毎日新聞が二〇一五年三月に実施した全国世論調査では、同性婚賛成が四四％、反対三九％、無回答一七％であった。[4] 世論が拮抗しているとはいえ、現時点でも賛成派が多い。そして、アメリカの世論動向にも反映されているように、司法判断と立法は世論を変える。

性的指向の自由を保障することによって、いったいだれの権利が侵害されるというのか。反対派は、社会的・道徳的秩序あるいは婚姻という制度を守ろうとする。しかし、一九七〇年代以降、世界でも日本でも性道徳や家族は急速に変化している。戦後日本法が基本モデルとしてきた夫婦と未婚子からなる単婚小家族（核家族）の比率は減少の一途をたどっており、二〇三五年には全世帯の二三％にまで落ち込むと推定されている（一九九五年は三四％）。[5] 生涯未婚率も急増し、男性二〇％、女性一一％（二〇一〇）となっている。[6] 個人のライフスタイルにあわせた選択肢が保障されず、国家が定めた「正統モデル」からの「逸脱者」に不利益を課すこと自体、国家による人権侵害にほかならない。

「尊厳」としてのセクシュアリティ

セクシュアリティは、人格の本質をなす。セクシュアリティに関する権利保障はなによりも人権保障であり、人間としての「尊厳」の保障でなければならない。

本書で取り上げる「同性愛」（ホモセクシュアル、広義のゲイ）は、「性的指向」（sexual orientation）の一つであり、性愛が同性に向かう場合をさす。同性愛には女性間同性愛（レズビアン）と男性間同性愛（ゲイ）があるが、同性愛と異性愛は必ずしも排他的ではない。両性愛（バイセクシュアル）の性的指向を持つ者も存在する。歴史的には、同性愛行為と異性間婚姻が併存する社会はけっして少なくない（総論・第4章・第5章参照）。また、性的指向は「性自認」（gender identity）によって決定されるので、身体が女性で性自認が男性であるＦＴＭ（female to male）のトランスジェンダーが女性を愛する場合には、同性愛ではなく異性愛として理解されるべきである。男女いずれかの性に決めがたいインターセックス（性分化疾患）の性的指向も同様に性自認との関係で決まる。しかし、性自認も性的指向も必ずしも生涯を通じて固定しているわけではない。セクシュアリティに関する問題は、境界が曖昧かつ流動的であることに十分留意しなければならない（総論参照）。

ＬＧＢＴＩ（Lesbian, Gay, Bisexual, Transgender, Intersex＝いわゆる「性的少数者」）[7]の権利保障に向け、二一世紀の国際社会は急速に変化している。ＬＧＢＴＩの権利保障は、多様な側面に及ぶ。国際レズビアン・ゲイ協会[8]（International Lesbian, Gay, Bisexual, Trans and Intersex Association=ILGA）の一つであるＩＬＧＡヨーロッパは、ＬＧＢＴＩの権利保障の達成度を示す「レインボウマップ」を公表している。その評価指標として、表に示した項目があげられている[9]（表1）。大項目は、差別禁止法制・家族形成権・ヘイトクライム／ヘイトスピーチ対策・性別違和やインターセックスへの対応・表現活動の保障・避難施設（アジール）の六つである。ＬＧＢＴＩの権利保障は憲法（人権）・家族法・刑法の各分野にまたがり、法的強制の排除と当事者の自己決定権の尊重が核心であることが読み取れる。

表1　ILGAヨーロッパ・レインボウマップ（2015）

平等・非差別
　性的指向（憲法・雇用・商品及びサービス・その他の生活領域・平等化機関・平等のためのアクションプラン）
　性自認（憲法・雇用・商品及びサービス・その他の生活領域・平等化機関・平等のためのアクションプラン）
　異性装（法律）
　インターセックス（法律及び公的政策）
家族
　婚姻平等
　登録パートナーシップ（婚姻同等・権利限定）
　同棲
　婚姻について憲法上の制限なし
　親子（共同養子・再婚養子・自動的な共同親権）
　生殖補助医療（カップル・シングル）
　トランスジェンダーが異性と結婚できる
ヘイトクライム・ヘイトスピーチ
　性的指向（ヘイトクライム法・ヘイトスピーチ法・ヘイト行為防止政策）
　性自認（ヘイトクライム法・ヘイトスピーチ法・ヘイト行為防止政策）
　インターセックス（法律）
法的な性別変更と身体変更不要
　手続き有り（法的・行政的）
　名前変更可
　性別違和感は不要
　医学的介入は不要
　性別適合手術は強制されない
　不妊手術は強制されない
　離婚は強制されない
　インターセックスの子どもがインフォームドコンセントを与えることができるようになるまで医学的介入は禁止する
集会・結社・表現の自由
　国家による妨害なく公的イベントを開催可能（過去三年間）
　国家による妨害なく結社活動が可能（過去三年間）
　表現を制限する法律がない（国家・地方）
アジール
　性的指向（法律・政策その他の措置）
　性自認（法律・政策その他の措置）

ヨーロッパ諸国におけるLGBTIの権利保障

ＩＬＧＡヨーロッパ「レインボウマップ」（二〇一五）によると、ヨーロッパ四九か国のスコアは、次のとおりである。トータルスコアが六〇ポイント以上の優良国は一三か国であった（カッコ内がスコア）。①イギリス（八六）、②ベルギー（八二）、③マルタ（七九）、④スウェーデン（七二）、⑤クロアチア（七二）、⑥スペイン（六九）、⑦オランダ（六九）とノルウェー（六九）、⑨デンマーク（六八）、⑩ポルトガル（六七）、⑪フランス（六五）、⑫アイスランド（六三）、⑬フィンランド（六二）。同性婚を認めていないドイツは一五位（スコア五七）であった。[10] 最下位はアゼルバイジャン（スコア五）であった。四八位（スコア八）のロシアでは、二〇一三年に同性愛公言禁止法が制定された。平等に向けた取り組みはいっさいなく、家族形成に関する法政策も乏しい。こうしたロシアなどいくつかの国を除き、ヨーロッパの多くの国で、ＬＧＢＴＩ差別禁止の法制が整備されている。

国際社会の動向

二〇一四年九月、第二七回国連人権理事会は、「性的指向と性自認（ジェンダー・アイデンティティ）に関する決議」を採択した（第3章参照）。[11] 国連人権理事会などを通じて国際社会では性的指向の自由を保障する動きが強まっている。しかし、国連総会での決議には至っていない。イスラーム諸国の反対が強いからである。国連人権理事会での採決にあたっても、「性的指向」や「ジェンダー・アイデンティティ」という語の削除を求めるなどの修正意見が出されたが、結果的には、賛成二五、反対一四、棄権七で採択された。

国連の動向にも反映されているように、今日、性的指向・同性愛行為に対する法制は国や地域によって大きく異なる（図1参照）。ヨーロッパ諸国、南北アメリカ諸国では婚姻の性中立化がすすみ、多くの国が同性カップルの婚姻を認めるようになった。他方、中東からアフリカにかけては、同性愛行為を処罰する国が多く、死刑を法定している国も五か国存在する。

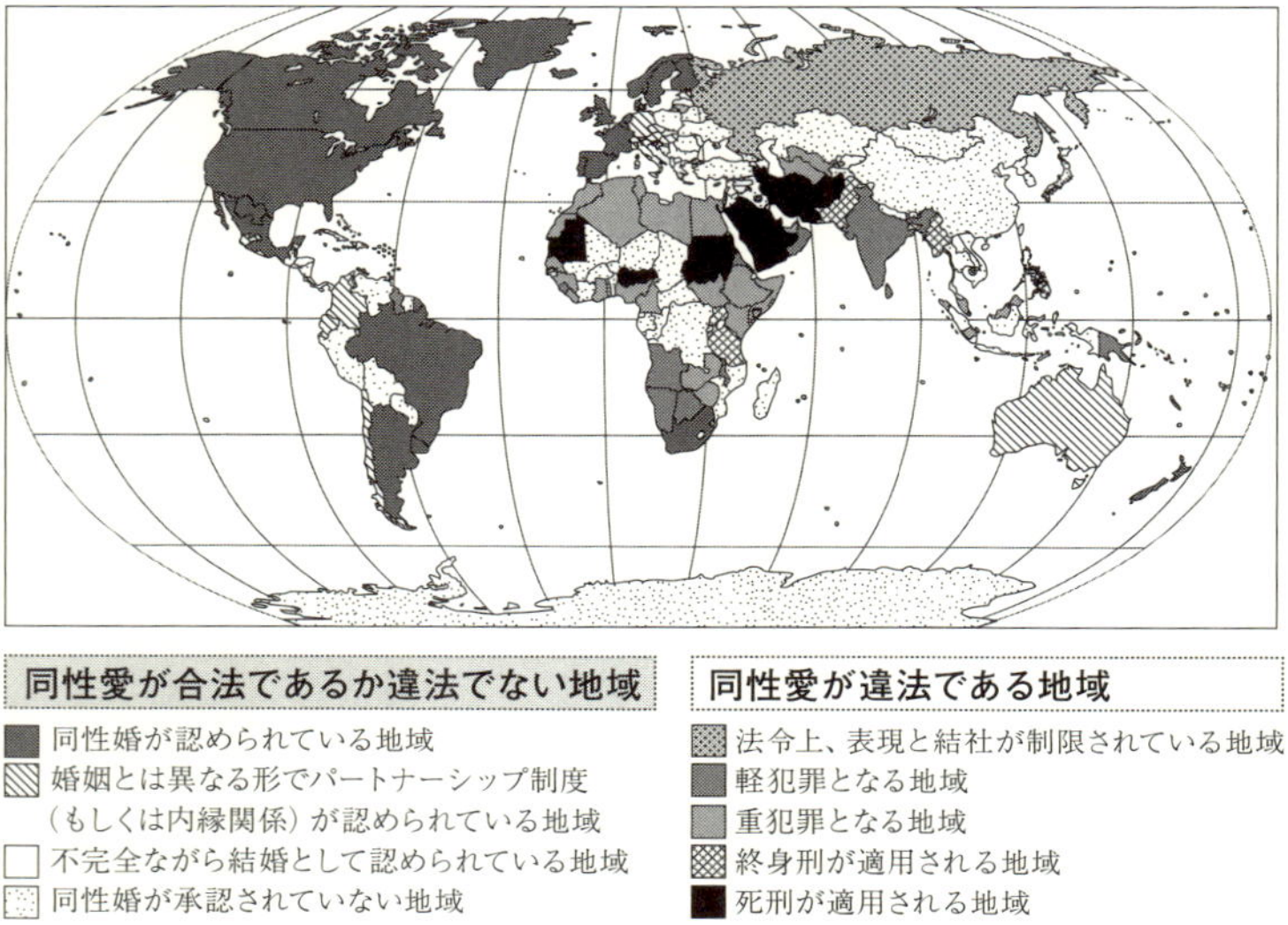

図1　同性愛についての世界地図（2015年）

日本には、同性愛行為を処罰した歴史がほとんどなく（例外は明治初期の鶏姦罪[12]［コラム1参照］）、同性愛をタブー視する宗教的背景もない。本書で明らかにされるように、平安朝から江戸期まで、日本では同性愛行為は忌避されず、日常生活に組み込まれていた（第4章・第5章参照）。日本で同性愛行為がタブー視されはじめたのは、大正期に西洋から「変態性欲」論が導入されて以降である[13]（第6章参照）。「変態性欲」論は、「異性愛＝正常／同性愛＝異常（変態）」ととらえる性愛二元論をもとにしている。今日の日本の課題を考えるにあたって、同性愛行為を処罰する歴史も法制も持たないまま、性的指向としての同性愛を異常視する理論が導入された結果、性的指向の自由を「尊厳」としてとらえる視座が確立しにくかった事実を軽視することはできない。

国際水準にほど遠い日本の現状

ＩＬＧＡが示した指標に照らし合わせると、日本の取り組みは国際水準に遠く及ばない。日本の場合、ＬＧＢＴＩ関連法としては、法的な性別変更に関する「性同一性障害者特例法」（二〇〇三）があるにすぎない。同法は、トランスジェンダー（性別違和感を感じる人）の法的性別変更を認めたものであるが、諸外国と比べても要件が厳しすぎる。トランスジェンダーのうち、身体変更を望む者あるいは身体変更を実際に行った者をトランスセクシュアルと呼ぶが、ドイツの調査では、トランスジェンダーのうちトランスセクシュアルは二〜三割しかいない。身体変更は生殖能力を失うことにつながる。こうしたことを考慮すると、特例法は、トランスジェンダーの権利を保障した法とは言い難い。「性同一性障害」という語も変更されるべきである。それは、アメリカで精神障害の一類型として考案された用語であり、今日では精神障害類型からはずされ、「性別違和症候群」という呼称に変更されている[14]。

表現の自由については、日本にはＬＧＢＴＩの表現活動を禁じる法はないが、ヘイトスピーチやヘイトクライムに対する処罰規定もない。メディアでは、トランスジェンダーのうち、ＭＴＦ（male to female）タレントや女装（異性装）タレントの活動が突出しており、しばしば「笑い」を誘うような芸能活動を展開している。ＦＴＭのタレントはほとんどいない。「笑い」のうち、「嘲笑」や「おかしみ」は、既存価値の攪乱や逆転によって生じるが、それは既存価値への信頼があってはじめて成り立つ。トランスジェンダーの芸能活動を否定するわけではないが、活動が「笑い」に結びついている限り、決してＬＧＢＴＩの権利保障に寄与するものではない。それはむしろ差別の固定化をもたらす恐れが強い。二〇一四年、厚労省が示したセクシュアル・ハラスメントのガイドラインに、初めて「同性間のセクシュアル・ハラスメント」が盛り込まれた[15]。これを受け、ＬＧＢＴＩ権利保障に向けて活動するＮＰＯは、「セクシュアル・マイノリティに対するハラスメント」例として、「『ホモ』『オカマ』『レズ』などの発言で笑う」とか、「当事者の芸能人の芸を強要する」をあげている。マスコミは、差別的呼称の自主規制にすみやかに取り組むべきであろう。

性的指向の権利保障について長く停滞していた日本でも、ようやく変化が見え始めた。東京都渋谷区での「同性パートナーシップ条例」[16]の施行（二〇一五年四月）に続き、いくつかの自治体で同様の取り組みに向けて検討が始まった[17]。二〇二〇年に予定されている東京オリンピックの開催に合わせて同性カップルの権利保障を国際水準に合わせる必要があるとの議論もでている。教育現場でも、ＬＧＢＴＩの自殺企図率の高さが指摘され、初めて文科省が対策に乗り出した（二〇一五年四月三〇日）[18]。本書がこのような動きにいささかでも寄与できればうれしい。

本書の構成

本書では、「性的指向の自由」を「尊厳」にかかわる人権として位置づけ、日本の法と歴史における同性愛の位相を明らかにすることを目的とする。本書は二部構成で、総論以外に全七章、五コラムからなる。

第1部「性的指向の権利保障」では、法的問題を扱った。第1章「『同性愛』と憲法」（中里見博）

は、「日本型ホモフォビア」が同性愛を抑圧してきたとし、性的指向は憲法13条で保障されるアイデンティティとしての人権であるとする。第2章「家族法――同性婚への道のりと課題」（二宮周平）は、同性パートナーシップから同性婚へと至った諸外国の事例を紹介し、日本でもまず同性パートナーシップの導入から始めるべきと提唱する。第3章「『同性愛』と国際人権」（谷口洋幸）は、国際人権法では「同性愛」は「マイノリティ」の人権保護の文脈では論じられておらず、「性的指向」として権利保障がなされるべきだと主張する。さらに第1部には、二本のコラムを配した。「セクシュアリティ射程と歴史研究」（長志珠絵）は、戦後の日本史及び日本法制史の研究成果をまとめ、今後の課題を指摘している。NPO法人共生社会をつくるセクシュアル・マイノリティ支援全国ネットワーク代表の原ミナ汰氏には、当事者運動についてのコラムを執筆していただいた。

第2部「歴史の中の同性愛」では、歴史と文学を扱った。第4章「クィアの日本文学史」（木村朗子）は、異性愛と同性愛は対立関係になかったという事実に基づき「クィアな性愛」という概念を用いる。女性同性愛を含む「クィアな性愛」は文学表現の宝庫であるが、それは「当たり前」な光景であって、あえてそこに革新性を読み込むべきではないとも注意をうながす。第5章「元禄期の武家男色」（鈴木則子）は、三つの史料を分析して、綱吉の時代に男色と政治が深く結びついていたことを具体的に示す。寵愛を受けた小姓や能役者が出世した例もあれば、逆に、将軍の目に止まらぬよう自衛した若者たちもいた。古代ギリシアの少年愛とは異なり、日本では、小姓・稚児の成人後も「念者―舎弟」の関係が続き、主従関係を補強していた点が興味深い。第6章「ウィークネスフォビアとホモフォビア」（内田雅克）は、明治末から戦前にかけて人気を博した少年雑誌を素材に、弱さへの嫌悪（ウィークネスフォビア）を読み取る。日本人男性の「男性性」が、日清・日露戦争やアジア太平洋戦争あるいは欧米の変態性欲概念の影響を受けながら歴史的に形成されていった過程が少年雑誌の記事からつぶさに読み取れる。第7章「ナチズムと同性愛」（田野大輔）は、ナチスが同性愛を「悪疫」とみなして迫害した歴史的背景を論じる。基本的にはセジウィックのホモソーシャル論が妥当するとし、ナチスがホモソーシャルな「男性国家」であろうとしたがゆえに、男性同性愛者をターゲットにしたと指摘される。コラムとしては、前近代中国の女性同性愛文学について紹介する「ともに嫁ぐか、ともに死ぬか？」（野村鮎子）、少女マンガを素材に少女たちの同性恋慕を論じる「物語としての『青い花』」（山崎明子）、一九世紀フランス文学において男性同性愛と女性同性愛がどのように描かれたかを紹介する「フランス近代小説に見る同性愛」（高岡尚子）を配した。

本書は、二〇一三年に開催されたジェンダー史学会春季シンポジウム（於・奈良女子大学）の成果をもとにしている。当日の報告者・コメンテーター・司会者に加え、準備会で協力していただいた奈良女子大学の教員にも執筆に加わっていただいた。学会主催者のジェンダー史学会と共催者である奈良女子大学アジア・ジェンダー文化学研究センターの関係者に心から感謝したい。また、本書は、明石書店の世界人権問題叢書の一冊として刊行していただけることになった。出版を引き受けてくださった明石書店の神野斉編集長、及び、短期間で精力的な編集を行っていただいた編集部の源良典氏には、編者として、心からの感謝を捧げたい。

注

1 ピューリサーチセンターの推計。朝日新聞２０１５年６月28日。

2 服部有希「フランスの同性婚法――家族制度の変容」『外国の立法』２５８、２０１３。http://dl.ndl.go.jp/view/download/digidepo_8382749_po_02580004.pdf?contentNo=1

3 「委員会は、締約国が、差別的法規定の撤廃が進んでいないことを説明するために世論調査を用いていることに懸念をもって留意する」女性差別撤廃委員会の最終見解（２００９）http://www.gender.go.jp/whitepaper/h22/zentai/html/shisaku/ss_shiryo_2.html

4 毎日新聞２０１５年３月16日。

5 国立社会保障・人口問題研究所「日本の世帯数の将来推計（全国統計）」。三成美保・笹沼朋子・立石直子・谷田川知恵『ジェンダー法学入門（第二版）』法律文化社、２０１５、１３７頁。

6 『男女共同参画白書』平成25年版 http://www.gender.go.jp/about_danjo/whitepaper/h25/zentai/html/zuhyo/zuhyo01-00-20.html

7 「性的少数者」「性的マイノリティ」という表現は必ずしも自称ではないため、国際社会では一般にＬＧＢＴＩが用いられる。本書第３章の谷口論文をも参照。

8 ＩＬＧＡの成立は１９７８年、現在１１００以上の加盟組織を擁する国際組織である。http://ilga.org/

9 http://rainbow-europe.org/

10 http://www.ilga-europe.org/sites/default/files/01_full_annual_review_updated.pdf

11 「性的指向と性自認に関する決議」は、２０１１年、第17回理事会で一度採択されている。同決議に基づいて第19回理事会ではパネル討論が開催され、人権高等弁務官事務所が性的指向と性自認に基づく差別やＬＧＢＴの人々に対する暴力に関する報告を提出した。http://www.hurights.or.jp/archives/newsinbrief-ja/section3/2014/10/27-1.html

12　明治初期の一時期に「鶏姦罪」があったが、これによって処罰されたのは、成人間同性愛行為でなく、少年に対するレイプであった。

13　Ｒ・クラフト＝エビング（平野威馬雄訳）『変態性欲心理学』（世界性学全集7）、河出書房、１９５６。

14　三成美保「ＬＧＢＴＩの権利保障——歴史と比較を通して」『歴史地理教育』２０１３年12月。同稿を一部加筆修正したものは、http://ch-gender.jp/wp/?page_id=2874

15　http://www.mhlw.go.jp/stf/houdou/0000033232.html

16　同性カップルに「結婚証明書」を発行するという条例である。証明書に法的効力はなく、劇的な効果は乏しい。しかし、欧米でもＬＧＢＴＩ対策は、自治体の取り組みから始まっており、こうした取り組みがやがて全国規模の法改正につながることが期待される。

17　世田谷区、宝塚市など。

18　ただし、対象はＬＧＢＴＩのうち、トランスジェンダーに限定されている。文部科学省「性同一性障害に係る児童生徒に対するきめ細かな対応の実施等について」（２０１５年４月30日）http://www.mext.go.jp/b_menu/houdou/27/04/1357468.htm

同性愛をめぐる歴史と法
——尊厳としてのセクシュアリティ

目次●

第2部　歴史の中の同性愛

総　論

尊厳としてのセクシュアリティ

三成　美保

はじめに――歴史的産物としての性愛二元論

【井原西鶴『男色大鑑』（一六八七）】

色はふたつの物あらそひ
天照《あまて》る神代《かみよ》のはじめ、浮橋《うきはし》の河原《かはら》に住める尻引《しりび》きといへる鳥のをしへて、衆道《しゅどう》にもとづき、日の千麿《ちまる》の尊《みこと》を愛したまへり。万《よろづ》の虫までも若契《じゃくけい》の形をあらはすがゆゑに、日本を蜻蛉国《せいれいこく》ともいへり。
（男色と女色の比較。神々が天に輝いていた御代の初め、天の浮橋の河原に住んでいた鶺鴒《せきれい》という鳥に教えられて、国常立尊《くにとこたちのみこと》は衆道に基づいて日の千麿の尊をお愛しなさった。すべての虫までも、男色の体位をとっているので、日本を蜻蛉国ともいうのである）[1]

井原西鶴（一六四二～九三）曰く、日本は古来より男色の国である（第5章参照）。しかし、今の日本をそう表現する者はほとんどいないであろう。「性／セクシュアリティ」に関する文化や規範は、歴史の中で大きく変化をとげる。

「性／セクシュアリティ」や「身体」が歴史学の対象とされるようになったのは比較的新しい。[2]コルバンは、「身体は文化である」[3]と述べ、その文化構築性に着目した。身体が文化であれば、身体と深く結びつく性行動や性愛もまた文化である。典型的な男女身体を前提にした異性愛の行動モデルは、婚姻という正統モデルと婚姻に反する逸脱モデル（姦通・邪淫・同棲・売春など）の双方で示された。ほぼどの社会でも、婚姻は法的保護を受け、非（反）婚姻行動は刑罰や不利益などの法的制裁を受けた。これに対し、自慰、獣姦、男色、レズビアンなどの非（反）異性愛的な性行動は、前近代西洋キリスト教社会では放任と抑圧の間を揺れ動き、前近代の中国や日本では寛容と無視の間を揺れ動いた。[4]そして、西洋社会では一七世紀後半から、「不健全」な性愛行動を治療しようとする「性愛の医療化」が始まった。[5]

「性愛の医療化」が進む過程で、「同性愛／異性愛」という二元論的な対比が成立していく。その意味で、性愛二元論は近代西洋社会の歴史的産物である。それは、同性間性行為（とくに肛門性交）を「ソドミー」という宗教上の大罪（「自然に反する罪」）に問い、死刑に処してきたキリスト教的伝統を克服するための新しい論理であった。しかし、近代市民社会の規範となった性愛二元論は、同性愛者に対する新たな差別をもたらすことになる。

キリスト教以外の文明では、「同性愛／同性愛行為」が社会に組み込まれている場合も少なくない。

例えば、アフリカには、同性間の性交・性交類似行為が男女それぞれの成人儀礼と結びつく部族社会がある。[6]「第三のジェンダー」として知られるインドの「ヒジュラ」（去勢儀礼を通じて男性としての生き方を捨て、女性衣装たるサリーを身に纏い生きる人々）は、バフチャラー女神の帰依者とされ、男児誕生や婚礼時に歌と踊りを披露して施しを受けて生計をたてるが、男性に性的サービスを提供する者もいる。[7]

性愛はつねに性交を伴うものではない。性愛には、豊かな情愛と結びつく多様な表現形式がある。それにもかかわらず、同性愛に関してのみ性交が突出して扱われてきた。また、同性間には、男性間と女性間がある。しかし、「男性間同性愛／男性間性交」に比べて、「女性間同性愛／女性間性交」はほとんど論じられず、見えなくされてきた。なぜか。こうしたことの歴史的・法的意味を問い直す必要がある。

以下、本章では、本書全体の見取り図を示したい。そのさい、本論各章では取り扱われていないが、同性愛を考える時に重要な意味を持つトピックをいくつか取り上げて、全体の補足を兼ねる。なお、関連年表は本書の巻末に掲載した。あわせて参照していただきたい。

一　性の境界の曖昧さと揺らぎ

1　身体の「不定性」と「流動性」

ひと（人間）は、有性生殖の動物である。人類を種として保存するために、有性生殖の担い手となる男女の存在（「性別の二元構造」）は不可欠である。しかし、生物学的に見ると、人間身体は典型的な男女に二分されるわけではない。性を男女に分ける性分化過程で、性の多様なバリエーションが発生する。[8]

性染色体の組み合わせは受精時に決まる。通常は、XXが女性、XYが男性になる。しかし、ほかにも、XXYやXXXYなどX染色体が多いタイプ（クラインフェルター症候群）、性染色体がXのみのタイプ（ターナー症候群）、XX男性やXY女性など性染色体の組み合わせと身体の表現型が異なるタイプなど、さまざまなタイプがある。これらは「性染色体異常」と呼ばれる。乳幼児期から治療を要する場合が多いが、程度に個人差が大きく、成人後の不妊症治療ではじめて気づく場合も少なくない。また、受精後八週間は「性的両能期」にあたり、男女いずれの性にも分化可能である。「性分化」とは、性腺分化にともなって、内性器（卵巣・精巣）や外性器の形状が決まる過程を指す。性分化が非典型である場合を「性分化疾患」と呼び、これには六〇種類ものタイプがある。性分化疾患は、四五〇〇人に一人の割合で発生するといわれる。[9]性染色体異常と性分化疾患はしばしば合併する。日本では、性別が確定するまで、戸籍の性別欄を空欄にできる。

Aさんの例を見てみよう。卵巣と精巣の両方を持つAさん（XX／XYモザイク型）は、外見上の性別判断が困難で、戸籍欄を空欄にしたまま女の子として育てられ、中高一貫の私立女子校に入学した。中学三年の時に戸籍欄に「男性」と記載したあと、附属女子高進学後に医学的措置としてガン化の恐れがある卵巣を取り去り、男性ホルモン投与の治療を受けるようになった。Aさんの身体は治療により男性化していくが、性自認としては「男女の中間」という。[10]女性として育った経験をもち、治療として男性身体を持つようになり、性自認が「中間」というAさんを「男女」二分法の枠に入れるのはむずかしい。アメリカの女子大学の中には、法的・社会的に一度でも「女性」の時期があった者は、本人が望む場合には学生として受け入れる方針を示しているところもある。

Aさんのようなケースを見ると、身体的性別は生物学的に決まるだけではなく、ある局面では社会的・人為的に決まることがわかる。たしかに、性別を典型的に示す身体的形状をもつ人が圧倒的に多い。この場合、性別はあたかも自明に見える。しかし、「性別を決定できない」「性別が変化する」「性別を変更せざるをえない」から「性別を自由意思で変更する」場合まで、身体的性別を決定するまでにかかる時間や決定要因は一様ではない。親の選択・医学的判断（治療行為）・本人の自由意思など複数の要因によって暫定的に性別が決定される場合も少なくないのである。

「身体的性別・性自認・性的指向」のトライアングルは固定していない。身体的性別が曖昧で、そこに「揺らぎ」がある以上、性自認もまた「揺らぎ」、変容する。第二次性徴期に身体的性別がはっきりしてきたあとも、性自認は身体的性別よりも、女性／男性として育った経験に強く支配されることも稀ではない。あるいは、一方の性に性自認を特定するよう外的・心理的強制が働くこと自体が、歴史的産物といえる（コラム2参照）。性自認に「揺らぎ」がある以上、性的指向もまた「揺らぐ」。性愛への指向をまったく持たない人もいる。性的指向を論じる場合、このような性の境界の曖昧さや不定性・流動性への認識を欠くと、「同性愛／異性愛」二元論の弊にからめとられてしまう。

2　前近代社会における身体的性別の説明方法

人間身体が男女に二分されることは、どう説明されてきたのか。説明方法は、社会や時代によって異なる。また、男女身体の相互関係についても異なる理解がされた。このような身体認識の相違は、性愛理解にも大きな影響を与えた。

(1) 前近代中国の陰陽二元説

陰陽の二爻（天地の現象に効《なら》って互に交わり、また他に変ずる）[11]を基本理念とする易（『易経』）は、周代（前一一世紀～前二五六年）に発達した。その後、陰陽論は、道教や儒教にも取り入れられ、長く中国の自然哲学や医学を支配した。[12]万物は、「太極―両儀（陰陽）―四象―八卦」という派生関係と、「乾（天・健・南・父・陽・男）」と「坤（地・順・北・母・陰・女）」という両極を含む八卦によって説明された。[13]たしかに、「乾道成男、坤道成女」[14]（周易繫辭上傳）と対比されたが、もっとも重要な点は、陰陽の「循環（変化／発展）」を自然の道理として組み込んでいることにある。男女ともに本来陰陽両方の気を持つのであり、成長・役割に応じて陰陽のバランスを正しく保つ身体が健康とされた。身体は「活用変化」するものとされ、性の境界を超えることには何ら違和感がもたれなかったのである。[15]

異性間性交は、宇宙的な力である陰陽の顕現であり、生命の源をなすと賛美された。他方、同性間の性交は、陽（男）同士、陰（女）同士の交わりであるから、陰陽のエネルギーを浪費することがなく、有害行為とはされなかった。とくに、女性の場合、陰のエネルギーが無尽蔵とされたこともあって、自慰は大目に見られ、張形の過度の使用によって子宮を損じることがない限り、女性間性行為に対しても寛容であった。男性の場合には、自慰は精気の空費とされて禁じられたが、男性間性行為は宮中で少なくなかったため、[16]中立的な態度がとられた。フーリックは、徹底した男女隔離文化の結果、女性空間での女性間性行為はきわめて一般的であったが、男色文化のピークは南宋時代（一一二七～一二七九）で、それ以外の時代では男性間性行為は他のどの社会と比べてもとくに多かったわけではなかろうと推察している[17]（コラム3参照）。

(2) 前近代西洋のワンセックス・モデル

中世から近世にかけてヨーロッパ社会で広く流布したヒポクラテス（前四六〇頃～前三七〇頃）とガレノス（一二九頃～二〇〇頃）の医学論では、男女は相似形で語られた[18]（ワンセックス・モデル）。男女の生殖器は基本的に同じで、性器は、完全な身体である男性の場合には外、「不完全な男」たる女性の場合には内にあるとされた。なにかの拍子に性器が内から外に出ることがありうるため、女から男への「性転換」は想定されたが、逆のケースはありえないとされた。また、ヒポクラテス＝ガレノスの生殖論によれば、男女とも精子をもち（男女二精子論）、子宮という戦場で勝った方の精子が子の性別を決定するのであり、決着がつかなければ「両性具有者」が生まれると考えられた。[19]性の変化や多様性が、例外的とはいえ、想定されていたのである。

ヨーロッパでも、長らく性的指向とトランスジェンダーが混同されていたことは、いくつかの裁判事例から読み取ることができる。一例が、オランダのコルネリウスである。彼女（彼）は、女児として洗礼を受け、イギリス人兵士と結婚したが夫とは性交不能であり、夫への暴力行為で投獄された（一七三二）。女囚監獄で彼女は「男性」として女性囚人と性関係をもつようになり、両人は結婚誓約書をしたためた。コルネリウスの身体的性別については、「女性というより男性である」という検査意見と「(女性)以外のものは見いだせなかった」という検査意見が残されている。コルネリウスは、性別判定が困難な身体をもち、性自認は男性で、女性を愛したわけである。彼は、検査の結果、国外追放に処せられ、イギリスで男性として洗礼を受け直したが、生活は立ちゆかなかったらしく、物乞いと放浪の罪で逮捕されている。[20]

(3) ツーセックス・モデルの成立とアジアへの伝播

卵子理論は一六七二年に登場し、一八世紀に広まった。これは、男女身体が根本的に異なり、男女は対照的な二つの性であるとする新しい性別論を登場させていく（ツーセックス・モデル）。骨格図は性差を強調したものに変わり、身体的性別に応じた性別役割分担論が確立した（近代的ジェンダー規範）。「近代科学」の名のもとに合理化された「男／女」という「典型的」性別に合致しない人々の身体や行動様式は、「異常」「病気」「犯罪」とみなされるようになっていく（性愛の医療化）。

男女の性を連続的にとらえてきた中国や日本にも、一九世紀末から二〇世紀初頭にかけて西洋的な「ツーセックス・モデル」が流入した（日本については、第4章、第6章参照）。しかし、同性愛行為に対する対応は、中国と日本では異なった。中国では、清代に鶏姦罪が制定されていたが、ソマーによると、それは同性愛嫌悪を反映したものではなく、階層社会で最下層の男（「光棍」）が上位の男女（「良人子弟」）に対してふるう性的暴力を取り締まることを目的にしていた。[21] 明治政府は清律をもとに改訂律例を定め、そのさい鶏姦罪も新設された（一八七三）。ただし、日本では鶏姦罪は数件の少年に対するわいせつ行為に適用されたにすぎず、社会制度に根ざしたものではなかったため、すぐに廃止された（コラム1参照）。

【改訂律例（一八七三）】

第二百六十六条（鶏姦罪）　凡鶏姦スル者ハ、各懲役九十日。華士族ハ破廉恥甚ヲ以テ論ス。其姦セラル、ノ幼童十五歳以下ノ者ハ座セス。若シ強姦スル者ハ、懲役十年。未タ成ラサル者ハ、一等ヲ減ス。[22]

日本では、大正デモクラシー（一九一〇年代〜二〇年代）の最中に「変態性欲」としてホモフォビアが強まった。しかし、西洋とは異なり、男性同性愛が市民の対等性を損ねるとして忌避されることはほとんどなかった。日本では同性愛と同志愛は共存し、ホモフォビアは「ウィークネスフォビア」（第6章参照）の性格を帯びていく。日露戦争（一九〇四〜〇五）から太平洋戦争（一九四一〜四五）にかけて鼓舞された「男らしさ」は、西洋的な「兄弟＝市民男性（自律的個人）」の「市民的名誉」とは異質であり、天皇制家族国家における「息子」として「忠孝」と結びついた「男らしさ」だったからである。[23]一方、辛亥革命（一九一一〜一二）を経てアジア初の共和制国家（中華民国）を樹立した中国では、自由恋愛と自由な配偶者選択が近代化の鍵と見なされた結果、ホモセクシュアリティは「同性恋愛」と訳されて比較的好意的に受け止められた。中国で同性間性行為が犯罪となるのは、同性愛を退廃的西洋文化として禁圧する共産党政権成立以降である。[24]

二 「同性愛／異性愛」二元論の歴史的背景

1 「能動（支配）／受動（従属）」の表現としての挿入行為

行為としての「同性間性交」と性的指向としての「同性愛」は、区別して論じられなければならない。歴史的には、「同性間性交」と「異性愛」あるいは「異性間結婚」が併存する社会が多く存在したからである。このような「同性愛」と「同性間性交」の関係について重要な示唆を与えてくれるのが、古代アテナイの例である。

アテナイでは、性は「権力の社会的表現」であり、セックスの相手は「能動（挿入する側）」と「受動（挿入される側）」に、すなわち「支配」と「従属」に分けられていた。[25]「民主政」の主体である成人男性市民はポリスの中では比較的少数の集団であり、「支配者」として政治的・経済的権力を独占した。[26]他方、女性・外国人男女・子ども男女・奴隷男女はすべて「従属者」であった。「支配者」たる男性市民は常に「能動」側であって、「受動」側に回ると名誉を失った。「能動」側は、従属者の中から「受動」側を自由に選ぶことができた。ただし、二つのタブーがあった。他の市民の妻と通じること（姦通）と成人男性市民間の性交である。これらは、「友愛の共同体」たる市民男性の対等性を損なう行為であり、厳しくタブー視された。[27]

古代ギリシア語には、「同性愛」という語も「異性愛」という語もない。これに比し、「少年愛（パイデラスティア）」は、古代ギリシアのポリス社会できわめて重要な意味を持った。[28]それは、市民社会を成り立たせる「男性性（男らしさ）」と結びついていたからである。[29] ギリシアの少年愛には、狩猟に見立てた求愛の作法があった。求愛は必ず「愛する年長者」（追いかける側）から行わねばならず、相手少年（逃げる側）にはしばしば肉や動物、花、リンゴ、金袋などのプレゼントが贈られた。「愛される少年」は一二～一八歳であった。男娼も多くいた。男娼の多くは奴隷や異国人であったが、市民の若者もいた。アテナイでは、前四五〇年頃に求愛時の金袋授受が禁止され、金袋を受け取って性的奉仕をした男性は公職から排除されるようになった。他方、家父長制支配に服する「家」の中で、奴隷は主人に性的奉仕をさせられたと思われる。

古代ギリシアでは、性は個人的なものではなかった。身体も性行為も秘匿されるべきものではなかった。壺絵や壁画には求愛行為や性交シーンが頻繁に描かれている（図1）。セクシュアリティは非常に肯定的に捉えられていたのである。また、ポリス社会では男性空間と女性空間が明確に分離されていたため、同性間で親密な関係が成立しやすかった。主な男性空間である軍隊（軍事教練）、屋内競技場（ギムナシオン）、饗宴では、男性の裸体美が賛美された。

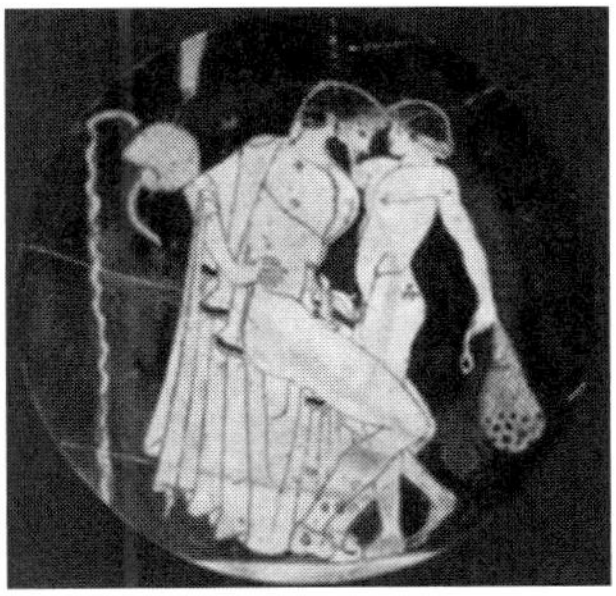
図1　描かれた求愛行為（古代ギリシア）

アテナイ以外のポリスでも、親密な男性共同体が存在した。たとえばスパルタでは、男子は七歳で家を去り、結婚後も妻とは別居して兵舎や陣営で暮らした。ベテラン兵士と新兵との性的関係は新兵成長のために推奨されたという。また、前四世紀のテーバイには「神聖隊」という特別な軍事集団があり、一五

図2　アレクサンドロス大王の幼なじみヘファイスティオン

〇組の男性同性愛カップルから構成された。仲間を見捨てないという親愛感情から不敗を誇ったが、前三三八年にマケドニアのフィリッポス二世に敗れて全員が討ち死にした。[30]

フィリッポス二世の息子アレクサンドロス大王（前三五六〜前三二三）は、アリストテレスを家庭教師に招き、ヘレニズム時代を築いた「英雄」として知られる。彼は、幼なじみヘファイスティオン（前三五六頃〜前三二四、図2）と同性愛関係にあったのではないかといわれる。ヘファイスティオンが、軍事的功績がほとんどなかったにもかかわらず、宰相の地位にまで上りつめたのは、大王との親密な関係ゆえだろうと推察され、大王の母オリュンピアスは二人の関係に激しい嫉妬を燃やした。彼の死後、大王の嘆きは尋常ではなく、空前規模の葬儀を執り行い、彼を半神の英雄として祭るための壮大な神殿や霊廟を築いたという。[31]

2　ソドミーとしての同性間性交

(1) 宗教的罪としてのソドミー

「ソドミー」は、本来、生殖行為に結びつかないすべての性的な行為を指す。肛門性交のほか、自慰・相互オナニー・股間で性器をこする行為などが含まれる。キリスト教社会における同性愛禁忌は、いくつかのレベルに分けて考える必要がある。①ソドミー禁圧根拠としての聖書、②「性」の原罪化（セクシュアリティ忌避）、③一三世紀の「制度化」（神学と教会裁判所の確立）である。

①ソドミー禁圧根拠としての聖書

旧約聖書「創世記」一九章一～二九節には、「ソドミー（sodomia）」の語源となった「ソドムとゴモラの物語」が記されている。[32] しかし、同箇所には父ロトと娘二人の近親相姦について長い記述があるが、同性愛に関する記述はない。

ボズウェルの整理によれば、ソドムの町が破壊された理由については四通りの解釈がある。（a）住民全体の邪悪さ、（b）天使たちを強姦しようとしたこと、（c）天使たちと同性間性交を行おうとしたこと、（d）天使たちへの邪険な扱いである。一九五五年以降は、おもに（d）の解釈が支持されている。（b）の解釈は古代も近代もほとんど無視された。（c）については、ソドムは罪の象徴として聖書の他の箇所でも何十と言及されているが、「傲慢の罪」「冷遇の罪」と明記されており、同性愛とは関連づけられていない。[33]「知る」という語が性的関係を意味するという解釈もあるが、実際には、聖書の中で「知る」が性的意味で用いられることはきわめて稀であったという。[34]

【旧約聖書】[35]

（1）「創世記」

神はふたりの使いを送って、ソドムの状況を確認しようとする。ロトは二人を歓待するが、ソドムの人々はロトの家を取り囲んで二人を差し出すよう要求した。

彼らが床につかないうちに、町の者たち、ソドムの人々が、若い者から年寄りまで、すべての人が、町の隅々から来て、その家を取り囲んだ。そしてロトに向かって叫んで言った。『今夜おまえのところにやってきた男たちはどこにいるのか。ここに連れ出せ。彼らをよく知りたいのだ』（創世記一九章四―五）

ソドムの人々に対して、ロトは次のように言った。

『兄弟たちよ。どうか悪いことはしないでください。お願いですから。私にはまだ男を知らないふたりの娘があります。娘たちをみなの前に連れてきますから、あなたがたの好きなようにしてください。ただ、あの人たちには何もしないでください。あの人たちは私の屋根の下に身を寄せたのですから』（創世記一九章七―八）

（2）「レビ記」

あなたは女と寝るように、男と寝てはならない。これは忌みきらうべきことである（一八章二二）

男がもし、女と寝るように男と寝るなら、ふたりは忌みきらうべきことをしたのである。彼らは必ず殺されなければならない。その血の責任は彼らにある（二〇章一三）

他方、新約聖書のうち、イエスの言葉を記した福音書には同性愛非難の文言はない。教会が同性愛禁止の根拠としたのは、使徒パウロの三つの手紙である。[36] とりわけ、「ローマの信徒への手紙」が大きな影響を与えた。そこでは、同性間性交は「自然に反する」行為として位置づけられており、この考え方が神学上の同性間性交批判を根拠づけた。一方、「コリントの信徒への手紙[37]」や「テモテへの手紙」ではさまざまな悪徳が列挙されており、同性間性交もまたその一つに挙げられている。聖書では、同性間性交はそれ自体が独立した罪とはされていないことに留意すべきである。

【新約聖書】[38]

（1）「コリントの信徒への手紙一」

正しくない者が神の国を受け継げないことを、知らないのですか。思い違いをしてはいけない。みだらな者、偶像を礼拝する者、姦通する者、男娼、男色をする者、泥棒、強欲な者、酒におぼれる者、人を悪く言う者、人の物を奪う者は、決して神の国を受け継ぐことができません（六章九—一〇）

（2）「テモテへの手紙一」

律法は、……不法な者や不従順な者、不信心な者や罪を犯す者、神を畏れぬ者や俗悪な者、父を殺す者や母を殺す者、人を殺す者、みだらな行いをする者、男色をする者、誘拐する者、偽りを言う者、偽証をする者のために与えられ、そのほか、健全な教えに反することがあれば、そのために与えられているのです（一章九—一〇）

（3）「ローマの信徒への手紙」

それで、神は彼らを恥ずべき情欲にまかせられました。女は自然の関係を自然にもとるものに変え、同じく男も、女との自然な関係を捨てて、互いに情欲を燃やし、男どうしで恥ずべきことを行い、その迷った行いの当然の報いを身に受けています（一章一六—一七）

② 「性」の原罪化

ユダヤ教において、ソドムの物語に同性間性交に対する非難を読み込む解釈は、前二世紀に登場した。[39] それは、ギリシアやエジプトなどの古代異教文明に対する批判と結びついていた。他方、ギリシア文化の影響のもと、古代ローマ社会でも同性愛文化は存続していた。しかし、少年愛が市民教育と結びつくことはなく、市民身分の少年に対するレイプやストーカー行為は禁じられていた。受動側になることは常に恥ずべきこととされたのである。[40] もっとも、レイプでない限り、同性間性交自体は違法とはされず、男娼や奴隷を相手にする同性愛交為は広く行われていた。[41] これが変化するのは、紀元後二世紀である。主な要因は、ストア派の影響とキリスト教の浸透であった。

「ローマの平和」を創り出した「五賢帝」の一人トラヤヌス帝（位九八〜一一七）は、同時代から現代までその偉大さを称えられる君主であり、キリスト教世界でも「良き異教徒」とされる。彼は、夫婦仲が良好であったにもかかわらず同性愛傾向を持っていたと伝わる。その甥ハドリアヌス帝（位一一七〜一三八）は美少年アンティノウス（一一一頃〜一三〇）を寵愛し、彼の死を悼んで英雄として神格化した。皇帝の少年愛自体は周囲に混乱をもたらさなかったが、寵童の死に対する皇帝の異常な対応は、周囲からの大きな反発を招いた。ハドリアヌスに反感を持ちつつも、彼の後継者となったマルクス・アウレリウス・アントニヌス帝（位一六一〜一八〇）は、ストア派の代表的思索家でもあった。彼の治世以降、性的快楽を含むあらゆる快楽を悪徳とするストア主義的禁欲論が広まっていく。

キリスト教は、成立当初は迫害されたが、その影響はしだいに強まっていく。キリスト教会はローマ多神教や皇帝の神格化に対抗して、厳格なストア主義を取り入れ、同性間性交のタブー視を鮮明にしていった。ル＝ゴフによれば、二世紀末のローマ帝国において、性の抑圧と「肉欲の放棄」という「西洋史の根本的な出来事」が起こった。このの ち五世紀から一二世紀の長期にわたり、教父たちによって、「原罪」は「（神に背くという）傲慢の罪」から「性的な罪」へと変えられていったのである。[42]

③同性間性交の処罰の登場

キリスト教の公認（三一三）、国教化（三九二）と歩調をあわせるように、ローマ帝国では、四世紀以降、「受け身の同性愛」を禁じる法律が発布されるようになる。三四二年、「男でありながら女のようにつがう」受動側の男性（おもに男娼）を「人目をはばかる犯罪」を犯したとして処罰する法令が出された。三九〇年、テオドシウス帝（位三七九〜三九五）は売春宿でからだを売る男娼すべてを火刑に処すと定めたが、これによって生じた騒動は、「テッサロニカの虐殺」として知られる。

三九〇年、ギリシアの都市テッサロニカで同性愛行為の罪で戦闘馬車レースの有名な御者が逮捕され、憤った観客が暴動を起こし、守備隊指揮官を惨殺した。激怒したテオドシウス帝は報復を命じ、観客を含む市民七〇〇〇人が虐殺されたという。ミラノ司教アンブロジウスは皇帝に対して魂を救済する代わりに公的な謝罪を求めた。教会の影響力は決定的となり、三九二年、キリスト教は国教となった。四三八年には、受動役に回ったすべての男性を火刑に処すとまで処罰対象が拡大された。能動側も含めて同性間性交が死刑相当となったのは、東ローマ皇帝ユスティニアヌス帝（位五二七〜五六五）の時代である。五三三年、「本来の性に反した行為をして」良心の呵責なき者は死刑と定められた。とくにターゲットにされたのは、皇帝・皇后の敵対者と男色聖職者である。[43]

一方、中世前期（五〇〇〜一〇〇〇）の西ヨーロッパ社会では、同性間性交は、「自然に反する罪」

表1　自然に反する性行為の罪（トマス・アクィナス）

罪の程度	自然に反する性行為の悪徳	
重大 ↕ 軽微	自然に反する罪	①自慰　②獣姦　③肛門性交・口腔性交　④男性間性交
	近親相姦の罪	（生殖と矛盾しない限りで「自然」に反しない）
	姦淫・姦通の罪	
	単純な罪（娼婦との性行為）	

（生殖に結びつかない行為で中絶・避妊・手淫を含む）に含まれたが、カテゴリーとしては自立していない。こうした状況は、近世になってもほとんど変わらなかった。中世前期には、教会法はまだ体系化されておらず、「自然に反する罪」は、おもに「悔悛総則書」（司祭のための個人的な手引き書）に基づいて処罰された。それは、罪を犯した者に「悔悛」をうながすもので、必ずしも厳しい刑罰を伴わない。転換期となったのは、一三世紀である。

教会法は、一二世紀後半から一三世紀にかけて体系化された。一一七九年の第三回ラテラノ公会議以降、性的放縦を取り締まる規制が本格化した。「自然に反する罪」を行った聖職者の聖職剥奪または修道院送致、平信徒の共同体追放が定められた[44]。一三世紀には教会裁判所が確立し、同性愛行為の裁判を管轄するようになった。

神学理論としては、トマス・アクィナス（一二二五頃～七四）による罪の体系化が重要である。彼は、教会法に照らして四つの「自然に反する性行為の罪」を示した[45]。男性間性交は、「自然に反する罪」のうちもっとも重大な罪とされた（表1）。

3　ルネサンス～近世のソドミーと異性装

同性愛のサブカルチャーは、一五世紀と一七世紀後半以降のイタリア都市で発展した。一四一八年、フィレンツェ政府は「夜間取り締まり局」を設置した。一四三二年から局廃止の一五〇二年までの間に一万人以上の男色容疑者が逮捕されたが、有罪は二〇〇〇人、刑罰は多様で、わずかの男色常習犯のみが絞首刑に処せられた。当局は男色を根絶しようとしたのではなく、行き過ぎを抑制しようとしたのである。大目に見られたのは、独身男性間の性行為で、年長者が挿入者になる場合であった。しかし、既婚者の同性間性行為はタブーとされた。また、少年に対するレイプは、少女に対するレイプよりも厳しく罰せられた。後者は結婚か金銭で償うことができたが、前者は神的秩序（自然）を危うくする行為だったからである。[46]

宗教改革期の低迷に対する反動のように、一七世紀後半にはふたたび男色のサブカルチャーがイタリア諸都市やパリ、ロンドンなどの大都市で栄えた。男女の売春宿が繁盛し、「放蕩」には異性間と同性間の性行為がともに含まれた。しかし、一八世紀になると、「放蕩」から同性間性行為が排除されるようになり、もっぱら異性間性行為に限定されていくようになる。[47]これは「男らしさ」の浸透と軌を一にしていた。

中世イギリスでは、同性間性交は教会法に従い、死刑と定められていた。しかし、適用は厳格ではなかったと思われる。ヘンリー八世（位一五〇九〜四七）治下の一五三三年、「バガリー法（バガリー［肛門性交］の悪徳を処罰するための法律）」が議会を通過した。同法は、イングランド初の世俗的な同性愛処罰法であり、刑罰は絞首刑であった。バガリー法の制定は、宗教改革と深く結びついていた。ヘンリー八世は、セクシュアリティ監督権をカトリック教会から奪うとともに、カトリックの聖職者たちを男色者として処断しようとしたのである。しかし、バガリー法にもとづく裁判は実際にはほとんど行われず、処刑数は一八世紀ロンドンで一〇年間に一件程度であった。バガリー法は、一八二八年の「人に対する罪」法に吸収され、バガリーはイングランド・ウェールズともに一八六一年まで重罪（絞首刑）であり続けた[48]（最後の処刑は一八三五年）。

「異性装」の社会的意味は、今日とは異なっていた。現代の異性装は男性による女装が多いが、一八世紀以前のヨーロッパでは女性による男装の伝統が存在した。女性の男装は、性的指向や性自認を超えた目的を持つことも多かった。男装は、女性が自由な行動をするためのほとんど唯一の手段だったのである。金銭獲得、自由な恋愛、売春の回避、夫のＤＶからの逃避、安全な旅行など、女性であれば望めない多くのチャンスを男装は可能にしてくれた。兵士として何年も働いた女性もいる。軍隊内部では性関係が禁じられていたため、女性であることはかえって発覚しにくかったのである[49]。

4　ドイツ――カロリナ刑法典からプロイセン一般ラント法へ

ドイツ語圏では、神聖ローマ帝国最初の刑事法典である「カール五世の刑事裁判令（カロリナ）」（一五三二）が、獣姦と同性愛行為を火刑と定めた。同法では男性同性愛と女性同性愛が対象となっているが、実際に処罰されたのは男性同性愛（男色）のみである。ほかには、魔術をソドミーと同じく火刑、強姦を斬首刑、嬰児殺を心臓杭刺刑あるいは溺殺刑と定めた[50]。

【神聖ローマ帝国カロリナ刑法典（一五三二）】

第１１６条（自然に反してなされた淫行に対する刑罰）さらに、ある者が、畜類と、または男が男と、または女が女と淫行（Unkeusch）をなすときは、その者どもも生命を奪わるべく、しかして、一般慣習に従いて、火をもって生より死へと処刑せらるべし。[51]

性風俗（性道徳）に違反する「風俗犯罪」は近世に厳罰化した。それは、宗教犯罪（魔女罪・瀆神罪・ソドミー罪など）の厳罰化に呼応していた。世俗権力（君主・市当局）が、カトリック教会（教会裁判所）に代わって臣民のセクシュアリティ監督権を掌握し、性秩序を含む社会秩序の維持を神にゆだねられた自らの使命とみなしたからである。中世までは、立法権は神に属し、君主は最高の裁判権を持つにすぎなかったが、近世の世俗権力は「主権」の名の下に立法権を手にし、臣民の規律化をはかるため多くの法令（ドイツのポリツァイ条令など）を出した。[52]しかし、法規定と法適用にはギャップが大きく、君主や当局の「意欲」の違いが反映された。その典型が、ソドミー罪と魔女罪であった。

農村部では獣姦は牧童のありふれた行為であり、都市部では男色が蔓延していたが、すべてが摘発されたわけではない。とくに厳格であったのは、スイスの一部地域である。ツヴィングリ派の共同体的宗教改革の拠点となった都市国家チューリヒでは、宗教改革後いち早く婚姻裁判所が組織され、

表2　チューリヒ市の死刑件数[53]（1401-1798）

年	死刑総数	うち風俗犯死刑（%）	ソドミー			嬰児殺	重婚	強姦	姦通	近親相姦	買売春
			計	獣姦	男色						
1401-1500	388	43（11%）	31	26	5	4	4	3	1	—	—
1501-1600	572	103（18%）	67	56	11	11	8	3	4	5	—
1601-1700	336	205（61%）	68	36	32	17	1	5	63	39	11
1701-1798	149	73（49%）	13	7	6	28	1	1	12	9	9

性風俗と婚姻が都市当局の管轄に移行した[54]（表2参照）。同じく、キューブルク代官領でも、一六四一年から一七九一年にかけて下された死刑判決総数一二七件のうち、六割以上の七八件がソドミー罪によるものであった[55]。

一八世紀になると、啓蒙主義は、法と宗教の分離をめざして宗教犯罪を否定し、犯罪と刑罰の均衡を唱えた。当時の代表的著作でヨーロッパ中に大きな影響を与えたベッカリーア『犯罪と刑罰』（一七六四）では、ソドミー罪は処罰されるべきではないとされている[56]。

啓蒙期法典編纂の一つとして知られるプロイセン一般ラント法（一七九四）は、ソドミー罪（反自然的罪）たる獣姦と男性同性愛行為の「完全な根絶」をかかげたが、刑罰は軽減した。カロリナが定めた火刑ではなく、懲役刑としたのである。

【プロイセン一般ラント法（一七九四）】

第1069条　ソドミー及び同様に、その破廉恥さのゆえにここでは名をあげるのもはばかられる反自然的な罪は、完全に根絶されるべきである。

第1070条　それゆえに、そのような罪人は、一年以上の懲役刑に処され、彼の罪が知られている場所から永久に追放され、相手の獣は殺されるか、ひそかにその地域から遠ざけられるべきである。

第1071条　上記の反自然的な行為へと誘惑したり、権利を濫用した者は、刑が二倍になる。

第1072条　親、後見人、教師や養育者が上記罪を犯した場合には、四～八年の懲役刑に処すべきである。[57]

三　「異性愛（正常）／同性愛（異常）」という性愛二元論の確立

1　「同性愛」という語の成立背景

西洋近代の性刑法は、ソドミーを脱犯罪化するフランス型と、罰は軽減するが「自然に反する淫行」として存続させるドイツ型に分かれた。

一九世紀のドイツでは、神聖ローマ帝国が解体し（一八〇六）、二五邦からなるドイツ同盟が成立した（一八一五）。法は分裂しており、プロイセン本国ではプロイセン一般ラント法、プロイセンに併合されたライン地域ではフランス法が用いられた。ドイツ最初の近代刑法典とされるバイエルン刑法典（一八一三）はフランス型に属し、同性愛を非処罰としていた。

ドイツ初の同性愛擁護論者となったカール・ハインリヒ・ウルリクス（一八二五～九五）は、フランス法の影響下にあったハノーファー出身の法律家である。三月革命（一八四八）が挫折し、プロイセン中心の小ドイツ主義が優勢になると、ハノーファーにもプロイセン刑法が導入される恐れが強まった。同刑法第１４３条は、プロイセン一般ラント法を継承し、男性同性愛を「自然に反する淫行」として処罰する規定を有していた。一八六七年八月二九日、ドイツ法曹会議でウルリクスは同性愛者を「ウルニング」と呼び、非処罰化を訴えたが、ヤジがあまりに大きくなり、途中で降壇せざるをえなくなった。

【ドイツ法曹会議（ミュンヘン）におけるウルリクスの発言（一八六七）】

法曹会議は、公正な法律の制定が必要だと宣言すべきである。つまり、生来男性から男性へ愛情をもつ者が罰せられるのは、男性から女性へ愛情をもつ者が罰せられるのと、要件において同じでなければならない。つまり、法律を犯さない限り、また公の憤怒がかきたてられない限り、その人物は無罪である。[58]

一八六九年、ドイツ系ハンガリー人のカール・マリア・ベンケルト（ケルトベニー）（一八二四〜八二）が「同性愛（Homosexualität）」という語を考案した。彼は、プロイセン刑法の継承を前提に編纂されていたドイツ帝国刑法典草案１７５条（ソドミー法）に対して抗議し、同性愛は生得的であるため刑法の対象にすべきでないと主張した。

その後、「同性愛」は、ドイツの精神医学者クラフト＝エビング（一八四〇〜一九〇二）が『性的精神病理（第二版）』（一八八七）で「精神病理（変態性欲）」の一つとして用いて以降、病理用語として普及した。[59] 同書初版の英訳者チャールズ・G・チャドックは、一八九二年、「ホモセクシュアリティ（homosexuality）」という語を英語に導入した。[60] また、「異性装（Transvestite）」は、一九一〇年に、ドイツの著名な性科学者マグヌス・ヒルシュフェルト（一八六八〜一九三五）が考え出した新語である。[61]

「同性愛」が一つのカテゴリーとして成立したことにより、これとの差異化をはかる形で「異性愛」のカテゴリーもまた成立した。[62] しかし、両者の関係は非対称であった。「異性愛／同性愛」は、「正常／異常」「自然／反自然」の対比と結びつき、「異性愛」が「同性愛」を差別・抑圧することによって自己のアイデンティティを確認する仕組みが、国家や社会のあらゆるところで貫かれていく。

男性同性愛者が可視化されるようになった一九世紀の近代西洋市民社会は、徹底した「ホモソーシャル」社会であった。[63] 性別役割分担に基づく公私二元的なジェンダー秩序が成立し、政治・経済の公的領域は男性に振り当てられた。男性同性愛は、自律的な男性市民の対等性を損なう行為と見なされた。こうした抑圧に対する異議申し立てとして、一九世紀末以降、同性愛者の解放運動もまた各地で展開した。ヒルシュフェルトは、同性愛を「第三の性」と呼んで、「性科学」を打ち立てた。[64] ヒルシュフェルトは、「科学的人道主義委員会」を立ち上げ（一八九七）、「ベルリン性科学研究所」を設立した（一九一九）。一方、二〇世紀初頭のアメリカにおけるホモファイル団体（同性愛差別撤廃団体）は、互いに方向性が多少異なっていたにせよ、おおむね、「精神的異常者」たる少数者としての同性愛者の権利を守るという発想が強かった。[65]

二〇世紀の欧米社会では、もはや男性間性交にとどまらず、集団カテゴリーとしての「同性愛者」が問題にされ始める。すなわち、同性に親密感情を表現する振る舞いが風紀紊乱罪・猥褻罪・徘徊罪などの軽犯罪に問われるようになったのである。例えば、一九二三年、ニューヨーク州議会は州法を改正し、「自然に反する罪やその他の猥褻行為に関わる目的で他の男性を誘惑するために男性が公共の場に頻繁に出入りし、徘徊する」行為をすべて「風紀紊乱行為」として処罰できると定めた。[66] あるいは、同性愛者を精神異常者として「治癒」するまで精神病院に拘禁することを認めたり、「性犯罪者」として断種対象とした[67]。性愛二元論が確立した二〇世紀前半には、同性愛者の表現の自由・親密関係を築く権利を含む市民権は完全に奪われていたといえよう。

2　一九〜二〇世紀の欧米社会における法制と実態

(1) ドイツ

ドイツ刑法175条は、男性同性愛行為と獣姦を「自然に反する淫行」として処罰する規定である。一八七一年に成立し（一八八二年一月一日施行）、幾度かの改正を経て、最終的には一九九四年六月一一日に廃止された。

【ドイツ帝国刑法典（一八七一）】

第175条　自然に反する淫行（die widernatürliche Unzucht）は、男性間でなされた場合でも、男性と獣との間でなされた場合でも、禁固刑に処せられる。また、それに加えて、公民権の剝奪を言い渡すこともできる[68]。

一二〇年にわたる存続期間に、刑法175条で処罰された者は一四万人に達する[69]。処罰者が多かったのはナチス期と戦後であり、一八七一〜一九一八年の間は、有罪判決数は年間五〇〇件以下にとどまった。ワイマール共和国時代（一九一八〜三三）の首都ベルリンは同性愛者に寛容な「楽園」と言われ、刑法175条はほとんど無視されていた[70]。

ドイツ史上、同性愛事件としてよく知られるのは、オイレンブルク事件（一九〇六〜〇八）とレーム事件（一九三五）である。皇帝ヴィルヘルム二世（位一八八八〜一九一八）は、ビスマルクを追い出して「親政」をはじめたが、そのさい、オイレンブルク伯や彼の友人モルトケやビューローを側近として取り立てた。ナショナリストのジャーナリストであるハルデンは、皇帝を政治に不適な弱々しい「女性」メタファーで語り、オイレンブルクを長とする側近グループ（リーベンベルク円卓）を「男色家の奸臣房」と非難した。男性同性愛は、「男性同盟」国家ドイツの国益を損なうと見なされたのである。[71]

刑法175条撤廃の運動は身を結ばず、ナチス期の一九三五年に改悪された（第7章参照）。刑罰が強化され、構成要件が拡大されたのである（性交類似行為を含む）。

【ナチス刑法（一九三五）】

第175条　一　他の男性と淫行を行った男性、ないしは彼によってむりやり淫行に及ばされた男性は、禁固刑に処せられる。

二　犯行の時期に二一歳に達していなかった者については、とくに軽微な事案では刑を免除することができる。

第175条a　次の男性は、三月以上一〇年以下の禁固刑に処せられる。

一　他の男性を暴力でもって、あるいは身体と生命に対するさし迫った危険で脅かすことによって、自分と淫行を行うよう強要したり、あるいはむりやり淫行に及ぶよう強要した男性（二以下略)。

第175条b　人間が動物との間でおこなう自然に反する淫行は、禁固刑に処せられる。また、公民権停止の判決を下すこともある。[72]

戦後は、一九四九年に成立した東西ドイツで法改正が異なった。旧西ドイツでは、ナチス期の同性愛規定が戦後も存続した。一九六九年に「自然に反する淫行」という表現が消え、成人男性間(一八歳以上)の性交及び性交類似行為は非処罰とされた。旧東ドイツでは、西よりも早く一九五〇年に、一九三五年規定が廃棄され、一八七一年規定に戻った。一九五〇年代末から、成人男性間性行為はもはや処罰されなくなっていた。一九六八年、旧東ドイツは独自の刑法典を制定し、成人男女が未成年者と性的関係を持つことを処罰したが(151条)、一九八八年にはこの規定も廃止された。ドイツ統一(一九九〇)後の一九九四年、刑法175条はようやく撤廃された。[73]

二〇〇一年、生活パートナーシップ法が成立した。[74] これは、同性間のみが利用できる制度である。しかし、ドイツでは同性婚は認められていない。

【生活パートナーシップ法(二〇〇一)】

第1条　同性の二人の者は、ともにパートナーシップを終生にわたりもつ旨の意思を、みずからかつ同時に出席して、互いに表示するときは、生活パートナーシップを締結する(生活パートナー)。……

第2条　生活パートナーらは、世話、扶助及び共同で生活形成することについて、互いに義務を負う。

(2) フランス

アンシャン・レジーム下のフランスでは、婚姻は宗教婚であり、同性間性交は火刑に処せられた。最後の火刑記録は、合意がある男性間性交について一七五〇年、少年に対するレイプについて一七八四年である。しかし、革命後の一七九一年、憲法第7条により、婚姻は「民事契約」と定義され、同年の刑法典により、同性間性交は完全に非処罰化された。民事婚はフランス民法典（一八〇四）に継承され、同性間性交の脱犯罪化はフランス刑法典（一八一〇）に受け継がれた。これらの法典は、フランス法を継受した国々やフランスの植民地でも用いられた。しかし、同性愛や異性装は、一九世紀から二〇世紀半ばまで、一般に不道徳とみなされていた。

一九七〇年代のゲイ解放運動は、反体制の性格を強く有したため、婚姻という制度も否定していた。要求の中心は、あらゆる差別の廃止であった。一八三二年以降、性交同意年齢が導入されたが（一一歳、一八六三年に一三歳に引き上げ）、同性愛と異性愛の年齢差別はなかった。しかし、ナチス傀儡のヴィシー政権下で、男性同性愛に対する差別が再導入された（一九四二）。性交同意年齢が、異性愛（一五歳）と同性愛（二一歳）で差異化されたのである。後者は一八歳に引き下げられたあと（一九七四）、一九八二年に性的指向の如何を問わず、性交同意年齢は一五歳に統一された。さらに、一九八五年、性的指向にもとづいて就職・居住などの差別をすることが禁じられた。二〇〇四年には、ヘイト・クライム／ヘイト・スピーチ禁止法が成立し、対象となる言動の中にＬＧＢＴＩに対する差別的言動も含まれるとされた。[75]

一九八〇年代のＨＩＶ問題を受け、同性カップルは同居生活の法的保障を求めるようになる。「家族」でないとされて、パートナーの死に目に立ち会えなかったり、共同生活の財産を失ったりしたからである。その結果、一九九九年にパックス（民事連帯協約〔契約〕）が認められた。今日、パックスの利用者はほとんどが異性カップルである。婚姻に比べて離婚が容易であるからといわれている。[76]

【フランス：ＰＡＣＳ（民事連帯協約）（一九九九）】

第５１５条の１　民事連帯協約は、異性であれ同性であれ、二人の成年の自然人によって、共同生活を組織するために締結される契約である。

第５１５条の４（二〇〇六年六月新設）

（１）民事連帯協約によって結ばれた両パートナーは、物質的援助、相互扶助と同様、共同生活の義務を負う。両パートナーが別に定めなかった場合には、物質的援助はそれらの者各々の資力に応じる。

（２）両パートナーは、日常生活の必要のためにその一人によって締結された負債については、第三者に対して連帯して責任を負う。ただし、この連帯責任は、明らかに過度な支出については生じない。[77]

二〇一三年には民法が改正され、婚姻が性中立化された（世界で一三番目）。二〇一三年にフランスで成立した同性婚は、およそ七〇〇〇件（全婚姻の三％）と見積もられている。男性婚と女性婚の比率は三対二である。[78]

【フランス民法典改正（二〇一三）】

第143条（新設）婚姻は、異性者又は同性者の二人の間で締結するものとする。

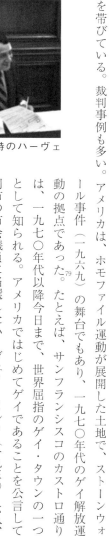

(3) アメリカ

アメリカでは、同性カップルの権利保障は「二一世紀の公民権運動」と呼ばれるほど強い政治性を帯びている。裁判事例も多い。アメリカは、ホモファイル運動が展開した土地で、ストーンウォール事件（一九六九）の舞台でもあり、一九七〇年代のゲイ解放運動の拠点であった。[79] たとえば、サンフランシスコのカストロ通りは、一九七〇年代以降今日まで、世界屈指のゲイ・タウンの一つとして知られる。アメリカではじめてゲイであることを公言して同市の市会議員に当選したハーヴェイ・ミルク（一九三〇〜七八、図3）もまた、一九七二年にこの地に転居してきてパートナーと同居し、ゲイ解放運動に携わった。[80]

図3　市議当時のハーヴェイ・ミルク

しかし、同性婚問題が強い政治性を帯びるきっかけとなったのは、一九八九年にニューヨーク州最高裁が同性カップルを家族と認めたことである。一九九三年には、ハワイ州最高裁がアメリカで初めて「同性婚を認めないのは法の下の平等を謳う州憲法に違反する」と判示した。ただし、これは世論と議会の反対で、のちに取り消された。このような動きに危機感を募らせた連邦政府が成立させたのが、婚姻防衛法（一九九六）である。同法は、「婚姻」は異性間に限定されるとして、異性婚主義を明確にした。

【婚姻防衛法（DOMA）（一九九六）】

第3条　婚姻の定義

合衆国の連邦議会のいかなる法律においても、また、さまざまな行政当局・機関のいかなる規則・命令・解釈においても、「婚姻」という語は、もっぱら夫たる一人の男性と妻たる一人の女性のあいだの法的な結合を意味するのであって、「配偶者」という語は、もっぱら夫または妻である異なる性の人間を意味する。[81]

アメリカでは、婚姻は州法の管轄である。したがって、同性婚容認州で結婚すると同性婚は成立するが、連邦婚姻防衛法によって連邦では婚姻が認められず、相続税支払いなど連邦に管轄権がある事項で不利益が生じる。[82]

このため、同性婚を禁じる婚姻防止法と州法の憲法適合性が、連邦最高裁で争われることになった。同性婚容認の画期的判決となったのが、二〇一三年六月の判決と二〇一五年六月の判決である。前者は、婚姻防衛法を「違憲」と判断し、同性婚を認める州法を連邦法は毀損できないとして、事実上、同性婚を容認した。後者はいっそう踏み込み、同性婚禁止の州法（一四州）を違憲無効と判示した。これにより、全州で同性婚が容認されることとなった。[83]

二〇一三年判決はいくつかの興味深い論点を提示した。同判決は、カリフォルニア州憲法が基本的人権として結婚する権利を同性カップルに対しても保護していることを認めたが、そのさい、異人種間の婚姻禁止法を違憲無効とする判決（一九四八）を先例として引用した。「基本的人権はひとたび認められたならば、歴史的にそのような権利を認められてこなかった特定の集団に属することを理由に否定することはできない」。すなわち性別を根拠に婚姻を認めないことは、人種を根拠に婚姻を認めないことに等しいと述べたのである。判決では、同性パートナーシップ等を結婚の代用にすることは「差別的」な措置とされた。婚姻を異性間に限定するには、やむにやまれぬ権益を達成する必要があることを、政府が証明するべきとの要件を課したのである。また、同性カップルによる子どもの養育を認めるべき方向性を明示した。

3　レズビアン存在

「レズビアン」という語は、前六世紀初頭に活躍したギリシアの女性詩人サッフォー（前六三〇／前六一二～前五七〇頃）の故郷レスボス島に由来する。しかし、「レズビアン」は、長く否定的ニュアンスを伴う語として用いられた。「レズビアン」が女性同性愛者を肯定的に意味する語として用いられるようになったのは、一九世紀末であった。

サッフォーが生きた時代には、女性同性愛の性的指向のゆえに糾弾されたことはなかったようである。しかし、彼女に対するその後の毀誉褒貶は変転著しい。サッフォーは、代表的な女性同性愛者に祭り上げられる反面、「レスボフォビア（レズビアン嫌悪）」の象徴的存在ともなったのである。[84]

前近代ヨーロッパ社会では、同性間性関係を挿入行為と射精によって定義していたため、女性間の性愛はほとんど問題とされなかった。生活費を倹約するために独身女性が同居するのはごくありふれており、ベッドの共有（同衾）もまた一般的であったので、エロティックな関係が発生する素地は十分にあった。しかし、取り締まり対象とされていなかったため、あるいは、女性自身が記録を残す手段がかぎられていたために、女性間性愛に関する史料はほとんど残されていない。[85]

一九八〇年、アドリエンヌ・リッチは、ゲイ解放運動の中でレズビアンの存在がしばしば不可視化されていることを批判して、「レズビアン連続体」という概念を提起した。それは、「レズビアンたちに歴史的存在という事実と、そういう存在の意味を私たちがたえず作り続けているその創造との両方」をさす。[86]

4 性愛寛容からホモフォビアへ——中国

中国における同性愛の歴史は長い。[87] 故事や文献をもとに、男色は「竜陽君」「断袖」「分桃」と呼ばれた。異性結婚と同性愛は両立したので、男性は身分の低い男女と自由に性関係を持つことができた。漢の皇帝のうち一〇名は両性愛者で、美貌の寵臣を持っていたという。三世紀以降、男色を題材にした文学作品や演劇が増え、男娼も多数存在した。男娼は一二世紀宋代にいったん禁じられるが、明代

（一三六八～一六四四）に復活し、宮廷官僚は娼婦との同衾を禁じられたがゆえに男娼を好んだと伝わる。演劇では、しばしば「旦」（女形男性）が熱狂的ファンを獲得した。[88]

儒教は、とくに宋代（九六〇～一一二七）以降、朱子学として強いイデオロギー性を持ち始め、「三綱五倫」思想に基づく「男女有別」規範が社会に浸透していく。[89]「三綱」とは「君臣・父子・夫妻」につき、前者は後者の綱であり、後者は前者に絶対服従すべきとの教えをさす。「五倫」とは、「父子に親あり・君臣に義あり・夫婦に別あり・長幼に序あり・朋友に信あり」とする倫理である。「男女有別」は同性間の絆を強めるように作用した。男性同性愛については、社会秩序を害さない限りで黙認された。一七世紀には『憐香伴』や『封三娘』など、女性同性愛を記す文学作品も登場する（コラム3参照）。男女隔離が徹底するほど、女性間の親密関係は成立しやすかったと考えられる。

性的規範には身分差があった。清代（一六四四～一九一二）初期には、「良／賤」身分制のもとで、良民の妻女には貞節が厳しく要請されたが、賤民身分では、夫が妻女に売春させたり、子を売っても罪には問われなかった。他方で、賤民男性が良民女性と性的関係を持つことはとくに厳罰に処せられた。

清朝の「順治律例」（一六四七）には、肛門性交を禁ずる「鶏姦罪條」が設けられた。明代末期の社会の混乱に対応させたもので、違反者に一か月の懲役と「杖一百」（打撃刑一〇〇回）が科せられた。一八世紀には、「良／賤」の区別が消滅して、「家族」が国家の基礎単位とされるようになった結果、貧困女性にも貞節が要求され始めた。「大清律令」（一七四〇）は、児童を売春あるいは妾に売ることを禁じた。男児選好による女児の間引きによって成人男性人口の余剰は二割にのぼり、家族制度に組み込まれない男たちが激増していく。これら最下層の男たちは「光棍（原意は「むきだしの棒」）」と呼ばれ、妻や娘たち、少年たちをレイプする存在として恐れられた。鶏姦罪は、このような「ごろつき」対策であり、男色を排除したものとはいえない[90]。

中国で同性愛に対する敵意が強まるのは、二〇世紀に西洋文化の影響を受けた後である。中華人民共和国成立（一九四九）以降、同性愛者は退廃的で、道徳的に危険で、プロレタリア革命を阻害すると見なされるようになった。共産党政権成立以前に女形であったことが発覚した場合には、収容所に入れられたり、同性愛が政治犯の刑を加重する口実として利用された。文化大革命後の一九七九年刑法では、フーリガン行為を処罰する「流氓罪」が定められ、同性愛行為は拘留や労働教育刑、罰金の対象になった。一九九七年の改正刑法により、流氓罪は見直され、同性愛行為は非犯罪化された[91]。

5　植民地主義とクロスジェンダー

非西洋社会では、男女二元論や性愛二元論が必ずしも意味をなさない。性交の是非が「挿入行為」で判断されるわけでもない。アメリカ先住民のいくつかの部族の例が示すように、性自認が男女の要素を持つ「おんな男」であって、生物学的男性がジェンダー役割として「おんな」役割を果たしつつ、女性を性的パートナーにする場合、西洋的意味での「同性愛」とは言えない。文化人類学者サビーヌ・ラングはこれを「クロスジェンダー」と呼んだ[92]。

征服者・宣教師たるヨーロッパ人は、このような「クロスジェンダー」や西洋的視点での「同性愛行為」をおぞましいと見なし、支配・征服の正当化根拠とした。一方、一九世紀末から二〇世紀初頭に広まったオリエント趣味では、中東やアフリカの人々の身体や性愛がいたずらに官能的・挑発的に描かれた。一九五〇年代には、オリエントへのセックス・ツーリズムがはやる。[93] このように、「性」を媒介にして確立した「西洋＝男性的／非西洋＝非男性的・女性的」という非対称な権力構図は、植民地支配を正当化し、植民地の人々への性的搾取を商業化したのである。

おわりに——日本における今後の課題

日本における今後の課題は、主に以下の五点である。[94]

第一に、包括的な反差別法が制定されるべきである。二〇一四年、国連自由権規約委員会は、日本政府レポート審査における最終見解で「性的指向及び性別認識にもとづく差別」への対応として次のように指摘した。

【自由権規約委員会「日本の第六回定期報告に関する最終見解」（二〇一四）】

締約国は、性的指向及び性別認識を含む、あらゆる理由に基づく差別を禁止する包括的な反差別法を採択し、差別の被害者に、実効的かつ適切な救済を与えるべきである。締約国は、レズビアン、ゲイ、バイセクシャル、トランスジェンダーの人々に対する固定観念及び偏見と闘うための啓発活動を強化し、レズビアン、ゲイ、バイセクシャル、トランスジェンダーの人々に対する嫌がらせの申立てを捜査し、またこうした固定観念、偏見及び嫌がらせを防止するための適切な処置をとるべきである。締約国はまた、自治体レベルで、公営住宅制度において同性カップルに対し適用される入居要件に関して残っている制限を除去すべきである。[95]

第二に、同性パートナーシップの法的保護が急がれる。憲法24条の「両性の同意」は明治民法の「戸主の同意」を否定したものであり、婚姻を異性間に限定する目的は持っていない。現行憲法のもとでも同性婚は可能であるが、まずは諸外国の例にならい、同性パートナーシップ法の成立が先決であろう[96]（第1章、第2章参照）。

第三に、性刑法の性中立化が急務である。現行刑法のもとでは、男児・男性が性犯罪にあったとしても強制わいせつ罪しか適用されず、強姦罪は適用されない。二〇一五年、性犯罪規定見直しが論じられており、性刑法の性中立化については賛成が多数意見を占める。今後の改正が待たれる。

第四に、ヘイト・スピーチ規制問題がある。日本では、レイシズム民間団体だけではなく、公人たる政治家が公然とヘイト・スピーチを行う現状がある。そのなかには、同性愛者や異性装者に対する侮蔑的発言もある。日本には、名誉毀損罪等はあるが、包括的なヘイト・スピーチ規制はない。「表現の自由」保障と関わるので安易な導入は避けられるべきであるが、厳格な要件設定と検証可能な運用を行うという条件のもとに言論暴力を規制する必要はあるだろう。[97]

第五に、国際条約には、「性的指向」を差別カタログに明記するものが登場している。LGBTIの権利を「尊厳」として保障する社会に向けて、日本の法制を国際水準にあわせることが急務である[98]（第3章参照）。

【(1) アムステルダム条約(欧州連合運営条約)(一九九七)】

第10条(差別の禁止)連合は、その政策および活動の決定と実施において、性別、人種もしくは種族的出身、宗教もしくは信条、障碍、年齢または性的指向にもとづく差別と戦うことを目指す。

【(2) 欧州連合EU基本権憲章(二〇〇〇、二〇〇九改正)】

第二編自由

第7条 すべての者は、その私生活、家族生活、住居および通信の尊重を受ける権利を有する。

第9条 婚姻をする権利と家族を形成する権利は、これらの権利の行使を規律する国内法に従って保障される。

第三編平等

第21条 1 性、人種、皮膚の色、民族的または社会的出身、遺伝的特徴、言語、宗教もしくは信念、政治的意見その他の意見、国内少数者集団の一員であること、財産、出生、障害、年齢、または性的指向等いかなる理由による差別も禁止される。[99]

注

1　『井原西鶴集2』（新編日本古典文学全集六七巻）小学館、1996、295頁。

2　服藤早苗／三成美保編『権力と身体』（ジェンダー史叢書第1巻）明石書店、2011、序論（三成美保）参照。

3　A・コルバン／J・J・クルティーヌ／G・ヴィガレロ監修（鷲見・岑村・小倉監訳）『身体の歴史』全3巻、藤原書店、2010、序文。

4　氏家幹人『武士道とエロス』講談社現代新書、1995、同『江戸の性風俗――笑いと情死のエロス』講談社現代新書、1998、「女と男の時空」編纂委員会編『年表・女と男の日本史』藤原書店、1998、三橋順子『女装と日本人』講談社現代新書、2008。

5　コルバン／クルティーヌ／ヴィガレロ監修『身体の歴史』第1巻、252頁。

6　ギルバート・ハート（黒柳俊恭／塩野美奈訳）『同性愛のカルチャー研究』現代書館、2002、ロバート・オールドリッチ（田中英夫／田口孝夫訳）『同性愛の歴史』東洋書林、2009、ルイ＝ジョルジュ・タン編（金城克哉監修／齊藤笑美子／山本規雄訳）『〈同性愛嫌悪〉を知る事典』明石書店、2013。

7　「ヒジュラ」という語は、現地語ではなく、欧米人がつくり出した「学術用語／メディア用語」であり、地域によって呼称は異なる。國弘暁子「インドの『ヒジュラ』――セクシュアル・マイノリティとしての歴史」服藤／三成編『権力と身体』88～91頁。

8　三成美保／笹沼朋子／立石直子／谷田川知恵『ジェンダー法学入門（第2版）』法律文化社、2015、6～7頁。好井裕明編『セクシュアリティの多様性と排除』明石書店、2010。

9　日本小児内分泌学会「性分化委員会性分化異常症の管理に関する合意見解」『日本小児科学会雑誌』112巻3号、2008、565頁、http://jspe.umin.jp/medical/files/guide1120356 5.pdf

10　毎日新聞「境界を生きる」取材班『境界を生きる――性と生のはざまで』毎日新聞社、2013、30頁以下。

風間孝／河口和也『同性愛と異性愛』岩波新書、２０１０。
11　高田真治・後藤基巳訳『易経（上）』岩波文庫、１９６９、解説27頁。
12　R・H・ファン・フーリック（松平いを子訳）『古代中国の性生活――先史から明代まで』せりか書房、１９８９。
13　『易経（上）』解説27頁以下。
14　『易経（下）』２１１頁。
15　スーザン・マン（小浜正子／リンダ・グローブ監訳）『性からよむ中国史――男女隔離・纏足・同性愛』平凡社、２０１５、１８６頁。
16　「分桃」や「断袖」など、男性間性愛・性行為にまつわる故事は、君主とその寵臣の関係に由来するものが多い。
17　フーリック『古代中国の性生活』74〜76頁、２１９頁。
18　荻野美穂「女の解剖学――近代的身体の成立」荻野美穂／田邊玲子／姫岡とし子／千本暁子／長谷川博子／落合恵美子『性・産・家族の比較社会史――制度としての〈女〉』平凡社、１９９０、荻野美穂「男女の身体をめぐる言説」三成美保／姫岡とし子／小浜正子編『歴史を読み替える――ジェンダーから見た世界史』大月書店、２０１４、１４１〜１４２頁。
19　エヴリーヌ・ベリオ＝サルヴァドール「医学と科学の言説」G・デュビィ／M・ペロー監修（杉村和子・志賀亮一監訳）『女の歴史』第3巻（16―18世紀）第2分冊、１９９５、５４７、５２１頁以下。
20　ルドルフ・M・デッカー／ロッテ・C・ファン・ドゥ・ポル（大木昌訳）『兵士になった女性たち――近世ヨーロッパにおける異性装の伝統』法政大学出版局、２００７、95頁。
21　マシュー・H・ソマー（唐澤靖彦訳）「清代法におけるジェンダーの構築」三成美保編『ジェンダーの比較法史学――近代法秩序の再検討』大阪大学出版会、２００６、２８８〜２９１頁。

22　http://kindai.ndl.go.jp/info:ndljp/pid/794279/25
23　近現代日本の「男らしさ」については、阿部恒久／大日方純夫／天野正子編『男性史』全3巻、日本経済評論社、2006、木本喜美子／貴堂嘉之編『ジェンダーと社会——男性史・軍隊・セクシュアリティ』旬報社、2010、S・フリューシュトゥック／A・ウォルソール編（長野ひろ子監訳）『日本人の「男らしさ」——サムライからオタクまで「男性性」の変遷を追う』明石書店、2013を参照。
24　マン『性から読む中国史』198頁以下。
25　D・M・ハルプリン（石塚浩司訳）『同性愛の百年間——ギリシア的愛について』法政大学出版会、1995、56頁、エヴァ・C・クルーズ（中務哲郎・久保田忠利・下田立行訳）『ファロスの王国——古代ギリシアの性の政治学』全2巻、岩波書店、1989。
26　一般に、市民男性は、7歳で学校に通い始め、18歳で成人とみなされ、2年間の兵役についた。結婚は30歳くらいで、15歳の少女を妻とした。
27　本村凌二「ジェンダーとセクシュアリティ」岩波講座『世界歴史1　世界史へのアプローチ』岩波書店、1998、160頁以下、166頁。
28　ギリシア神話でも、男の神々がしばしば少年に恋をする。よく知られるのが、ゼウスに拉致され、毎夜ベッドで相手を務めたトロイア王子ガニュメーデースと、太陽神アポロンと西風の神ゼピュロスに恋されたスパルタ王子ヒュアキントスの物語である。しかし、セクシュアリティを忌避するキリスト教社会では、これらのモチーフはかなり歪曲された。たとえば、ガニュメーデースに由来する「ギャニミード」は、エリザベス朝イングランドで広く使われた語であるが、男娼や性的奉仕をする使用人に対する侮蔑的呼称の一つであった。アラン・ブレイ（田口孝夫／山本雅男訳『同性愛の社会史、イギリス・ルネサンス』彩流社、2013、100頁。
29　栗原麻子「古代ギリシアの同性愛」服藤／三成編『権力と身体』79〜82頁。栗原麻子「民主制下アテナイにおける『おんな男（ホ・ギュンニス）と『男のなかの男たる女（へ・アンドレイオタテ）』」『西洋古代史研究』14、

２０１４をも参照。
30　オールドリッチ『同性愛の歴史』31頁。
31　森谷公俊『アレクサンドロスとオリュンピアス』ちくま学芸文庫、２０１２、１３６〜7頁。
32　Ｊ・Ｓ・サイカー（森本あんり訳）『キリスト教は同性愛を受け入れられるか』日本キリスト教団出版局、２００２。ユダヤ教では、トーラー（律法）の三つの節が同性間性交非難の根拠とされる。前5〜前4世紀に成立した「レヴィ記」18―22、同20―13、「申命記」23―18である。タン『〈同性愛嫌悪〉を知る事典』５４０、３２０頁。
33　タン『〈同性愛嫌悪〉を知る事典』５４１頁。
34　ジョン・ボズウェル（大越愛子／下田立行訳）『キリスト教と同性愛――一〜一四世紀西欧のゲイ・ピープル』国文社、１９９０、１１０〜１１１頁。
35　いずれも日本聖書協会新共同訳、１９８７。
36　タン『〈同性愛嫌悪〉を知る事典』３２０〜３２１頁。
37　同手紙に登場する「マラコイ」と「アルセノコイタイ」というギリシア語は、日本聖書協会新共同訳（１９８７）では「男娼」「男色をする者」と訳されている。イギリスでは、17〜19世紀にかけて同語の英訳に大きな変化があった。ジェイムズ一世が命じた「欽定訳聖書」（１６１１）では、それぞれ「女々しい」「男によってわが身を持ち崩す連中」と英訳された。これに対し、20世紀半ばのある聖書委員会訳では、二つの語は「ホモセクシュアル」という訳語に統一された。ブレイ『同性愛の社会史』16頁。
38　いずれも日本聖書協会新共同訳、１９８７。
39　タン『〈同性愛嫌悪〉を知る事典』３３９頁。
40　本村凌二『ローマ人の愛と性』講談社現代新書、１９９９、１０１頁。
41　エリック・バーコウィッツ（林啓恵／吉嶺英美訳）『性と懲罰の歴史』原書房、２０１３、１３５〜１４４頁。

42　ジャック・ル＝ゴフ（池田健二／菅沼潤訳）『中世の身体』藤原書店、２００６、61頁以下。キリスト教の「性の抑圧」「肉体嫌悪」については、ジャック・ソレ（西川長夫／奥村功／川久保輝興／湯浅康正訳）『性愛の社会史――近代西欧における愛』人文書院、１９８５、１０７頁以下。
43　オールドリッチ『同性愛の歴史』54頁、バーコウィック『性と懲罰の歴史』１３５～１４４頁。
44　オールドリッチ『同性愛の歴史』59～60頁。
45　ボズウェル『キリスト教と同性愛』３１７～３３９頁、オールドリッチ『同性愛の歴史』63頁。
46　コルバン／クルティーヌ／ヴィガレロ『身体の歴史』第１巻、２５９～２６６頁。
47　コルバン／クルティーヌ／ヴィガレロ『身体の歴史』第１巻、２６０頁。
48　オールドリッチ『同性愛の歴史』81頁。
49　コルバン／クルティーヌ／ヴィガレロ『身体の歴史』第１巻、２６９頁、デッカー／ファン・ドゥ・ポル『兵士になった女性たち』１００頁。
50　カロリナの罪刑規定については、三成美保『ジェンダーの法史学――近代ドイツの家族とセクシュアリティ』勁草書房、２００５、87頁。
51　Radbruch, G. (Hrsg.), *Die Peinliche Gerichtsordnung Karls V. von 1532 (Carolina)*, Stuttgart 1951［塙浩訳「カルル五世刑事裁判令（カロリナ）」（塙浩『西洋法史研究４』信山社、１９９２］２５７頁、訳は一部改変。
52　三成『ジェンダーの法史学』80頁以下。一八世紀のドイツ農村の性風俗については、R・v・デュルメン（佐藤正樹訳）『近世の文化と日常生活１：「家」とその住人――一六世紀から一八世紀まで』鳥影社、１９９３、２４５頁以下、Mitterauer, M. Sieder, R. *Vom Patriarchat zur Partnerschaft.. Zum Strukturwandel der Familie* (4.neubearb.Aufl.). Munchen 1991, S.154f.［若尾祐司／若尾典子訳『ヨーロッパ家族社会史――家父長制からパートナー関係へ』名古屋大学出版会、１９９３、１３３頁以下］。
53　S・ビルクナー編著（佐藤正樹訳）『ある子殺しの女の記録――一八世紀ドイツの裁判記録から』人文書院、

1990、302〜303頁。
54　三成美保「宗教改革期におけるチューリヒ婚姻裁判所」『阪大法学』39―2、1989。
55　R・v・デュルメン（佐藤正樹訳）『近世の文化と日常生活2：村と都市――一六世紀から一八世紀まで』鳥影社、1995、363頁。
56　ベッカリーア（風早八十二／風早二葉訳）『犯罪と刑罰』岩波文庫、1959、166頁以下。
57　*Allgemeines Landrecht für die Preußischen Staaten von 1794*. Textausgabe mit einer Einf. von Hattenhauer, H. und einer Bibliographie von Bernert, G., 3, erw. Aufl., Neuwied, Kriftel, Berlin 1996.
58　星乃治彦『男たちの帝国――ヴィルヘルム2世からナチスへ』岩波書店、2006、67頁。
59　日本での翻訳は、1894年が最初であるが、発禁処分とされた。その後、1913年の翻訳本が広く流布した。本書第4章、第6章を参照。
60　デイヴィッド・M・ハルプリン（石塚浩司訳）『同性愛の百年間――ギリシア的愛について』法政大学出版局、1995、27頁。
61　デッカー／ファン・ドゥ・ポル『兵士になった女性たち』99頁。
62　まず「異性愛」が正常とされてのち「同性愛」が周縁化されるのではなく、「『同性愛』を外部として構築することによって、はじめて『異性愛』が『正常／自然』として成立する」。田中俊之『男性学の新展開』青弓社、2009、57頁。いったんカテゴリーが成立すると、そのカテゴリー（たとえば異性愛）内部の矛盾や多様性は抑圧され、不可視化される。ジョーン・W・スコット（荻野美穂訳）『ジェンダーと歴史学』平凡社、1992、35頁。
63　E・K・セジウィック（外岡直美訳）『クローゼットの認識論――セクシュアリティの二〇世紀』青土社、1999。
64　サイモン・ルベイ（伏見憲明監修）『クイア・サイエンス――同性愛をめぐる科学言説の変遷』勁草書房、2

〇〇2。

65 河口和也『クイア・スタディーズ』岩波書店、２００３、８~16頁。

66 Ｇ・チョーンシー（上杉富之・村上隆則訳）『同性婚――ゲイの権利をめぐるアメリカ現代史』明石書店、２００６、38頁。ニューヨーク州では、１９２３~６６年に5万人以上が風紀紊乱罪で逮捕された。

67 例えば、デンマークでは１９２９年断種法で、同性愛者を含む「性犯罪者」と精神障害者に対する断種手術を合法化した。中村満紀男編『優生学と障害者』明石書店、２０００、第V章、米本昌平／松原洋子／ぬで島次郎／市野川容孝『優生学と人間社会』講談社現代新書、２０００、１１０~１１７頁。

68 http://de.wikisource.org/wiki/Strafgesetzbuch

69 浜本隆志／平井昌也編『ドイツのマイノリティ――人種・民族、社会的差別の実態』明石書店、２０１０。

70 ジャクリーン・ボルスト「ドイツにおける刑法一七五条」『ドイツ研究』49号、１０１５、１８０頁。

71 星乃『男たちの帝国』50頁。ダグマー・ヘルツォーク（川越修／田野大輔／荻野美穂訳）『セックスとナチズムの記憶――二〇世紀ドイツにおける性の政治化』岩波書店、２０１２、田野大輔『愛と欲望のナチズム』講談社メチエ、２０１２。

72 Reichsgesetsblatt I, 1935, S.839.

73 星乃『男たちの帝国』１７８頁以下。

74 渡邉泰彦「同性パートナーシップの法的課題と立法モデル」『家族〈社会と法〉』27、２０１１。

75 ロランス・ド・ペルサン（齋藤笑美子訳）『パックス、新しいパートナーシップの形』緑風出版、２００４。

76 及川健二『ゲイ@パリ、現代フランス同性愛事情』長崎出版、２００６。２００８年2月15日日刊紙Le FIGARO誌。http://mediasabor.jp/2008/02/pacs.html

77 田中通裕「注釈フランス家族法（五）」『法と政治』62―4、２０１２。

78 同性婚容認に関わる民法改正については、服部論文に新旧対比表が掲載されている。服部有希「フランスの同性婚法――家族制度の変容」『外国の立法』258、2013。
79 デニス・アルトマン（岡島克樹／河口和也／風間孝訳）『ゲイ・アイデンティティ――抑圧と解放』岩波書店、2010（原著1971）は、ゲイ解放運動及び「レズビアン／ゲイ・スタディーズ」のバイブルとなった。キース・ヴィンセント／風間孝／河口和也『ゲイ・スタディーズ』青土社、1997、「レズビアン／ゲイ・スタディーズ」『現代思想』25―6、1997。
80 ハーヴェイ・ミルクについては、ランディ・シルツ（藤井留美訳）『ゲイの市長と呼ばれた男 ハーヴェイ・ミルクとその時代』上下巻、草思社、1995、ドキュメンタリー映画『ハーヴェイ・ミルク』（ロバート・エプスタイン、リチャード・シュミーセン監督）1984、映画『ミルク』（ショーン・ペン主演、ガス・ヴァン・サント監督）2008を参照。
81 井桶三枝子「アメリカの州における同性婚法制定の動向」『外国の立法』250・2011、同「ニューヨーク州同性婚法成立」『外国の立法』2011・8。
82 井桶三枝子「同性婚をめぐる各州の動向」『外国の立法』2014・5。
83 井桶三枝子「同性婚に関する2つの合衆国最高裁判決」『外国の立法』2013・8。
84 タン『〈同性愛嫌悪〉を知る事典』239～241頁。
85 コルバン／クルティーヌ／ヴィガレロ監修『身体の歴史』第1巻、266～267頁。リリアン・フェダマン（富岡明美・原美奈子訳）『レズビアンの歴史』筑摩書房、1996。
86 アドリエンヌ・リッチ（大島かおり訳）「強制的異性愛とレズビアン存在」同『血、パン、詩、一九七九―一九八五』晶文社、1989。
87 スーザン・マン（小浜正子／リンダ・グローブ監訳）『性からよむ中国史――男女隔離・纏足・同性愛』平凡社、2015。
88 オールドリッチ『同性愛の歴史』304頁、307頁。

89　三成／姫岡／小浜編『歴史を読み替える――ジェンダーから見た世界史』71頁。
90　ソマー「清代法におけるジェンダーの構築」286〜291頁。オールドリッチ『同性愛の歴史』310頁。
91　マン『性からよむ中国史』202頁以下。タン『〈同性愛嫌悪〉を知る事典』366頁以下。
92　オールドリッチ『同性愛の歴史』147頁。
93　オールドリッチ『同性愛の歴史』271頁以下。
94　これらの課題を念頭に、目下、第23期日本学術会議法学委員会「LGBTIの権利保障分科会」では、性的指向の権利保障及び教育と社会における差別撤廃に向けた検討を行っている。
95　2014年8月20日、外務省仮訳。http://www.mofa.go.jp/mofaj/files/000054774.pdf
96　谷口洋平「同性間パートナーシップの法的保護」『ジェンダーと法』10、2013、二宮周平「性的少数者の権利保障と法の役割」『法社会学』77、2012。
97　師岡康子『ヘイト・スピーチとは何か』岩波新書、2013、32〜36頁。日本で「ヘイト・スピーチ」という語が一挙に広まったのは、2013年である。同年2月、「コリアタウン」として知られる東京新大久保界隈や在日朝鮮人が多く住む大阪鶴橋駅周辺で排外主義的なデモや差別的な街頭宣伝が行われた。これらの様子は主催者によってインターネット上に投稿された。これを受け、3月、国会議員有志が院内集会を開き、朝日新聞が特集記事で「ヘイト・スピーチ」という語を用いたことから、一挙にマスメディアにこの語が広まっていった。師岡『ヘイト・スピーチとは何か』2〜17頁。2014年自由権規約委員会の最終見解は、人種差別を念頭にヘイト・スピーチを禁止するよう勧告している。http://www.mofa.go.jp/mofaj/files/000054774.pdf
98　谷口洋平「性的マイノリティと法制度――性別二元制・異性愛主義への問いかけ」ジェンダー法学会編『講座ジェンダーと法、第四巻ジェンダー法学が切り拓く展望』日本加除出版、2012、同「性的マイノリティの人権保障――国際人権法を素材として」矢島正見編著『戦後日本女装・同性愛研究』中央大学出版部、2006。
99　『国際条約集二〇一五年版』有斐閣、2015。

第1部

性的指向の権利保障

第1章 「同性愛」と憲法

中里見 博

はじめに

日本が、「マイノリティ（社会的少数者・弱者）」の人権保障に関して国際水準を満たしていない分野は数多いが、「性的マイノリティ」の権利の未確立は、その代表的な例の一つである。性的マイノリティと一口にいっても、レズビアン、ゲイ、バイセクシュアル（性的指向ないし同性愛等）、トランス・ジェンダー／セクシュアル（性別違和ないし性同一性障害）、そしてインターセックス（両性具有ないし性分化疾患）と多様だが、本書のテーマにそって「同性愛」を取り上げる。[1]

「同性愛と憲法」という論題について、憲法学では主にアメリカを検討の対象にした詳細な研究がすでに存在する。[2] 本章は、それらの先行研究にも学びながら、歴史学と法学の共同研究という本書の性格を意識して、歴史学（さらにはゲイ・スタディーズ）の議論を参照した上で、できるだけ日本の状況に即して主題に接近したい。

まず検討したいのが、日本における同性愛抑圧の実態と特徴である。同性愛を憲法とくに人権論として検討するには、いかなる抑圧が存在するかを明らかにする必要があるからである。日本は、西欧諸国のように「同性愛行為」を処罰したり「同性愛者」を差別したりする法律を、歴史的にほぼ持たなかった。[3]だが、それにもかかわらず、きわめて厳しい社会的差別の現実があることを示す。[4]次に、そのような厳しい同性愛差別を生み出す「異性愛主義」を歴史的にとらえなおすために、社会構築主義的な歴史学とゲイ・スタディーズを参照する。その上で、異性愛主義と憲法の関係を論じ、最後に性的指向を人権として保障するための理論的視角を検討したい。

一　日本型ホモフォビア

1　電話相談、自殺リスク調査から

二〇一二年三月に開始された「よりそいホットライン」[5]に、公的補助金を受けた電話相談事業として初めて性的マイノリティ専用の相談回線（「性別や同性愛に関わる相談」）が設けられた。同年七月末までの約五か月間の、同専用回線の総呼数は八万八七一六件、接続（完了）呼数が一万二一五二件であったという（一日平均の接続呼数約八〇件）。同回線の担当者は、寄せられた相談内容を次のように紹介している。

「学校で『オカマ』と呼ばれていじめにあっているが誰もとめてくれない」「クラスで浮いており不

登校になった」「ゲイ雑誌が親に見つかってしまい、親の無理解から家出をせざるを得なかった」「性別違和を親が理解してくれなくて、家出をせざるを得なかった」「親からの暴力や、交際相手からの暴力といったＤＶの事案」「地方居住のゲイ男性で、周囲の圧力から結婚しているが、どうしても性生活ができず苦しんでも他に相談する先がない」[6]

性的マイノリティの自殺リスクの高さを報告する研究もある。ゲイ・バイセクシュアルの男性を対象に、一九九九年から経年的に行われてきたインターネットでのアンケート調査によると、二〇〇五年の調査（有効回答数五七三一人）では、回答者の六五・九％が自殺を考えたことがあり、一四％が自殺未遂の経験があると答えた。一九九九年の調査（有効回答数一〇二五人）では自殺念慮六四％、自殺未遂一五・一％で、ほぼ変わらなかったという。[7] 二〇〇一年に行われた街頭でのアンケート調査（有効回答数二〇九五人）によると、異性愛でない男性（ゲイ・バイセクシュアル・自分の性的指向に疑問を持っている者）が自殺未遂を経験した割合は、異性愛の男性の約六倍であった。[8]

２　原初的孤立と自己否定

「よりそいホットライン」の電話相談担当者は、相談者の心理状態として、「自責、罪悪感、露見への恐怖、自己尊重の感情の低下、対人不安」が見て取れるという。そして次のように分析する。「〔そうした状態は〕性被害を受けた女性の場合とよく似ている」「性的マイノリティが不可視化されている現状で孤立に苦しむ当事者らは、いわば環境的な（恒常的な）ある種の暴力に置かれた状態にある」。その結果、「精神疾患を負ったり、自己の行き場がないと感じて求職もままならず、生活困窮につながるケースも多い」と述べている。[9]

高い自殺リスクの要因は何だろうか。性同一性障害の自殺関連事象を調査した医師針間克己らが指摘した九つの自殺要因は、一部（「身体違和」と「身体治療への障害」）を除き「同性愛」の場合にもそのまま当てはまると思われる。すなわち、「いじめ」「孤立感」「失恋」「内在化したホモフォビア」「生まれ変わりたいという願望」「生きている実感の欠落・無価値感」「将来への絶望」[10]。

針間らは、性的マイノリティの「孤立感」には、民族的マイノリティの孤立感とは違う点があると指摘する。「民族的なマイノリティの場合、親や兄弟は、同じ民族としての仲間である。それに対して、性同一性障害者やゲイ、レズビアンといったセクシュアル・マイノリティにおいては、多くの場合、家族は多数派のセクシュアリティの持ち主である。そのため、少数派である自分自身のセクシュアリティを、家族に打ち明けることができない。あるいは打ち明けたとしても、理解が得られないことが多い。そのため社会だけなく、家庭内においても、孤立した状態となる[11]」。このことを弁護士の永野靖は「原初的孤立」と呼ぶ。「性に目覚める頃に自分が同性に性的関心を持っていることに気づいたとしても、初めは、自分以外に同性に性的関心を持っている人がこの世にいるのかどうか、いるとしてもどこにいるのかわからない。原初的孤立とでもいうべき状態から出発するのが同性愛者という存在である[12]」。

日高康晴らは、「同性愛に対して差別、偏見や憎悪的感情がある異性愛を中心とする社会」において、かれらが自らを偽り「『異性愛者』としての社会的役割」を果たさなければならないことの影響を指摘する。「（異性愛中心社会の）規範の再生産に寄与」せざるをえない現実が、「さまざまな葛藤や苦痛を引き起こし、精神的健康や性的健康をも悪化させている」[13]と。

学校教育においても同性愛や性的指向に関する教育はされておらず、「一部の教員の自主的な実践に限られているのが実情」[14]のようである。日高らによる二〇〇八年のインターネット・アンケート調査（有効回答数五五二五人）は、「これまでの学校教育（授業など）で、同性愛についてどのような情報を得たか」という質問を設けており、一〇代から五〇代までの年齢を含む全回答では、「一切習っていない」七六・一％、「異常なもの」四・一％、「否定的な情報」一〇・一％で、「肯定的な情報」はわずか六・五％であった。年代が若くなるにつれ徐々に前三者の割合が減り、「肯定的な情報」の割合が増えてはいるものの（二〇代は一〇・四％、一〇代は一八・二％）、それでも一〇代でようやく二割程度と、まだ少数に留まっている。[15]

異性愛が自然で同性愛は異常という認識が根強く残る社会の中で、家庭でも学校でも同性愛について肯定的な考えや情報を得られない結果、同性愛者は孤立を深める。日高らの二〇〇三年のインターネット調査の自由記述欄に寄せられた声のうち、「ゲイ・バイセクシュアル男性として生きること」としてまとめられたものを引用する。先に挙げた自殺要因のいくつかの具体的な記述ともいえる。

「同性愛者であることを隠さなければならない状況の中で、自分なんていなくてもいいと思うことはよくある」「こんな自分はこれからどうやって生きていくのか不安だ」「自分の存在意義が見出せない状況が無気力な生活を生み出すことに関連性を考えられるのではないか」「今の日本は海外に比べて同性愛についてあまりにも無関心というか否定的な考えが多くて、自分がまるで犯罪者のような気さえ持ってしまう日々です」「もっと同性愛への理解者が増えて、仕事場でも胸を張って自分の意志表現・存在証明ができるようになるといいなぁと思う」「好きな人に好きだと胸を張って言い、その人とデートをし、皆に祝福されたい。本当にそれだけでいい。でも、それがなかったら人は何のために生きているのか」「同性愛者として異性愛社会に生きなければならないことは、毎日自分自身がダメな、欠落した人間なのだ、と思わされて暮らすことに他ならない。そのストレスの苦しさは想像を遥かに超えたものです」「日本はゲイの人が仮面をかぶって生活しなければならない。自己否定を続けていると、生きることができなくなりそうです」「同性愛者としての自分と異性愛者としてふるまう自分とにものすごく隔たりを感じるとともに、そのことがストレスになっている」「自分がゲイであることを隠すのは正直言って辛い。嘘をついて生きていくことになるから[16]」

日高らは、自由記述欄の「考察」でこう述べる。「ここには、自分が直接的な差別や偏見の対象となるような出来事に出会わなくても、自己否定感を抱え続けたり、ありのままに生きられない日常が続くことが、『生きることができなくなりそう』なほどの重大なストレスになり得ることが示唆されています[17]」（強調引用者）。

3 「抹消」される存在

以上述べてきた日本の同性愛抑圧を、ゲイ・スタディーズのキース・ヴィンセントは、「日本型ホモフォビア」「おとなしいホモフォビア」と呼ぶ。そこでは、同性愛が「あからさまな憎悪や撲滅の対象」となることは「例外的」だが[18]、それはホモフォビアの不存在を意味しない。それは「隠されている」のであり、「権力とは隠されていてこそ最も良く機能する[19]」。河口和也も、日本の抑圧を「真綿で首を締める」ようなと表現し、「迫害」でも「差別」でもない「寛容」すなわち「一見すると差別とはカテゴリー化されないような否認・抑圧の形態」「口当たりのよさによる抹消（無効化）」と述べている。[20] レズビアンのライター掛札悠子は、女性の主体的なセクシュアリティの存在を認めない男性優位社会において、「女」であるレズビアンに生じる特有の抑圧を指摘した上で、レズビアンは「抹殺（抹消）され」ていると述べる。[21]

二 「異性愛」の歴史化と脱自然化

1 同性愛差別・異性愛主義・ジェンダー

同性を愛する人々に対するこのように苛酷な社会的な抑圧をどのようにとらえればよいだろうか。こうした同性愛抑圧は、まず近代の抑圧的な異性愛主義《ヘテロセクシズム》の現れであると考えられる。異性愛主義とは、男女の性愛を唯一の自然かつ合法的な性愛の形態とみなす異性愛中心的な考え方であり、それを前提に諸制度が構成された社会のあり方のことである。さらに同性愛抑圧を理解する上で重要なことは、異性愛主義が男性中心主義であること、すなわちそこでは男女が階層制的に位置づけられ、男性性に高い価値、女性性に低い価値が付与されていることである。[22]

異性愛者が多数を占める異性愛主義社会において少数者としての同性愛者が忌避され、恐怖される重要な理由の一つは、異性愛主義社会におけるこの男女の階層制的な規範——すなわちジェンダー——を同性愛者であることが侵害するからだと考えられる。同性を愛する男性および女性は、それぞれ女性化した男性、男性化した女性にほかならず、異性愛主義における男性または女性であることの意味と規範に反している。同じ同性愛でも男性同士の同性愛の方が、女性同士の同性愛よりも強く忌避され抑圧されてきたのは、男性同性愛者の存在の方が、女性同性愛者以上に「男性の優位性の自然性と正統性」を深く揺るがすからであろう[23]。それは同性愛差別がジェンダー規範と深く結びついていることの証左でもある[24]。

それゆえ同性愛差別に対抗しそれを解消していくには、二つのことが必要だと思われる。一つは、異性愛主義によって人々に深く刷り込まれた異性愛＝「自然」よって「正常」、同性愛＝「不（ないし反）自然」よって「異常」という一般通念を乗り越えていくこと、もう一つは、異性愛主義におけるジェンダー規範と同性愛差別との相互関係を踏まえ、同性愛差別の克服とジェンダー差別の克服を結びつけることである。とはいえ、同性愛差別の問題をジェンダー差別の問題に埋没ないし回収させないことに留意しなければならない。ジェンダー差別に伴う女性性の蔑視《ミソジニー》と同性愛恐怖《ホモフォビア》の関連性を主張するジャック・バルキンが強調するように、「同性愛者の抑圧はそれ自体で不正なのであり、女性の抑圧の派生物ではない[25]」。そこで以下、最初の課題、すなわち異性愛＝自然、同性愛＝異常というホモフォビックな通念そのものの克服のために有用であると考えられる歴史的視点について検討したい。

2　同性愛／異性愛カテゴリーの歴史化

異性愛＝「自然」で「正常」、同性愛＝「不（反）自然」で「異常」という一般通念に対抗するには、「同性愛もまた自然」「異性愛も同性愛もただ性愛の多様な自然の一種」ととらえ返すのでは不十分であると指摘されている。そのような「『多様な自然』観では、『気がついたら異性が好きだったのよね』という異性愛の『自然』を撃つことができない」[26]からである。異性愛の「自然」を撃つことができなければ、そこを根拠につねに同性愛の「異常」が再出現することになる。よって問い返されねばならないのは、「同性愛」の「異常」と同時に「異性愛」の「自然」なのである。

異性愛の自然を問いなおすには、同性愛／異性愛というカテゴリーを歴史化する必要がある。その際に重要なのは、「『同性愛』と『異性愛』がともに歴史的に構築された」[27]という視点である。周知のように、一九世紀末、ドイツやイギリスで進んだ同性間性行為の厳罰化に対抗する精神科医らが、同性間性行為を治療可能な病気であると主張するようになり、「同性愛（homosexuality）」「同性愛者（homosexual）」という名称が編み出された。だが皮肉なことに、犯罪化に対抗して登場した病理としての同性愛「概念」は、同性愛者という「存在」の病理化をもたらしていった[28]。

重要なことは、こうした「同性愛者の誕生」の背後には、「女性参政権要求を掲げる第一次フェミニズム」の「高揚」にともない「従来の家父長的男性観が動揺し、新たな男性のアイデンティティ論が必要」[29]であった、という歴史的な文脈があったことである。近代的国家の市民に必要とされた「標準的《ノルマテイヴ》な男性性《マスキユリニテイ》」「真の男らしさ」の「敵」は、一つには「解放された女性」「女らしくない女性」であり、もう一つが「男らしくない男性」であった。なぜなら「それらの人々や女性の権利獲得運動は、近代的な男性性の構成にとって非常に重要である性による分割を脅かした」[30]からである。

アメリカのゲイ・スタディーズに基づき、松原宏之は、一九五〇年代のマッカーシズムによる同性愛弾圧で頂点をむかえたアメリカの異性愛主義体制の確立が、「異性愛の特権化」と「同性愛への敵意」を同時に生じさせたことを論じる。大恐慌、第二次世界大戦で混乱に陥った生活と秩序の再建が図られた時、「その基盤と思われたのが家庭生活の安定」であり、「乱れたジェンダーやセクシュアリティの沈静化」であった。そして「異性愛を基盤にしてその体制の確立」を図る時、「同性愛者の取り締まりが異性愛者の正当性を確認するうえで決定的[31]」だったからだという。

3 異性愛の脱自然化

これらの歴史研究が示していることは、「自然」で正当なセクシュアリティとしての異性愛そのものが、「異常」な同性愛の対として歴史的に構築されたということである。[32] 西洋におけるこうした歴史過程を、日本も基本的にたどったと考えられる。[33]

こうして「同性愛の脱異常化」と「異性愛の脱自然化」の視点に立ち、次のように論じることができる。「同性愛とは、ある個々人に固有の確固たるアイデンティティであるというよりは、『異性愛』の定義を万全にするために作られた一つのカテゴリーのことなのだ。それは対立する概念として設けられたカテゴリーであり、したがってそれ自体ではなんら本質的な意味をもたない。けれども、このことは異性愛が『自然』または『内在的』な何かであるということを意味しない。実のところ、異性愛は棄却された他者としての同性愛がなければそれ自体では存在できないのである[34]」。

セクシュアリティの歴史学者、デイヴィッド・ハルプリンもこう述べる。「ホモセクシュアリティとヘテロセクシュアリティは、本物の対語、互いに互いを規定する反対語などではなく、上下関係であり、ヘテロセクシュアリティは暗黙のうちに、自分をホモセクシュアリティの否定として作り上げる」。脱自然化された異性愛の結論はこうであろう。すなわち、「ヘテロセクシュアル／ホモセクシュアル二分法は、それ自体ホモフォビアの産物である[35]」。

4　脱自然化とアイデンティティ

だが、このような脱自然化の結論を受け入れると、アイデンティティをめぐって困難な問題を抱えることになる。例えば、それを受け入れると、同性愛者も異性愛者も「いない」ということになるのだろうか。抑圧や差別と闘うための「当事者性」はどのように形成されるのか。同性愛の「自己同一性」を持つことは「本質主義のイデオロギーに捕らわれている単純な活動家[36]」ということになるのだろうか。

構築主義による脱自然化が陥るおそれのある危険性を、アメリカのレオ・ベルサーニはこう警告する。「私たちを構成してきた認識論的なあるいは政治的な諸制度を脱自然化する過程の中で、自分たち自身をも抹消してしまったのだ。しかし、その諸制度は単なる『歴史的現象』であることを示すことだけで、崩壊するわけではない。支配するために、それらは自ら自然だと思われる必要はない。……ゲイであることを脱ゲイ化することは同性愛者に対する偏見や嫌悪を強化せざるを得ない。それはそれなりの方法で、ホモフォビアの主要な目的を見事に果たしてしまう。すなわち、ゲイの絶滅を[37]」。

この問題について、「動くゲイとレズビアンの会（アカー）」に集まった人々が到達した結論を、キース・ヴィンセントはこう記している。「私たちが必要としているのは本質主義を批判することでも、構成主義的立場を信奉することでもない……。それよりも、いまの私たちにとって必要なのは、自らについて考えながら、同時に社会の中の自らの位置を考えることなのである。すなわちこの私たちのアイデンティティの正体を明らかにしつつ、なおかつ実践的に有効なアイデンティティとは何なのかと考えることだ[38]」。

ヴィンセントはさらに述べる。「差別や抑圧構造の歴史的恣意性を示すことはそれに対する闘いの大切な一環である。しかし、それがすべてではない。ホモフォビアの仕掛けが分かったとしても、それをなくすことができるとは限らない。……いかなる知的・学問的な認識や言説を創出しようともそれだけでは奴隷は奴隷のままなのだ。奴隷根性から脱却するには行動を可能にするアイデンティティへのプライドもまた不可欠なのである[39]」。

アカーの人々は実際に、次節に述べる「府中青年の家」事件の裁判を闘って勝利を収め、日本社会におけるきわめて貴重な権利獲得の成果をあげた。だが、強靭かつ堅牢な日本型ホモフォビアはいまだに大多数の「同性愛者」を「クローゼット」に押しとどめ続けている。

三　日本型ホモフォビアと憲法

1　「当事者の不在」と「差別の不在」？

同性を愛する人々の大多数がクローゼットに押し込まれたままにとどまり、社会の表に出てきていない現状のもとでは、それがいかなる意味で憲法問題といえるのかをまず考察する必要があるように思われる。日本で同性愛差別の違法性そのものが争われた訴訟が、これまでたったの一件（「府中青年の家」事件[40]）しかないことに象徴される問題である。

ゲイ・スタディーズの金田智之は、「セクシュアリティ研究の困難」と題する論考で、「研究対象」自体の不在を問題にしている。「〔レズビアン&ゲイ・スタディーズは〕当事者集団を前提とした研究領域」であるにもかかわらず、「日本には当事者性をある程度代表できるほどに大きな当事者団体は存在しておらず、『同性愛者』といっても、それによって誰のことを示しているのか、コンセンサスを得ることは難しい」と。そして、「日本における大規模な当事者団体の不在は、同性愛者『差別』などに対する同性愛者自身の共通見解や問題意識の不在ということに直結している[41]」と指摘する。

金田の指摘は、同性愛を憲法とくに人権問題として論じる上でも踏まえる必要がある。なぜなら、そうした「当事者団体の不在」「差別への問題意識の不在」という現実は、容易に人々に「当事者の不在」「差別の不在」という認識をもたらしうるからである。もしそうなると、日本には人権問題としての同性愛差別などないことになってしまう。

同性愛を含む諸問題に関するアメリカの憲法理論を検討した志田陽子も、日本について論じる際に、いかにしてそれを「法」さらには「憲法」の問題として論じうるかに幾重にも言及している。「ソドミー法のようなあからさまな処罰法」もなく、「セクシュアリティにもとづく雇用差別禁止の議論もまだ成熟していない」日本においては[42]、同性愛の抑圧は「一見、市民自身の自発的な選択や合意の積み重ね」による「『住み分け』の現象[43]」に見えると志田はいう。金田の指摘を別の角度から表現しているといえよう。

だが、「当事者の自発的選択」に見えるのは見かけだけで、実は「特定の『正常な』セクシュアリティ以外を『逸脱』」と見なす「社会文化規範[44]」がそこに強く作動していると志田が指摘するように、「当事者団体の不在」も「差別への問題意識の不在」も、「日本の同性愛者にとってカミングアウト〔を〕つい最近までほとんど不可能[45]」にしてきた日本の「隠された」ホモフォビアの結果であり、むしろ日本型ホモフォビアの「存在」を示唆すると、とらえ返さなければならない。当事者や抑圧の存在すら圧殺する日本型ホモフォビアの機制に目を凝らし、抑圧の実態を暴いて可視化することが、人権問題として論じる不可欠な前提となる。これが一節に紙幅を多く割いた理由でもある。

2　社会的抑圧と法制度の相互関係

また同性愛抑圧は、独り「社会文化規範」だけによって存在しているのではなく、法制度が深く関与しているという問題がある。同性愛行為の処罰法や、同性愛者を入国や公職等から排除する差別立法のない日本で[46]、同性愛を逸脱視する法といえば、「婚姻」を異性愛カップルに限定する「婚姻・家族に関する法制度」であろう。婚姻上の地位は、各種の年金や保険、住居等の行政サービスの受給と連動しており、婚姻からの排除は行政サービスからの排除に波及する。同性愛を逸脱視する社会文化規範と、こうした法制度のあり方が「相互補完的に働」くことによって、日本における同性愛抑圧は「公式な法による禁止が存在するのと同じような深刻さと堅固さをもって〔当事者に〕経験されている[47]」といえる。

同性愛抑圧が法制度によって支えられているとすれば、同性愛抑圧は明らかに法的問題であるし、さらに「その法律は憲法（人権条項）に反していないか[48]」という意味で憲法問題である。だがここで問題となるのは、日本の場合「婚姻を異性愛カップルに限定」する法規範が「法律[49]」である以前に「憲法」であるように思われることである。日本国憲法が「婚姻は、両性の合意のみに基いて成立し」（24条1項、条文の強調引用者、以下同じ）と定めているからである。

3　憲法24条は異性愛主義か

「終身的な単婚《モノガミー》を前提として、社会でヘゲモニーを得ている階級を再生産する家庭内のセクシュアリティ[50]」を再生産する制度が「異性愛主義」であるならば、単婚（一夫一妻の婚姻）を明示的に定める憲法24条は異性愛主義を定めた条文だろうか。24条が異性愛主義の条文であるなら、「婚姻を異性愛カップルに限定する法律」を違憲にできないだけでなく、その種の法律の立法化の要請や、同性カップルに法律婚並みの保護を付与する立法措置の禁止をも24条から引き出しうる可能性がある。

現在でも支配的な異性愛主義が、日本国憲法の制定時、社会を支配していたことはまちがいない。したがって憲法に異性愛主義が反映していても不思議ではない。しかし、24条について同時に注目しなければならないのは、1項が「婚姻は、両性の合意のみに基いて成立し」の直後に「夫婦が同等の権利を有することを基本とし」と定めていることであり、さらに2項が「婚姻及び家族に関するその他の事項に関しては、法律は、個人の尊厳と両性の本質的平等に立脚して、制定されなければならない」と定めていることである。異性愛主義が同性愛恐怖と女性蔑視を構成要素とするなら、24条は、異性愛主義とは相容れない個人の尊厳の重視と男女平等主義もまた含んでいる。

異性愛主義と矛盾する、個人の尊厳の尊重と男女平等主義は、最も重要な原則として日本国憲法全体を貫いてもいる。人権の通則規定である13条は「すべて国民は、個人として尊重される」として個人の尊重を、14条1項は「すべて国民は、法の下に平等」であり、「人種、信条、性別、社会的身分又は門地により、政治的、経済的又は社会的関係において、差別されない」と性別による差別の禁止を定めているからである。

一般的に憲法は、ある社会のある時代に成立した、階級その他の社会的対立の妥協という性格を免れえないから、相互に矛盾する原理を含みうる。日本国憲法に含まれる最大の妥協であり矛盾は、象徴天皇制度と国民主権の並存であろう。憲法の解釈は、したがって、憲法の構造を全体的にとらえながら、相互に矛盾しうる複数の原理のどれに重きを置いて解釈するかという価値選択を含む実践的性格を不可避的に持つ。日本国憲法は、異性愛主義を前提とした文言と、それを掘り崩していく原理の両方を定めている。同性愛差別や性差別に反対する立場を選ぶならば、後者の意義を重視して憲法を解釈すべきことになる。

加えて、「婚姻は、両性の合意のみに基づいて成立し」という24条の文言が、「同性」による婚姻を排除することを宣明する目的で書かれたのではないことも重要である。その文言の趣旨は、婚姻が当事者ではなく「親の合意」によって成立した日本の慣行を一掃することにあった。そのことは、削除されたベアテ・シロタ原案の同条該当部分が「親の強制ではなく相互の合意に基づき」となっていたことから明らかである。つまり24条のこの文言の力点は「両性」ではなく「合意のみ」にあるのであって、婚姻の成立の「当事者主義」を打ち出しているのである。

以上の理由から、24条を異性愛主義の条文ととらえるのは、憲法の妥当な解釈とはいえない。

4 同性間の親密関係の保障

では、具体的に憲法――異性愛主義の影響を受けながら、それを掘り崩す原理が全体にも家族関係に関する条文にも書かれている――のもとで、同性間の親密関係や共同生活はどのようにとらえられるべきか。

憲法の一般的な解釈学では、24条が婚姻（法律上の結婚）を異性間に限定しているという理解の前提のもとで、同性同士による親密関係や共同生活は、13条の幸福追求権の一つである自己決定権によって保障されている、とされる。ただし、ここで保障されているといわれるのは、いわゆる自由権（国家による妨害を排除する権利）であり、「本人が好むような種類の家族をつくって維持する自由」[51]が公権力によって妨害されないという意味である。

では、妨害されない権利の保障を超えて、諸外国で広がっているパートナーシップ登録制度やシビル・ユニオン制度[52]を制定することにより同性の家族関係に対して法律婚に準ずる保護を付与することは憲法上どう評価されるか。早くからそれを肯定する見解が示されている。「個人の尊厳と両性の本質的平等原則が貫徹している限り、日本国憲法の下でも、これら〔同性のペアがつくる家族を含めた多様な形態〕の家族は〔異性愛家族と〕等価として考えられるべきであり、同等に尊重擁護されなければならない[53]」。この説も引用しつつ、弁護士の角田由紀子は、次のような見解を述べた。「男女平等、夫婦の権利・義務の平等、個人の尊重をこそ婚姻の原則と考えるというのが、憲法24条の趣旨」であるから、「24条は、同性愛者の『結婚』を法的に承認するのに何ら障害とはならない。むしろ、同性愛カップルが共同生活に伴う法的保護を欲するとき、これを認める手がかりとなる規定といえる」[54]。

これに対しては、理論上の弱点も指摘されている。24条には個人尊重主義のほかに「法律婚主義」も含まれているため、13条によって自由を認められている多様な家族に法的保護を与えることについては、24条が「ブレーキをかける方向に機能することも十分に可能」[55]であることを認識すべきだというのである。事実、最高裁判所は、二〇一三年に判例を見直して違憲の決定を出すまでの長い間、「法律婚主義」を重視して、非嫡出子の法定相続分を嫡出子の相続分の二分の一と定めた民法の規定を合憲と判断してきた。

だが学説では、同性のカップルに法律婚と同等の保護を与えることを可能にする解釈が追究されている。例えば工藤達朗は、13条によって自由を認められた同性の家族関係を、24条の法律婚よりも「必ず低く取り扱う要請が〔24条により〕なされているとは考えられない」から、「同性カップルに婚姻と同等の保護を与える法律」を制定することは24条のもとでも可能であると主張する[56]。

5 同性婚の「承認」をめぐって

だが、そのように解してもまだ問題は残る。24条の「婚姻・家族」から同性を愛する人々を締め出していることの意味が問われうるからである。カナダでは、まさにこの点が同性婚の法的承認を求める訴訟において問われた。

平等権をめぐるカナダの判例法理が「人間の尊厳」概念を基軸に進展するにつれて、性的指向への権利も拡大していった[57]。そして裁判所はついに、「婚姻という基本的な社会の制度」から同性カップルを「排除」することは「同性愛の関係にある者の尊厳を侵害することである」[58]と判断した。一連の判決を検討した白水隆によれば、カナダの裁判所によって確認されたことは次のことである。「同性愛者に婚姻させないことが――シビル・ユニオン法などを制定したとしても――異性愛者に比べ同性愛者は価値が劣るというメッセージを送り、それによって同性愛者の尊厳は貶められ、結果として平等権の侵害にあたる、ということになるだろう」[59]。

そこで、あらためて24条の規定と同性婚の関係が問い直されることになる。「両性」の文言があるにもかかわらず、24条に基づく「婚姻」に同性によるものも含めることができるとする見解はほとんどない。しかし、24条2項による要請として、同性による事実上の親密関係・家族関係に法的保護を与えるべきこと、さらには法律婚と同等に扱われるべきことを提起する説が現れている。アメリカ法の展開を踏まえた羽渕雅裕は、24条2項が「個人の尊厳」に立脚した立法を求めている点に着目し、「ドメスティック・パートナーシップのような制度を創設することによって同性カップルに対する保護を与えるということは、単に憲法に違反しないというだけでなく、24条2項によって……ある程度積極的に要請されると解することはできないだろうか[60]」と述べる。

また、カナダにおける同性婚承認過程を検討した富井幸雄も、「24条2項は、1項で引き上げられて男性と対等となった女性の意思や個人の地位を基軸として、婚姻をはじめ家族にかんする立法はなされるべきとする。この段階で同性愛者の意思が婚姻でも異性愛者と同等に扱われるべしとされよう」。こう述べて、「同性カップルの民事的結合は24条2項で保障される余地があるように思われる[61]」

とする。

最後に、しかし、カナダやアメリカでは同性婚をめぐり（当事者の間でも）評価が分かれていることについて触れておく。同性愛者が法律上の婚姻へ参入し、異性愛者と「同じ」権利を求めることは、一方で、レズビアン・ゲイ解放運動に「承認をめぐる政治の困難」――「社会変革力の剝奪」「差異の隠蔽」「同化の強要」といった諸困難――を生じさせたと指摘されている。[62] 他方でそれは、「異性愛社会の根幹ともいえる婚姻そのものの歴史的、文化的意味を問い直し、その枠組みを根本的に変容させた真摯な取り組み[63]」であったと積極的に評価されてもいる。

日本では、同性愛の処罰法や差別立法がない中で、厳しい同性愛抑圧が生じている。したがって、同性愛に対する社会的差別を禁止することと並んで、その法的承認を獲得することが重要な課題といえよう。[64] その際「同性婚制度の確立〔といった〕他者からの承認の視点なしに、同性愛者差別が解消されないのもまた事実」なのかもしれないし、「同性婚制度〔は〕それ以外の方法で同性愛者を承認する道を閉ざすものではない」のだから「多様な性のあり方を模索するのであれば、異性愛者と同じ婚姻関係を結びたいと考える同性愛者の願いをかなえる制度を否定する必要もない[65]」のかもしれない。

だが、同性婚の承認が異性愛社会への単なる同化となるのを避けるために重要なことがいくつかあるだろう。まず、同性婚をめぐる議論が、既存の法律婚を問いなおすような質を持つものでなければならない。たとえば、カナダにおける「『人間の尊厳』に基づく議論」が、「婚姻の本質〔の〕検討」と「定義そのものの変更」をもたらし、「その時点で婚姻はそれまでの婚姻と全く違うものになった[66]」と評価されるような質の議論が必要であろう。

また、何をもって「それまでの婚姻と全く違うもの」といえるかも重要である。岡野八代は、「異性愛者たちと『同じ』権利を求める同性婚」に反対する主張――それは少なくない同性愛者たちの主張でもある――を「ケアの倫理の視点」から読み解く。岡野は、「レズビアン、ゲイに婚姻の権利が認められるのは、ケア関係を私的に負担させることで維持されている、法の下の平等な市民と同じになること」、いいかえると社会の多数派である異性愛者と「同じ」になることによってであるという。だがそれは、「よりよいケア関係を維持するために必要な基盤を整える社会的責任の放棄」につながるおそれがある。なぜなら、「たとえば、シングルでケアを福祉に頼る者たち（合衆国では、とりわけ人種化されたシングル・マザー）を市民たりえない社会的な重荷として批判する家族イデオロギーは、同性婚が認められてもなお、揺るぎなく存立し続ける[67]」であろうからである。そしてその点にこそ、「異性愛者と同じになる同性婚」を求めることへの反対論の「核心」を見出す。「法的な家族から排除されてきたレズビアン・ゲイの経験」に根差した同性婚反対論が、「自立した個人が競いあう市場を中心とする社会から、ケアしあう社会への移行までをも提言している[68]」ことに注意を促す岡野の指摘は重要であると考える。

四　同性愛差別禁止の憲法上の根拠

1　「人権としての性的指向」と「性差別としての同性愛差別」

行論上24条論が先行したが、ここで同性愛と憲法の一般的な関係について検討したい。

近代の同性愛差別が、男性優位の異性愛主義との関係で生じていること、それゆえ同性愛差別を解消するためには二つの課題——異性愛のみを自然とみなし同性愛を異常とするセクシュアリティ差別の克服と、同性愛差別を強化するジェンダー差別の克服——があることを指摘した。日本国憲法には同性愛差別と性差別とは相容れない「個人の尊重（ないし尊厳）」と「男女平等」が定められている。先の二つの課題は、日本国憲法のもとで、同性愛差別を禁止する二つの根拠とそれぞれつながっている。前者は、同性愛を含む「性的指向」を個人の人権として保障し（13条の「個人の尊重」原理等）、同性愛差別を「社会的身分による差別」（14条1項）ととらえて違法化する考えであり、（同性愛の問題に言及する数少ない）憲法学説の中では〝多数説〟的な見解である。

それに対して後者は、同性愛差別を「性別による差別」（14条1項）の一つの形態ととらえる考え方である。アメリカの法学界では有力に唱えられており、それを認める裁判例もあるが[69]、日本の憲法学説ではまだほとんど追究されていない。この説を唱える論者の一人、キャサリン・マッキノンは概ね次のように述べる。同性愛者の男性と異性愛者の男性は、性愛の対象者の性別が異なる以外は、ほぼ完全に同様の状況にあるが、もし両者が同一人物と性関係を持った場合、性関係を持った人物と異なる性別に属している者（つまり異性愛者）は不利益を被らないが、同じ性別に属している者（つまり同性愛者）は不利益を被る。そこでは形式的平等の観点から見ても、「性別」に基づく差別が紛れもなく生じている。同じことは同性愛者の女性と異性愛者の女性についてもいえる、と。また異性愛主義社会における同性愛と同性愛者は、異性間のジェンダー不平等な性愛関係の自然性を掘り崩し、ジェンダー平等な性愛関係の可能性を支持するがゆえに差別され抑圧される。いいかえると同性愛の差別と抑圧は、性別に基づく差別の核心を維持、強化する。よって、実体的な意味でも同性愛差別は性別に基づく差別である、と。[70]

ただし、先にも述べたが、同性愛差別と性差別の相互強化関係を強調することには注意が必要である。たしかに同性愛差別への関心が希薄な異性愛者にとって、同性愛差別と性差別の相互関係を認識することは、同性愛差別の問題に一定の当事者意識を持つことを助ける効果があるだろう。しかし、性的指向差別の禁止へと連なるジェンダー主流化の動きがきわめて鈍く、ジェンダー法学における異性愛主義の未克服すら公然と指摘される日本においては、同性愛差別禁止の根拠を、「性別に基づく差別」の禁止を中心にとらえることは、同性愛差別問題の周辺化を固定化ないし後押ししかねない。同性愛差別を「性別に基づく差別」の一つと理解するマッキノンも、その理解と「性的指向に基づく差別」としての同性愛差別という理解とを排他的にとらえているわけではない。[71] 日本では当面、「人権としての性的指向」の確立と、「性差別としての同性愛差別」の禁止を少なくとも同等に位置づけるべきであろう。ここでは以下、「性的指向」を人権として保障し、同性愛差別を「社会的身分による差別」ととらえる多数説的な見解に絞って検討を加えたい。

2　人権としての性的指向

(1) 憲法学説の状況

憲法学説ではすでに、赤坂正浩が、同性愛者の人権について注目すべき見解を示している――「同性愛者であることは、まさにその人がその人であること、個人としてのアイデンティティを意味するものとして、『すべて国民は、個人として尊重される』と謳う憲法13条の保護を受けると考えられる」[72]。同時に、「同性愛者であることは、自分の意思では左右できず、社会的な評価をともなう固定的な地位と理解できる。だから……同性愛者であること〔を〕〔憲法〕14条1項後段に掲げられた『社会的身分』とみなすことは可能だと思われ……同性愛者であることを理由とする別扱いは、厳格な司法審査によって合憲性をチェックされるべきだということになる」[73]と。

日本で同性愛差別が争われた最初で唯一の訴訟である「府中青年の家」事件判決は、一、二審とも、原告の公共施設利用権に対する不当、違法な制約と判断し、同性愛差別そのものの違法・違憲性（憲法14条論）には直接言及しなかった[74]。それに対して、同事件を検討した憲法学説の多くは、同性愛が、憲法14条1項後段に列挙された差別禁止事由、「人種、信条、性別、社会的身分又は門地」のうちの「社会的身分」に含まれ、同性愛差別は14条に反するとしている[75]。

同性愛差別を14条違反とする学説の多くは、同性愛が「社会的身分（social status）」であることの根拠を、それが人の「生物学的」ないし「生来的」な属性であることに求めている。たとえば、同性愛者とは「生物学的にどうしても同性以外に恋愛感情を抱き得ない人」であり、同性愛とは「『同性指向』と『異性指向』がある一定の割合で存在」している「人間という『種』の基本的性質」であるとするもの[76]、「選択的な性的趣向の問題ではなく、より生来的な問題」であるとするもの[77]などである。

他方で、冒頭に紹介した赤坂は、同性愛が生来的属性か後天的なそれかについては明言せず、「自分の意思では左右できない」ことに依拠して社会的身分に含めている[78]。

(2)「性的指向」としての同性愛

周知のように、同性愛に対する差別を、「性的指向」に基づく差別ととらえなおす傾向がある。憲法学説で同性愛を性的指向の問題とするのはまだ少数だが[79]、同性愛差別に取り組む諸外国や国際的動向においても、性的指向に基づく差別というとらえ方が一般化している。この流れを汲み、「府中青年の家」事件の第一審判決も、同性愛を次のように定義した。「同性愛は、人間が有する性的指向(sexual orientation)の一つであって、性的意識が同性に向かうものであり、異性愛とは、性的意識が異性に向かうものである。同性愛者とは、同性愛の性的指向を有する者のことであり、異性愛者とは、異性愛の性的指向を有するものである[80]」。

「性的指向」という概念の意義を、ゲイ・スタディーズの研究者で「府中青年の家」裁判の原告の一人でもあった風間孝は、「異性愛と同性愛を同等のもの」としうるところに求めている。「心理学や精神医学において使われはじめたこの用語では、異性愛も同性愛も同等のものであるという意味合いを含んでいる。つまり、異性愛も同性愛も両性愛も、それぞれが性的指向のひとつであり、異性愛が『正常』で同性愛や両性愛が『異常』という、長きにわたって社会に浸透してきた偏見を取り除こうとするものでもあった[81]」。

「性的指向」という概念にはまた、「嗜好」や「志向」とは異なり、本人の意思による選択ではないという意味が込められている。「〔性的指向という〕用語は、さまざまな性の好み・嗜好を意味する『性的嗜好(sexual preference)』や、自発的な意思がはたらいて選択しているととらえられてしまう『性的志向』とは、おもに区別されて使用される。セクシュアリティとは自分で選ぶことがきわめて困難なものであり、したがって自分の意向で取り組んだり選んだりできる『趣味』や『趣向』とは異なるものであることを含意するのが『性的指向』という考え方なのだ[82]」。

そのような「性的指向」の〝選択不能性〟が、それを「人権」としてとらえ、差別と闘う上での根拠となってきたことを風間は指摘する。「〔自分で選ぶことがきわめて困難という〕理由から『性的指向』は、あらゆる人にあまねく賦与される『人権』という考え方や反差別の運動ともとてもなじみがよいものとしてとらえられ、そうした運動の推進のなかでは重宝されてきた[83]」。

同性愛差別に反対する運動の過程では、性的指向の選択不能性が「皮膚の色」といった先天的な身体的属性と同じものとして説明されることもあった。「性的指向は、皮膚の色などと同様、本人の意志では選択できない。……〔同性愛者は〕全人口のおよそ一〇パーセントとされており、その比率は、老若を問わず、いかなる年齢層においても、また地域や時代においても、変わらない。人間には、そもそも同性愛者と異性愛者があるのだ、と理解するのが、最もわかりやすいであろう[84]」。また、セクシュアリティ関連の本の中には、「性的指向」を「生まれながらの方向性」であると説明するものもある。「性的指向は、自分の意志で選択する『性的志向』や性的な〝好み〟や性行為の方法などにかかわる『性的嗜好』とは異なるものです。……性的指向は生まれながらの方向性であって、他人によって変えることはできない人間の内面性に属するプライバシーの問題であるといえます[85]」。

(3)「生得説」の問題点

性的指向が「生得的自然」と定義づけられた（あるいは生得的な属性になぞらえられた）のは、当事者の実感に加えて、「『間違ったライフスタイル・趣味は改めるべき』というホモフォビアの言説に対抗」するために「戦略的」に強調された側面があるだろう。[86] また、憲法学説においても、同性愛差別を14条所定の「社会的身分」に対する差別とするためには、社会的身分の解釈学における多数説に立つ限り、同性愛を先天的なものと性格づける（狭義説）か、後天的なものであっても少なくとも「自分の力では脱却できない」という〝選択不能性〟で限定する（中間説）ことが必要となる。[87]

たしかに同性愛や同性指向を「生得的自然」と定義づければ、生来的属性であるがゆえに差別の対象にすべきではないと主張しやすくなる。しかしながら、社会運動としてであれ、法的言説としてであれ、同性愛や性的指向を「自然」なものとし、あたかも「実体」があるかのように定義することは、二節で見たように、同性愛カテゴリーを歴史化＝脱自然化してその恣意性を暴いてきた構築主義的な歴史学やゲイ・スタディーズの成果や方向性とまったく逆を向いている。もしも、構築主義的諸研究の成果に無自覚に同性愛を自然化するならば、「それ自体がホモフォビアの産物」たる「ヘテロセクシュアル／ホモセクシュアル二分法」の強化に、主観的意図に反して加担することになるだろう。

それだけではない。同性愛の「自然化」は、同性愛差別を維持さらには強化する可能性すらある。同性愛の自然化は、すでにみた「異性愛も同性愛も性愛の多様な自然の一種」という「多様な自然」観にほかならないが、それでは同性愛を「生まれつきの異常」とする偏見を排除できない。なぜならセクシュアリティの「多様な自然観」は異性愛の自然を温存し、支配的なセクシュアリティである異性愛の自然＝正常から同性愛の「先天異常」という偏見が絶えず生み出されうるからである。社会学者の伊野真一が指摘するように、「ホモフォビックな社会では、どうすればそのような〔＝同性愛の〕子が生まれないのかその対策に躍起になり、万が一原因が解明されたとしても、『自然』への科学的操作を行うことになる」[88]かもしれない。

伊野はさらに、人のセクシュアリティについて、「本人の意思では選択や転換ができない」という意味での「性的指向」ととらえることだけが正しく、本人の意思による選択と結びつく「性的嗜好」や「志向」ととらえることは誤りであるとする傾向に疑問をはさむ。「『嗜好』『志向』という言葉の否定は、正しい同性愛者と間違った同性愛者……という区別をつくることによって、新たな排除を生むことになる」と。「間違った同性愛者」とは、「自分の意志でそうなった者、趣味として同性愛行為を行っている者、性的傾向が曖昧な者、人生の途中で性的傾向が変化した者、政治的にレズビアンを選択した者など[89]」である。そしてこう宣告する。「『性的指向』か、『性的志向』『性的嗜好』かという二者択一の問いに答えることを要求することこそが差別の論理であり、その問いに答えようとする者が、差別の共犯者となる[90]」。まさに「同性愛の差別と原因は関係ない[91]」のであり、「『どんな理由があろうと、理由があろうとなかろうと、差別するな』と胸を張って言えない限り、〔同性愛〕差別にうち勝つことはでき〔ない〕[92]」であろう。

ジャック・バルキンは、人の属性に対する差別が禁止される根拠を「変更不能性（immutability）」に求めることに、次のように反対している。「変更不能性それ自体に焦点を当てるのは、社会学的事柄を生物学的事柄と取り違えている。それは、社会制度の中で身体的特徴がもつ意味と、その身体的特徴の存在とを混同している[93]」と。つまり、性的指向に基づく差別が不正である理由は、「いうところの変更不能な性質があるかないか」にあるのではなく、「同性愛に与えられている社会的意味」すなわち「異性愛者によって支配された社会における同性愛者の低い地位」にあるのである。[94]

(4) アイデンティティとしての性的指向

性的指向を生得的な属性とも選択（ないし変更）不能な属性とも定義づけえないとすると、いくつか疑問が生じる。では、性的指向とは何なのか。生得的、あるいは選択・変更不能ととらえるからこそ、性的指向は「人権」や「反差別」と「なじみがよい」と考えられた。もしそれらによって定義づけえないのなら、ある性的指向を持つことは何を根拠にして人権ないし法的に保護すべき利益といえるのか。また性的指向に基づく差別を論じる際、ある性的指向を持つ人々を、何を根拠に一つの地位《ステータス》ないし集団と見なすことができるのか――これらはいずれも根本的な問題であり、ここで論じ切ることは到底できない。ただ試論的にいくつかの視点を提示するにとどまる。

性的指向は、異性愛であれ非異性愛であれ、ほとんどの場合、無自覚的に決定されたものとして経験される。そのことは、性的指向の「自然性」「生得性」に根拠を与える。だがすでに述べたように、性的指向を生得的であり、それゆえ変更不能とするとらえ方は、「人権」と「なじみがよい」という側面がある反面、同性愛差別を再生産する根拠にもなりうる。男性との関係に深く傷つけられた女性が、自覚的に女性との親密関係、性愛関係を選択する場合もあるともいわれる。

しかし、逆に性的指向を「選択できる」「自己決定の問題」ととらえることに対しては、自分の同性への性的指向を呪い、何とか異性愛に合わせようとしてもできなかった経験を持つ多くの男性および女性の同性愛者から強い異論が出される。

このように考えると、性的指向は、第一に多様かつ重層的にとらえられるべきこと、第二に、そうであるがゆえに、人権として保障される時に選択的か非選択的かが問われるべきでないことが重要であるように思われる。

まず性的指向の多様性についてだが、この異性愛中心社会において、多数派の異性愛者と少数派の非異性愛者とでは、性的指向は異なって経験される。まずいかなる性的指向であれ、性的指向そのものはたいてい、無自覚的に決定されたものとして経験される。マジョリティである異性愛者はほとんどの場合、無自覚的に与えられる性的指向に何の障害もなくそのまま同一化し、異性愛者であるという性的アイデンティティを持つことすらなく「自然」に異性愛者となることができる。

それに対して、同性に性的指向を持つ者が、同性愛恐怖に打ち克つことによらずに同性愛者になることはほとんど不可能である。あるゲイの男性はいう。「『気がついたら同性愛者だった』と言う同性愛者はたしかにいるし、多分、大多数の同性愛者がそう言うであろうが、『気がついたら同性と性交していた』『当然のように同性と同居していた』と言う、もしくは、言える同性愛者は、まずいない」「『選んで』ゲイになったわけではないけれど、『(生き方として)ゲイであることを選ぶ』[95]」と。異性愛主義社会において「同性愛者であること」には意思的な選択という契機が不可避的に含まれているのである。

異性愛中心社会において、それでも(非選択的に)同性に惹かれる人たちが(選択的に)同性愛者として生きることは、「その人の本質(essence)ではなく、ひとつの実践(practice)であり、立場(position)であり、同一化(identification)である」[96]ととらえられよう。そのような意味での「同性愛者であること」は、「まさにその人がその人であること、個人としてのアイデンティティ」を意味するがゆえに、13条の「個人の尊重」ないし「幸福追求権」によって保護されるべきだと考えられる。

人権としての性的指向は、むろん同性愛者にだけ保障されるものではない。社会の多数派である異性愛者の性的指向は、およそ非選択的であり、多数派の特権として迫害の危機にさらされることがないためにほとんど自覚されることはないが、「その人がその人であること、個人としてのアイデンティティ」の重要な部分を構成することにおそらく変わりはない。そうである以上、それもまた人権として保護される。アイデンティティとしてのセクシュアリティとは性的マイノリティの経験からとらえられた、性的指向一般にあてはめうる人権である。

同性への性的指向を持つこと、同性愛者としてのアイデンティティが憲法13条で保護される人権であるなら、同性愛者に対する差別行為は、被害を受けた者のその人権に対する侵害であると評価できることになり、14条の平等権侵害を論じる必要は必ずしもなくなる。だが、それにもかかわらず、性的指向に対する差別を、個人に対する人権侵害としてだけではなく、集団ベースの差別の問題として論じる視点は重要である。集団を基礎にした差別論の視点からは、性的指向に基づく差別を禁止する立法や、差別を積極的に是正するための立法を導き出しやすいといえるだろう。[97] そこで同性愛を差別が禁止される一つの地位ないし集団とみなす上で、バルキンの議論に触れたい。

バルキンが差別を認識する上で重視するのは「地位に基づく階層制」の存在である。いわく、「ある地位にアイデンティティを持つことが、その人の社会的存在における中心的な特徴となり、しかも生活の多様な側面に影響を与えるような地位に基づく階層制が存在するかどうかが主要な問題」である、と。そして性的指向については、そのような意味での「地位に基づく階層制」が「きわめて明白に存在」しており、同性愛者は「同性愛者であるという地位が、かれらの全般的な社会的アイデンティティの中心に位置する社会的集団である」と述べる。そして、その同性愛者が置かれている地位に基づく階層制が、違法な差別として法的に救済されるかどうかの判断は、その階層制が「不正」なものであるかによるという。バルキンは述べる。「問われるべきは、ある身体的特徴が変更不能なのかどうかではない。そうではなく、ある特徴が、人々を支配し抑圧することを促進する一つの体系的な社会的意味をつくりだすことに、あるいは一つの社会的階層制を定義づけることに、利用された歴史があるかどうかである[98]」。同性を愛する人々には、まさにその歴史があるといえるだろう。

おわりに

日本型ホモフォビアのもとで生じている同性愛抑圧の現状に対して、社会構築主義的な視点を踏まえつつ、同性愛の人権と承認をめぐる憲法上の諸問題を検討してきた。日本では同性間の性行為は禁止されていないため、その権利を獲得することは課題とはなっていないし、同性愛差別が社会問題となることはほとんどなく、同性婚の法的・社会的承認を要求する運動も社会的影響力はまだ小さい。だが、当事者が「生きることができなくなりそう」なほどの同性愛恐怖と排除は確実に存在し、その存在が同性愛者にカミングアウトをほとんど不可能にしている。同性愛者がカムアウトできないがゆえに、同性愛問題の可視化や権利獲得運動も進展しないという悪循環が成立している。性的マイノリティの人権を擁護し、解明し、確立する諸学問を発展させる努力は、そうした悪循環を断つためにも急務である[99]。

注

1　同性愛については、アメリカの法的問題に関する法学文献が1970、80年代から散見され、90年代初頭に日本の法的問題として論じる先駆的なものが登場した（二宮周平『事実婚の現代的課題』日本評論社、1990、角田由紀子『性の法律学』有斐閣、1991）。その後、同性愛に限らない性的マイノリティの当事者による書籍が多数出版され始めたが、日本におけるマイノリティの人権問題に性的マイノリティが位置づけられるようになったのは比較的最近、とくに性同一性障害が「問題」となってからであると思われる。1990年代半ば以降展開してきた日本のジェンダー法学に対して、それが未だ異性愛主義を克服できておらず、従って性的マイノリティの問題を対象化しえていないとする批判もある。綾部六郎「ジェンダー法学・トラブル⁉」関修／志田哲之編『挑発するセクシュアリティ――法・社会・思想へのアプローチ』新泉社、2009、57～88頁（例外的な研究と評価されているのが三成美保『ジェンダーの法史学――近代ドイツの家族とセクシュアリティ』勁草書房、2005である）。同様の問題意識で書かれた論考に、谷口洋幸「性的マイノリティと法制度――性別二元制・異性愛主義への問いかけ」ジェンダー法学会編『ジェンダー法学が切り拓く展望』日本加除出版、2012、67～79頁。正当な批判であろう。

2　上村貞美『性的自由と法』成文堂、2004（第4章「同性愛」。記述の中心はアメリカだが西ドイツ、フランス、イギリスも概観されている）、志田陽子『文化戦争と憲法理論――アイデンティティの相剋と模索』法律文化社、2006（「文化戦争」の問題の一つとして同性愛が取り上げられ、憲法理論上の諸論点が詳細に検討されている）、羽渕雅裕『親密な人間関係と憲法』帝塚山大学出版会、2012（憲法によって保護される親密な人間関係とは何かという観点から同性愛、同性婚が検討されている）など。そのほかアメリカの判例評釈、カナダの法的動向の詳細な研究などがある。

3　鶏姦条例（1872）・改定律例の鶏姦罪規定（1873）は、鶏姦（男性同士の肛門性交と解釈された）を犯罪としたが、1882年施行の旧刑法では削除された。風間孝／河口和也『同性愛と異性愛』岩波書店、2

010、97〜99頁、前川直哉『男の絆——明治の学生からボーイズ・ラブまで』筑摩書房、2011、20〜32頁。

4　永野靖「未だ、無理解、偏見に晒されている同性愛者」『法と民主主義』473号、2012年11月、28〜33頁が各種調査結果などを紹介する。そのほかまとまった記述に「ホモフォビアと異性愛主義」風間／河口・前掲注3、111〜144頁、「同性愛嫌悪と差別」セクシュアルマイノリティ教職員ネットワーク編著『セクシュアルマイノリティ——同性愛、性同一性障害、インターセックスの当事者が語る人間の多様な性』明石書店、2003、142〜176頁、「同性愛者の置かれている現状」伊藤悟著／すこたん企画編『同性愛がわかる本』明石書店、2000、47〜92頁など。

5　http://279338.jp/yorisoi/. 東日本大震災を契機に被災地首長らが中心となり厚生労働省の補助金を得て始められた事業。

6　日本弁護士連合会第55回人権擁護大会シンポジウム第二分科会基調報告書『強いられた死のない社会をめざして』2012年10月、114頁。

7　2005年度厚生労働省エイズ対策研究事業「男性同性間のＨＩＶ感染対策とその評価に関する研究（主任研究者・市川誠一）」。http://www.gay-report.jp/2005/result05.html. 1999年の調査結果につき、Y. Hidaka, D. Operario, “Attempted suicide, psychological health and exposure to harassment among Japanese homosexual, bisexual or other men questioning their sexual orientation recruited via the internet”, *Journal of Epidemiology and Community Health*, vol.60, no.11, 2006, pp.962-967.

8　日高庸晴ほか「わが国における都会の若者の自殺未遂経験割合とその関連要因に関する研究」。http://www.health-issue.jp/suicide/index.html#nav07. Y. Hidaka, et al., “Attempted suicide and associated risk factors among youth in urban Japan”, *Social Psychiatry Psychiatric Epidemiology*, vol.43, no.9, 2008, pp.752-757.

9　日弁連・前掲注6、114〜115頁。

10　針間克己／石丸径一郎「性同一性障害と自殺」『精神科治療学』25巻2号、2010年2月、249〜25

0頁。性同一性障害の場合、本文に挙げた「内在化したホモフォビア」は「トランスフォビア」とされる。性同一性障害者1138人を対象にしたこの調査では、自殺念慮62%、自殺企図10・8%という結果だった。

11　同前249頁。ゲイ・スタディーズではしばしば指摘される点である。

12　永野・前掲注4、32頁。

13　日高庸晴「ゲイ・バイセクシュアル男性の異性愛的役割葛藤と精神的健康に関する研究」『思春期学』18巻3号、2000、269~270頁。先に「原初的孤立」という点で性的マイノリティが民族的マイノリティと異なることを指摘したが、カミングアウトしないかぎりマジョリティの一員とみなされる点では、性的マイノリティは在日韓国・朝鮮人の置かれている状況と類似している。キース・ヴィンセント／風間孝／河口和也『ゲイ・スタディーズ』青土社、1997、151頁。

14　永野・前掲注4、31頁。

15　http://www.gay-report.jp/2008/index.html.

16　http://www.j-msm.com/report/report02/report02_p21-24.pdf. これらは、石川健治が「連帯関係」と称する関係における差別の痛みの表現であるといえる。石川健治「公法における『人』の属性――憲法と『人の法』」『公法研究』75号、2013、64頁注28。

17　http://www.j-msm.com/report/report02/report02_p21-24.pdf. 石川は連帯関係における差別の痛みを次のように表現する。「連帯関係における不承認は、しばしば、かけがえのない自己決定や自己実現や自己評価に対する全否定につながり得る。こうなると、単なる社会的評価の貶価を超えて、人間の生きる『意味』の剝奪に直結するから、『名誉感情』ひいては『人間の尊厳』が大きく傷つけられたと感じられる」。同前。

18　2000年1月から2月にかけて7人の少年・成人男性が同性愛者を狙って10数件の暴行・強盗・強盗殺人を繰り返した事件が知られている。風間孝「(男性)同性愛者を抹消する暴力――ゲイ・バッシングと同性愛寛容論」好井裕明／山田富秋編『実践のフィールドワーク』せりか書房、2002、97~120頁、河口和也

「不可視化する『同性愛嫌悪』――同性愛者（と思われる人）に対する暴力の問題をめぐって」金井淑子／細谷実編『身体のエシックス／ポリティクス――倫理学とフェミニズムの交叉』ナカニシヤ出版、２００２、１１９～１３９頁、風間／河口・前掲注３、１２５～１４４頁。

19　ヴィンセントほか・前掲注13、１０９～１１１頁。ヴィンセントは「日本型ホモフォビア」の特徴をさらに、「徹底的に同性愛とホモフォビアに関する正面切った議論を回避しようとし」た府中青年の家裁判での被告・都側の態度に見出している。同１１２頁。「文化的な『許容』を与えるかわりに差別を隠蔽することであり、それによって同性愛者という主体を非在へ導くような、西洋的ではないもうひとつの抑圧形態にほかならない」。同47頁。

20　河口和也『クイア・スタディーズ』岩波書店、２００３、24～25頁。

21　掛札悠子『「レズビアン」である、ということ』河出書房新社、１９９２、２０４～２０７頁、同「抹消（抹殺）されること」河合隼雄／大庭みな子編『家族と性』岩波書店、１９９７、１４７～１７１頁。日本社会のレズビアン差別について考察したものに、杉浦郁子「レズビアンの欲望／主体／排除を不可視にする社会について――現代日本におけるレズビアン差別の特徴と現状」好井裕明編著『セクシュアリティの多様性と排除』明石書店、２０１０、55～91頁。

22　竹村和子『愛について――アイデンティティと欲望の政治学』岩波書店、２００２、36～37頁、３０９頁注２などを参照。竹村は「近代の抑圧的な異性愛主義」が「性差別」と「異性愛主義」という「二つの言語をもつ抑圧形態」であることを強調するために「〔ヘテロ〕セクシズム」と表記する。

23　Mary Coombs, “Comment: Between Women/Between Men: The Significance for Lesbianism of Historical Understandings of Same-(Male) Sex Sexual Activities,” *Yale Journal of Law & Humanities*, vol.8, 1996, p.257.

24　同性愛差別とジェンダー規範に関するきわめて明快な説明に、Jack M. Balkin, “The Constitution of Status,” *Yale Law Journal*, vol.106, 1997, pp.2361-2363.

25　Balkin, ibid. p.2362.

26　上野千鶴子「セクシュアリティは自然か？」同『発情装置――エロスのシナリオ』筑摩書房、1998、228～229頁。
27　松原宏之「異性愛という制度――現代アメリカ同性婚論争の根にあるもの」久保文明／有賀夏紀編著『個人と国家のあいだ〈家族・団体・運動〉』ミネルヴァ書房、2007、20頁。
28　風間／河口・前掲注3、77～84頁。
29　星乃治彦『男たちの帝国――ヴィルヘルム2世からナチスへ』岩波書店、2006、47頁。
30　ジョージ・モッセ『男のイメージ――男性性の創造と近代社会』細谷実ほか訳、作品社、2005、123頁。
31　松原・前掲注27、21頁。
32　正確には、まずホモセクシュアルの語がつくられ、次に「異端」ではないセクシュアリティとして、ヘテロセクシュアルの語がつくられた。竹村・前掲注22、309頁注4、デイヴィッド・ハルプリン『聖フーコー――ゲイの聖人伝に向けて』村山敏勝訳、太田出版、1997、69頁。
33　河口によれば、「歴史を振りかえると、日本でも西洋と同様に、同性愛が犯罪化され、病理化された時期のあったことがわかる。……日本では犯罪化よりも病理化が大きな影響を及ぼした。……病理化が進行するなかで生まれた、同性愛／異性愛という区分は、男性同性愛だけでなく女性同性愛もまた異常視される端緒となり、異性愛主義を確立させることにつながっていった」。風間／河口・前掲注3、109頁。
34　ヴィンセントほか・前掲注13、66頁。
35　ハルプリン・前掲注32、67頁、68頁。
36　ヴィンセントほか・前掲注13、153頁。
37　レオ・ベルサーニ『ホモセクシュアルとは』船倉正憲訳、法政大学出版会、1996、4～6頁。ただし翻訳は、ヴィンセントほか・前掲注13、155～156頁を採用した。

38　ヴィンセントほか・前掲注13、221頁注65。
39　ヴィンセントほか・前掲注13、153頁。性的マイノリティのアイデンティティ論は人権論の鍵を握ると考えられる。アメリカ憲法学におけるアイデンティティをめぐる諸議論の検討に、志田・前掲注2、第2章「文化戦争とアイデンティティ」。社会学を中心にした論考集に、上野千鶴子編『脱アイデンティティ』勁草書房、2005。
40　東京都の管理する青年の家が、同性愛者の団体「動くゲイとレズビアンの会（アカー）」の利用を拒否したため、アカーが東京都に対して損害賠償を求め、一、二審とも都が敗訴した。主な判例評釈に君塚正臣「同性愛者に対する公共施設宿泊拒否——東京都青年の家事件」長谷部恭男ほか編『憲法判例百選Ⅰ（第6版）』有斐閣、2013、66～67頁、齊藤笑美子「性的指向に基づく公共施設の宿泊利用拒否——府中青年の家事件」谷口洋幸ほか編著『性的マイノリティ判例解説』信山社、2011、101～105頁。一審判決の卓越した分析にヴィンセントほか・前掲注13、112～123頁、風間孝「公的領域と私的領域という陥穽——府中青年の家　裁判の分析」『解放社会学研究』13号、1999、3～26頁。
41　金田智之「セクシュアリティ研究の困難」関／志田・前掲注1、225頁、228～229頁。
42　性的指向に基づく雇用差別のアメリカ法の検討と「裁判例の蓄積がない」日本での判断枠組みの予測を行ったものに、森戸英幸「性的指向に基づく差別——雇用の局面を中心に」森戸英幸／水町勇一郎編著『差別禁止法の新展開——ダイヴァーシティの実現を目指して』日本評論社、2008、173～194頁。
43　志田陽子「セクシュアリティを『法』の問題として考える」関／志田・前掲注1、30頁。
44　同前29頁。
45　ヴィンセントほか・前掲注13、111頁。
46　ただし入管法上同性愛者には、たとえ外国で同性婚や同性パートナーシップを結んでいても、日本では有効ではないという理由で配偶者ビザが認められていない。

47　志田・前掲注43、30頁、41頁。
48　同前32頁。
49　民法は婚姻を男女によるものと明確に定めていないが（739条）、婚姻の効力の規定（750条以下）等で「夫婦」と規定しており異性愛カップルを前提にしている。戸籍法も同様である（13条、16条等参照）。
50　竹村・前掲注22、37〜38頁。
51　内野正幸『人権のオモテとウラ――不利な立場の人々の視点』明石書店、1992、161頁。
52　杉浦郁子ほか編著『パートナーシップ・生活と制度――結婚、事実婚、同性婚』緑風出版、2007に詳しい。
53　横田耕一「日本国憲法からみる家族」『これからの家族』（法学セミナー増刊）1985、94頁。横田は「その中の一つの形態だけが望ましいとする視点は、必ずや国家による個人生活の統制をもたらすことになろう」と述べる。
54　角田・前掲注1、212頁。
55　辻村みよ子『ジェンダーと人権――歴史と理論から学ぶ』日本評論社、2008、250頁。
56　工藤達朗「結婚するって本当ですか？――憲法における婚姻と家族」『法学教室』276号、2003年9月、30頁。
57　河北洋介「カナダにおける平等権と性的指向問題の関連性」GEMC journal（東北大学グローバルCOE「グローバル時代の男女共同参画と多文化共生」), no.1, 2009.3, p.60.
58　白水隆「カナダ憲法下の平等権と同性婚（2）・完」『法学論叢』167巻2号、2010年5月、132頁。駒村圭吾も、同性婚の承認要求は「婚姻という言葉の意味に包摂されることを通じて承認を獲得する闘いであった」ととらえ（駒村「法制度の刷新と市民社会――米国ヴァーモント州における同性婚論争の帰趨」『公共政策研究』5巻、2005、104頁）、それが「平等権の意義と射程」を問うていると提起する。「差別が問題になる位相には、①身分の秩序、②権利利益の秩序、③意味の秩序」がありえ、「同性婚を求める人々が、シヴィル・ユニオン等に満足せず、『婚姻（marriage）』という表徴にあくまでこだわるのは、この言葉によって構成されている社会の意味秩序の改革を求めているから」であると。だが意味秩序上の差別撤廃が「憲法の保障射程に入るのかどうかは議論の余地がある」とする。駒村圭吾「同性婚論争とアメリカ」『法学セミナー』657号、2009年9月、64頁。平等論をめぐる興味深い提起である。

59 白水・前掲注58、139頁。

60 羽渕・前掲注2、106~107頁。

61 富井幸雄「同性婚と憲法（2・完）――カナダの婚姻法（the Civil Marriage Act）を素材として」『法学新報』113巻3・4号、2007年1月、65~66頁。

62 岡野八代「『承認の政治』に賭けられているもの――解放か権利の平等か」『法社会学』64号、2006、71頁。

63 佐藤美和「カナダにおける同性婚訴訟の展開――『承認』のプロセスとしての一考察」『人間文化創成科学論叢』12巻、2009、293頁。

64 堀江有里「同性間の〈婚姻〉に関する批判的考察――日本の社会制度の文脈から」『社会システム研究』21号、2010年9月、37~57頁が日本における議論や制度を踏まえて論じる。

65 前田剛志「同性愛者と法理論――『承認』概念を手がかりに」『阪大法学』54巻1号、2004年5月、234頁。

66 佐藤・前掲注63、291頁。

67 岡野八代「ケアの倫理と法――合衆国の同性婚論争における平等概念を中心に」ジェンダー法学会『ジェンダー法学のインパクト』日本加除出版、2012、111頁。

68 同前114頁。岡野八代「女から生まれる――『家族』からの解放／『ファミリー』の解放」戒能民江編著

『国家／ファミリーの再構築——人権・私的領域・政策』作品社、２００８、１０６～１２３頁は、同性愛者のコミュニティが創造してきた「カップル至上主義的な婚姻関係に基づかない多様なファミリーの形態」から家族の機能について考察する。

69　Andrew Koppleman, "Why Discrimination against Lesbians and Gay Men is Sex Discrimination," *New York University Law Review*, vol.69, 1994. 判決例については、Catharine A. MacKinnon, Lesbian and Gay Rights, in *Sex Equality*, 2nd edition, Foundation Press, 2007, pp.1058-1065. 連邦最高裁は、同性愛行為を処罰するテキサス州法を違憲とした判決で、その根拠を平等の侵害よりも私的な性行為を自由に営む権利の侵害の方に重きを置いた。Lawrence v. Texas, 539 U.S. 558 (2003). この点、注99を参照。

70　MacKinnon, ibid. pp.1068-1069. 要約であるためマッキノンの主張を正確には伝え切れていない。その主張の全体像は１００頁にわたる同論考全般、少なくとも１０４４～１０７３頁の「性差別説」を論じた部分の参照を乞う。

71　マッキノンは「ゲイの男性とレズビアンの女性の人権を獲得することとは、それ自体固有の課題である」と述べた上で自己の関心を次のように述べている。「私が追究したいのは、性別に関する平等法がゲイとレズビアンの人権獲得に貢献しうるかどうか、そしてゲイとレズビアンの人権獲得が女性の男性に対する従属を終わらせることを促すかどうかである」。MacKinnon, ibid. p.978.

72　赤坂正浩「同性愛の自由——公共施設は同性愛者の宿泊を拒否できるか」棟居快行ほか著『基本的人権の事件簿（第５版）』有斐閣、２０１５、31頁。

73　同前33～34頁。

74　ただし二審判決は、「同性愛者の利用権を不当に制約し、結果的、実質的に不当な差別的取扱いをしたもの」と述べた。東京高裁判決１９９７年９月16日『判例タイムズ』９８６号、１９９９年１月、２１４頁。

75　君塚・前掲注40、杉原泰雄編『新版体系憲法事典』（君塚正臣執筆）青林書院、２００８、４６０頁、同

（清野幾久子執筆）３９０頁、渋谷秀樹『憲法（第2版）』有斐閣、２０１３、２２３頁注１３５など。ほかに「性的嗜好」である同性愛などを14条に列挙されていない「その他の疑わしい区分」ととらえるものに、松井茂記『日本国憲法（第3版）』有斐閣、２００７、３９1頁。
76　杉原・前掲注75（清野幾久子執筆）３９０頁。
77　君塚・前掲注40、67頁。ほかに「生来の性向」とする渋谷・前掲注75。
78　赤坂は次のように述べる。「人がなぜ同性愛者になるのか、その原因もやはりはっきりしない。ただ先天的要因と後天的要因とが考えられること、前者はもちろんのこと、後者についても本人の意思で左右できない要因を含むことは、明らかなようである」。前掲注72、31頁。赤坂『憲法講義（人権）』信山社、２０１１、２９５頁も参照。
79　辻村みよ子『憲法（第4版）』日本評論社、２０１２、１２６頁は「性的指向をめぐる差別問題」に言及する。杉原・前掲注75（清野執筆）も「同性指向」「異性指向」を用いるほか、齊藤・前掲注40が「府中青年の家」事件の判例評釈タイトルに「性的指向」を掲げる。
80　東京地裁判決１９９４年3月30日『判例タイムズ』８５９号、１９９４年12月、１６９頁。
81　風間／河口前掲注3、１５８頁。
82　同前。
83　同前。
84　アカー『同性愛報道の手引き』１９９３（伊野真一「脱アイデンティティの政治」上野・前掲注39、48頁より再引用）。
85　山本直英編著『セクシュアル・ライツ——人類最後の人権』（浅井春夫／山本直英執筆）明石書店、１９９7、２０５頁。
86　伊野・前掲注84、53頁。

87　14条1項後段の「社会的身分」の理解については次の3説がある。出生によって決定される先天的地位や身分（戦前の華族や部落出身者など）を指すとする「狭義説」、人が社会において継続的に占める後天的地位（職業、学生等の身分、特定市町村の住民など）も含むとする「広義説」、そして両者の中間で、生来の身分に加え、社会における継続的地位で、自分の力では脱却できず、かつ社会的にマイナスの評価を伴う地位（破産者や前科者など）を含むとする「中間説」である。

88　伊野・前掲注84、52頁。

89　同前49頁。

90　同前52頁。

91　同前。

92　平野広朗「ヘテロセクシズムを超えて」橋本秀雄ほか編著『性を再考する——性の多様性概論』青弓社、2003、78頁。

93　Balkin, supra note 24, p.2366. バルキンの理論は志田・前掲注2、第3章「文化戦争と民主主義」、第4章「文化戦争と『マイノリティ』と『権利』」で詳しく検討されている。

94　Balkin, ibid. p.2361. 関連した記述に、「『属性』自体は、その人間の『実体』にかかわり、良くも悪くもその人そのものである。しかし、その『属性』に否定的な意味付けを与え、差別の源泉にしてしまうのは、その人間の『実体』ではなく、その人間をとりまく社会『関係』の磁場である」。石川・前掲注16、60〜61頁。

95　平野広朗『アンチ・ヘテロセクシズム』パンドラ、1994、110頁（強調原文）。

96　MacKinnon, supra note 69, p.1031. 志田は、アメリカ憲法学における「性的指向」の平等保護という通説に反対するデイヴィッド・リチャーズの議論を「当人が選びとったアイデンティティ（良心の自由）を基礎とした憲法論を組みなおしていくべきだ、との主張である」とまとめている。志田・前掲注43、46〜47頁。リチャーズの議論の検討は他日を期したい。

97　マッキノンは、セクシュアル・ハラスメントを個人の権利侵害としてだけではなく、女性という集団に対する公民権法上の性差別行為ととらえることの重要性をつとに強調している。キャサリン・A・マッキノン『セクシャル・ハラスメント・オブ・ワーキング・ウィメン』村山淳彦監訳、こうち書房、１９９９、２６７頁。

98　Balkin, supra note 24, p.2360. カナダの判例理論につき、白水隆「憲法14条1項後段に列挙されていない事由に基づく区別とその違憲審査に関する一考察」『帝京法学』29巻1号、２０１４年3月、２１１~２２０頁。カナダでも不変性が一つの焦点となっている。

99　脱稿後、同性愛をめぐる国内外における重要な動きが見られた。一つは、「渋谷区男女平等及び多様性を尊重する社会を推進する条例」（２０１５年3月31日制定）である。同条例は区長が一定の条件の下で同性カップルの「パートナーシップ」（男女の婚姻関係と同程度の実質を備える社会生活関係）に関する証明をすることができ、同証明につき区民及び事業者には「最大限配慮」すること、区内の公共的団体等には「十分に尊重」し「公平かつ適切な対応」することを全国で初めて義務づけた。区長は指導・是正勧告に従わない事業者名等を公表できる。もう一つは、文部科学省の「性同一性障害に係る児童生徒に対するきめ細かな対応の実施等について」（２０１５年4月30日）である。文科省はこの通知で初めて性同一性障害以外の「性的マイノリティ」とされる児童生徒に対しても相談体制等を充実させることを全国の国公私立の小中高校等に求めた。最後に、２０１５年6月26日にアメリカ連邦最高裁判所が同性カップルの婚姻の権利を承認する判決を下したことである。Obergefell v. Hodges, 576 U.S.__ (2015). 判決は、同性カップルの婚姻の権利を連邦憲法修正14条で保障された基本的権利と平等保護の両方に基礎づけた。

※本稿の草稿に対して森田成也氏と角田由紀子氏から貴重な意見とアドバイスをいただいた。記して感謝を申し上げる。

COLUMN1

セクシュアリティ射程と歴史研究

長 志珠絵

教育現場とLGBT

LGBTの子どもが「二〇人に一人」とされる今日、人権教育というアリーナでは体系だった議論や知識の提供が求められる。では「性的マイノリティーについて授業に取り入れた経験があるか」。二〇一四年秋、毎日新聞は厚生労働省による教員アンケート調査結果を取り上げた[1]。調査は二〇一一年一一月から二〇一三年二月にかけて実施、全国六自治体の保育園幼稚園および小中高の教員五九七九人から回答を得たという。その結果、性感染症やHIV/AIDS教育の緊急性（ともに回答は九割を超える）を下回るものの、「性同一性障害」は七三%、同性愛についても六二・八%と、性をとりまく身体をめぐる教育が高い水準で求められ、にもかかわらず、実際にはなかなか行われていない、という悩ましい結果が示された。この数字には、近年の日本でのジェンダーバッシングを想起する必要性もあろうが[2]、記事は教育学部関係出身者であっても、講義内容として触れた機会は一割に満たない、との回答を示し、大学教育側の対応の遅れをイメージさせる。国際的な人権認識の深まりの中で、性的指向に基づく差別を禁止し、セクシュアル・アイデンティティを保障する動きが求められている[3]。大学教育にとっても人文社会科学の新たな学際的課題が改めて浮上していると考えるべきだろう。

近代社会と「性」をめぐる研究

では歴史研究は、こうした問いに答えうるだろうか。この点で、近代社会と「性」をめぐる研究蓄積は主に、ジェンダー射程においては身体論として、他方、同性愛研究の主題はMale-male-sexual研究を中心に、ポストモダン潮流による社会的排除の言説が扱われてきた。このため、方法論に加え、扱われる歴史的事象や領域設定は限定的であり、多様な性アイデンティティにフォーカスし、たとえば学校や軍隊、結婚制度といった、社会全体のしくみの中で議論する、という点ではいまだ多くの課題を持つのではないだろうか。ことに後者について、近代社会の中でのMale-maleの関係性や問題領域をどのように設定するのか、人権研究としても課題だろう。しかし、歴史過程としての産業社会化が、人口増加を必要とする社会であり、見せかけの公私の分離と性別役割によって構造化されていた点を想起する際、近代化言説もまた今日、ジェンダー射程と同様に、改めて性愛をめぐる観点、セクシャリティ視点に意識的な位置からとらえ返す必要があるように思われる。何よりも、「国民」という名で、男性ジェンダーの構築を目指した近代国民国家は、一夫一婦による家族をその基礎単位とする一方、産む性の統制に極めて強い執着を示し、強制的な異性愛言説を生殖と結びつけ、その制度化をはかってきたからだ。「国民化」が二つの性に人々を分ける力学としての近代化とその「自然」化をはかる過程であるとするならば、異性愛以外の性愛が周辺化される言説は、生殖と分ちがたく結びつけられた性別役割分担を伴う社会的関係、つまり、イデオロギーとしての近代家族やロマンチックラブが規範として描かれる時代とその言説との関係から逆照射していく必要性もあるのではないか。

歴史の中の異性愛主義

すでに多くの研究蓄積があるように、日本の近世社会において、ジェンダーやセックスをめぐる境界領域はゆるやかであり、異性愛主義が特権化されていたわけではない。そのゆるやかさの理由の一つとして、前近代社会における性愛は必ずしも次世代再生産を目的とせず、あるいは次世代再生産のしくみも、アウトソーシング可能であった点は重要だろう。家職と家産を持つ階層に向けた一八世紀の貝原益軒の「女子を教ゆる法」は、『女大学』のいわゆる「三従七去」に注釈を加えて読み解いたテキストとして知られる。ところが七去の一つ、「子なきは去る」については「嫁の咎にあらず」とこれを否定し、解決策として社会的慣習としての養子制度を強調する。他方、江戸の代表的な文芸作品の多くは性売買の世界を描くが、これらはMale-male-sexualが含まれるというよりは、生殖を目的としない性愛のあり方に向けられている。多くの人々が身代限りで生き死にする社会において、性を生殖に特化して描くことは、いかに読者を得るのか？　という、近世後期を出版流通の時代として捉える観点から説明することも可能だろう。

性愛の描かれかたは、近代化規範にどの程度意味づけられるのだろうか。この点で、明治近代以後の性愛の位置づけをめぐる言説が極めて原理主義的なヘテロセクシズムが強調される傾向や、「国民文学」としての作品傾向が大きく変化すると捉えられてきた点は、改めて興味深い。前者については、ジェンダー射程の研究がその固定的性別役割言説を批判的に言及してきたように、例えば『明六雑誌』に集う明治の啓蒙知識人たちは一夫一婦とその結果としての次世代再生産を「天然の性」として本質主義的に語った。何よりも一夫一婦とその実子による家制度こそは、近代世界の仲間入りとしての文明国の証であった。このため養子制度は一夫一婦規範の根幹に関わる弊習であり、非文明的な習慣として厳しく批判された。佐伯順子は明治文学の持つ特徴として、男女間の精神主義的な交流が強調される一方、精神と肉体が二分されない「色」の段階と弁別している（佐伯『「色」と「愛」の比較文化史』岩波書店、一九九八）。斎藤美奈子によれば、森鷗外以来、日本近代の「国民」文学の基調は、異性愛による結婚制度の合わせ鏡としての望まない妊娠を描いた物語にあるという（斎藤『妊娠小説』筑摩書房、一九九四）。生殖と関わらせて特権化され、それ以外の性を周縁化する意図を明確に持った異性愛主義とは、性をめぐる政治に満ちたものであった。

トピックとしての鶏姦罪

同時期を考えるうえで、蓄積あるMale-male-sexual研究が取り上げてきた事象も近代国民国家が押し進めるデザインとしての、近代家族の原理としてのヘテロセクシズムや固定的性別役割分担との関係性から捉える見方も必要だろう。

『明六雑誌』的言説空間とまさに同時期の一八七三年、改訂律令第266条として定められた「鶏姦処罰」規定は、「同性愛」を禁じ、性認識の変化を促す法令として著名である。とともに、その後の近代刑法の制定過程では、仏人顧問ボアソナードを中心とする委員会の議論の過程で「不体裁」とされ、鶏姦条例としては採用されず、明治刑法には明文化されなかった、という経緯とともに言及されてきた。ボアソナードの措置について、同性愛研究における有力な説明は一九世紀後半、いまだ「男色」に寛容な社会の存在や「社会的制裁」が強調される。先駆的にこの法令を扱った刑法史の霞信彦もまた、旧刑法制定過程の全体四期のうち、ボアソナードが編纂の主導権を握った第二期にその転換点があった、とする。しかし法制史家である霞は同時に、ボアソナードが鶏姦処罰のために旧刑法規定（346条、347条）を準備した点、それらが「猥雑姦淫重婚ノ罪」に位置づけられていた点を重視する。他にもこれらの諸法の整備が、「本夫」による、姦夫姦婦殺傷をめぐる宥恕規定が草案に現れ始めた時期であったことにも着目している。あるいは検討された鶏姦条例が禁じた被行為者は「十二歳二満サル男女」であり、「猥雑」「暴行」としての肛門性交の対象者は成人女性も含まれる。そもそも廃案となった「鶏姦罪」はMale-male-sexualに向けられるのだろうか。この点でも霞は、鶏姦規定こそMale-male-sexualとしての同性愛を想定していたものの、ボアソナードは、一二歳以下の少女へのレイプも含め、「親族姦」と抱き合わせた法としての「不体裁」を根拠に明文化しなかったととらえている。「猥雑ノ所行」「暴行脅迫ヲ以テ猥雑ノ所行」を起こす主体は、成人男性であることが問題なのである。フレグフェルダーは文化的コードとしての「男色」が文明国家であるためのリスクを負う、とする見方とともに、霞の研究をひきつつ、この条文がMale-male-sexualとしてではなく、男女間の婚姻外の性愛としての「密通」を処罰対象とする枠組みの中に位置づけられていた、と見ている。

近代国民国家形成の過程で登場する「同性愛」とは成人男性として制御すべき〝暴力〟であり、明文化されなかった鶏姦条例はすでに、「国民」主体としての男性に求められる性愛規範に取り囲まれている、と考えることも可能だろう。

同性愛言説をめぐるジェンダー

かつて近代日本の同性愛言説をめぐって古川誠は、前近代イメージの男色文化の一方、一九二〇年代以降、「変態性欲」というコードによって同性愛を病理として扱う、二つの言説の存在を指摘してきた。とくに一九一〇年代から一九三〇年代にかけての時期、中間層による近代家族の成立とそうした人々を読者とした商業出版と性科学言説によって、近代家族内部に封じ込められた性の領域から大きく逸脱する性的欲望として「同性愛」という用語が定着したと見た。今日では近代化過程における同性愛研究が、男性間の性愛に限定されがちであった、とする指摘に加え、フェミニティを掘り起こす試みとして例えば、女学校文化を場とした研究がなされている。

女性における同性間の親密な関係は、しばしば女性たちの未熟さがもたらした病理として説明された。特にその標的は若年の女性たちであった。試みに読売新聞紙面の「三面時事」欄を見ると例えば、女性同士の性愛を「お目」と称し、親密な関係性そのものを「異様の風習」「女性同士の間に起る変則の愛情」(一九〇九年九月一一日)と解説している。一八八〇年代後半から一九一〇年代にかけて記事の多いものとしては、「女同士」の「情死」としての工場労働者の自死であろう。「女同士の情死事件」は過重労働と異性愛としての失恋によるという（一九〇六年一二月二一日）。東京の精工舎の女工の身投げも「女同士の情死」（一九〇八年六月七日）として報じられた。両国橋では一九一〇年七月、一九一三年八月、芝浦でも「女同士の抱合死体」が漂着する（一九一〇年七月一〇日、一九一三年八月六日）。過酷な労働条件と働く人々、彼女らを最後に支えたであろう親密な関係のあり方がここでは性的指向に関わる解釈を付与されることで、社会からの逸脱として処理されていることがわかる。こうした説明のされ方によって人々のどのような経験が見えなくなってきたのか。掘り起こす必要があるだろう。

今日の、権利としての性的指向という観点は異性愛、同性愛、両性愛という3つのカテゴリーと人々の性的アイデンティティとして、これらのカテゴリー間での揺れ動きを前提とする。わたしたちが暮らす社会で「当たり前」と思われがちなセクシャリティの自明さを相対化するという作業を通じ、ジェンダー射程と同様、歴史像そのものの読み替えが可能かつ重要だろう。

注

1　「性的マイノリティー『授業で触れず』教員8割、7割『教える必要ある』」（『毎日新聞』東京版、夕刊、2014年10月29日）」

2　例えば東京都が高校生に向けて配布した冊子、『Love&ボディ』は回収が迫られた。

3　「性的マイノリティ」や「性同一性障害」といった、読者になじみのある用語も当事者の子どもにとって、自己肯定から外れる。よりニュートラルな用語としての、「性的指向」「性違和」への書き換え、認識転換が次の課題だろう。

参考文献

赤枝香奈子『近代日本における女同士の親密な関係』角川学芸出版、２０１１
井上俊他編『セクシュアリティの社会学』岩波講座現代社会学10、１９９６
大口勇次郎他編『ジェンダー史』山川出版社、２０１３
霞信彦『明治初期刑事法の基礎的研究』慶應義塾大学法学研究会、１９９０
Gregory M.Pflugfelder,Cartographies of Desire;Male-Male sexuality in Japanese Discourse, 1600-1950, Univ. of California press, 1999

第2章

家族法
——同性婚への道のりと課題

二宮　周平

はじめに

家族法の領域において、性的指向の権利保障とは、同性カップルも家族の一つの形態として、その生活を保障し支援することを意味する。[1]

例えば、同性カップルが一緒に暮らす際に、契約を結んで自分たちの共同生活関係を規律することができる。しかし、一方がこの約束を守らなかった場合に、同性カップルの共同生活が公序良俗に反すると評価されると、この契約は無効となり（民法90条）、契約の履行を強制できないことになる。

また共同生活を営むために、公営住宅に入居できるのか、共同で賃貸借契約を結べるのか、住宅ローンを組めるのか。一方が失業したり、病気などで自立できない場合、他方には扶養の義務はないのか、他方の健康保険などを利用できるのか、介護休業を取得できるのか。一方が入院した場合、他方は病院を訪れ看病したり、手術や医療行為の同意などの権利があるのか。一方が死亡した場合、他方に葬儀や墓についての権利があるのか、生存者が高齢で自立不能であれば、亡くなった者の遺族年金の権利があるのか。死亡が事故や労災の場合、他方は保険金の請求ができるのか、パートナーを奪われたことに対して、加害者に慰謝料請求ができるのか、遺族補償給付を受給できるのか。そして相続権がないことから、亡くなった者の相続人との財産争い、住居の明渡しなどの問題も起こりうる。

生活保障とは、上記のような事態に対して、パートナーとしての権利や義務が保障されることを意味する。しかし、こうした生活保障を実現するためには、乗り越えなければならない壁がある。それは近代的な家族法制度が前提としていたことである。本章では、その内容を概観した上で、同性婚を実現した国々のいくつかを例に、その壁を乗り越える道筋を検討することにしたい。

一　近代的家族法制度の前提と変容

1　近代的な家族法制度と日本の性別二元構造

丸山茂によれば、近代的な家族法制度が前提としたことは、次のような内容の家族だった[2]。①家族は男と女のカップルで作られなければならない（異性愛規範）。②そのカップルは結婚という社会的承認をふまえたものでなければならない（婚姻規範）。③こうしたカップルから生まれた子が正統な子であり、婚姻は親子関係を証明する基準となり、婚姻で生まれた子を嫡出子と推定する（嫡出性規範）。④家族の制度的永続性を求めるために、離婚は限定的にしか認めてはならない（永続性規範）。この制度的な特徴に、⑤男性による女性の支配という性的支配関係（家父長制）と、⑥性別役割分業が重なり、男女の不平等が個別の家族関係だけではなく、社会全体に広く浸透し、経済、人々の意識、言語構造まで規定していると分析する。

こうした立場からは、同性愛は①に、事実婚や婚外性関係は②に反することから、病理現象として差別され、抑圧の対象となってきた。

日本では、①～⑥が顕著になっていた。すなわち、男女の性的結合、異性愛による婚姻家族を社会の基本に据え、社会的な男役割と女役割を明確に切り分けて、男を中心とする公的世界（企業・官庁など働く場）と女を中心とする私的世界（家庭・地域）の棲み分けを固定化する性別二元社会がより深く形成されていた。標準的家族像は、枠組みからはずれる家族を抑圧し、この構造に入っていけない人々、例えば、出産、育児、家事、介護や職場でのサービスなどに異議を唱える女性、成人しても仕事に就かず、親の厄介になっていたり、職場で成果をあげられない男性、四〇代になってもシングルを続ける人、離婚した女性、非婚で子どもをもうけた女性、婚外子、性的マイノリティを排除する。社会的な偏見や抑圧は、これらの人々の自己肯定を阻害してきた。

さらに性別二元社会では、男が女を性的に支配し管理してきた。女を雇用の場から排除して経済的自立を奪い、避妊に協力せず、他方で人工妊娠中絶を規制してきたのは男社会であり、性行為が親密な交流であり、当事者が望まない性関係はレイプに等しいことが認識されず、妻子以外の女は性の対象となり、人と接触するときに、男か女かという性別は最も基礎的な情報として重要視され、セクシュアル・ハラスメントや買春が日常的に行われる。したがって、女だと思ったら男だったり、男だと思ったら女だったり、男が男から愛されたりすることは、性別役割分業構造および性支配の構造上、致命的な問題となってしまう。これを覆すおそれのある性的マイノリティは、性的秩序のみならず、社会秩序からも逸脱者として排除される。それを、「不自然」というレッテルを貼って、「嫌いだから」という個人の主観、感情の問題にすり替えて、正当化していったのである。

2 家族機能の変化と婚姻の脱特権化

概括的に見ると、近代社会以降の歴史は、工業、農林漁業の近代化によって、家族が生産機能を喪失し、もっぱら消費と労働力の再生産に収斂していく過程でもあった。その結果、家族は必然的に夫と妻、親と子の私的な個人的な関係に還元されていく。学校教育や社会保障の展開、さらには家事・育児労働の商品化によって、家族はますます経済的、社会的機能を縮小させ、人格的な結合、情愛の関係に純化される。子の成育を保障する場として、また家事・育児・介護労働を担う妻の生活を保障する場としての家族の役割も、制度的なものから、家族を構成する個々のメンバーの私的なニーズに応えるものとして位置づけられていく。

こうした家族や社会の変化から、欧米諸国においては前述の②～⑥が崩壊しつつある。②（婚姻規範）については、事実婚の比率が増加し、その結果、③（嫡出性規範）の婚外子の出生率が大幅に増え、相続分をはじめとする婚外子差別が撤廃されている。離婚後も婚外子も父母の共同責任（配慮、監護）が原則となる。法律上の親子関係について嫡出否認権を妻や子に認め、婚外子の父子関係の成立について母や子の承諾を要件にするなど、夫・父の意思次第という構造は改められている。さらに生殖補助医療技術の進歩と利用によって、血縁上の親と育ての親が分離する可能性が生まれ、婚姻が親子関係の証明とはなりえない場合も生じている。④（永続性規範）については、離婚数の増加、それに対応した破綻主義に基づき、一定の別居期間の経過や当事者の合意による離婚を可能とする法改正がなされ、婚姻解消の自由が承認され、ひとり親家庭や再婚家庭が増加している。女性の職場進出によって⑥（性別役割分業）は見直しが始まり、女性の経済的自立に伴って⑤（家父長制）も意味をなくしている。

以上のように、嫡出推定、共同親権、婚外子差別、離婚の制限など婚姻に認められていたさまざまな特権が消滅している。婚姻の脱特権化である[3]。家族機能の人格化、個人単位化の視点から考察すると、婚姻の意義は、パートナーとの人格的結びつきの安定化に見い出すようになる。こうした流れの中で、①について、同性愛者の結びつきを、パートナーとしての登録を認めたり、婚姻として承認する立法例が登場し始めた。性的指向に関して自由を勝ち取る段階から、カップルとして生活保障を確保する段階へ進み、さらに子どもという次世代とのつながりを視野に入れる段階に踏み込む国々も出てきている。

二　同性カップルの生活保障類型

同性カップルの生活保障として、三つの類型が考えられる[4]。①事実婚としての法的保障を同性カップルにも適用すること、②-i婚姻とは別の生活パートナーとしての登録（登録パートナーシップ）、あるいは②ⅱ共同生活のための契約の登録（パートナーシップ契約）を認め、婚姻に近似した法的権利義務を保障すること、③同性婚を認めること、である。

①は、婚姻外のカップルを事実婚として法的に保護する判例や社会保障法制を有する国で可能なことだが、②に先行して①によって、同性カップルに対応した国はない（後述「三 同性婚導入のプロセス」のオランダ、ベルギー、フランスは②の導入と合わせて①を承認した）。比較法的には、②の例が増加している。ⅰパートナーシップ登録型で、同性・異性ともに認める例（オランダ、ポルトガル、アメリカの一部の州など）、同性に限る例（デンマーク、ノルウェー、スウェーデン、アイスランド、フィンランド、ドイツ、スイス、オーストリア、チェコ、スロベニア、ハンガリー、イギリス、アイルランド、南アフリカ、ニュージーランドなど）、ⅱ契約登録型として、同性、異性ともに登録を認める例（フランス、ベルギー、ルクセンブルク）がある。

③を認めるのは、オランダ（二〇〇一）、ベルギー（二〇〇三）、スペイン、カナダ（二〇〇五）、南アフリカ、ノルウェー、スウェーデン（二〇〇六）、アルゼンチン、ポルトガル、アイスランド（二〇一〇）、デンマーク（二〇一二）、ウルグアイ、ニュージーランド、イギリス、フランス（二〇一三）、ルクセンブルク、フィンランド、アイルランド、米国（二〇一五）である。スペインのようにいきなり③を実現した国もあるが、②から③へ展開する国が多い。③の導入に際して②を廃止し、婚姻へ一元化する国は、ノルウェー、スウェーデン、アイスランド、デンマークである。他方、当事者のニーズに合わせて、③を制度化し、かつ②も維持し、①も可とする多元化の国がある。オランダ、ベルギー、フランスなどである。

②では、当初は婚姻との差別化が図られ、パートナー相互に保障される権利にも限界があったが、改正を重ね、婚姻に近似していく。例えば、フランスで一九九九年に導入されたパックス（民事連帯契約 le pacte civil de solidalité）は、二人の成年者間でそのカップルの生活を組織するために締結される契約であり、財産的な結合だったが、二〇〇六年の改正により、共同生活義務、相互扶助義務といった人格的義務を生じさせ、パックスであることが出生証書の欄外に記載されることになった。[5] ドイツで二〇〇一年に導入された生活パートナーシップ法は、二〇〇五年の法改正により、財産関係やパートナー間の相互扶養関係等について同権化が進められ、連邦憲法裁判所は、二〇〇九年七月七日、遺族年金について、二〇一〇年七月二一日、相続税と贈与税について、法律婚夫婦と同性カップルとの取扱いの違いは平等原則違反に当たるとした。[6] こうして婚姻と近似していくと、行き着くところは③になる。

三　同性婚導入のプロセス

ここでは、どのような論理や理念あるいは政治的情勢が作用して、同性婚を実現することができたのか、いくつかの国々を紹介し、その要因を検討する。

1　オランダ[7]

一九九四年、キリスト教民主党が参加しない連立政権が誕生し、ボリス・ディトリッヒのように性的指向をオープンにした人々の中から国会議員が当選したことが契機となり、一九九八年、北欧諸国をモデルとした登録パートナーシップ法が成立した。同性同士にも婚姻を拡大する平等化も考えられたが、以下の五点から抵抗が強かった。

①家族法は同性婚を禁止していると考えられ、同性同士の関係性と異性同士の関係性では状況が異なっており、完全平等を追求することが難しかった。

②婚姻は男女間のものであるという認識が強く、同性婚はオランダの文化になじまず、人々も受け入れる準備ができていないと考えられた。

③まだ婚姻の平等化を実現している国はなかった。

④同性同士の関係では、子を持つには医療や第三者の関与が不可欠であり、親子関係が複雑化する。

⑤国内で同性婚を認めても、国外では有効な婚姻とは認められない可能性が高く、ＥＵ域内で、オランダだけが婚姻を平等化しても、得られる利益は限られる。

こうした事情から、さしあたり登録パートナーシップ法の制定を選択した。

同法施行後、婚姻の平等化が可能かどうか検討する専門調査会が設置され、可能であるとの勧告が出るとともに、一九九八年の選挙において連立政権の構造が変化し、ディトリッヒの所属する社会自由党は、連立交渉の中で婚姻の平等化を条件として提示した。前述の五点については、以下の反論を用意した。

①民法上の婚姻（民事婚）と宗教上の婚姻（宗教婚）の違いに着目する。民事婚は権利義務のパッケージであり、すべての市民に認められるべきである。八〇％以上が同性同士の民事婚に賛成し

た世論調査もあるように、登録パートナーシップ法の導入によって、同性同士の関係性が社会を抜本的に変化させるという脅威が杞憂にすぎないことが理解できたという背景もある。

②伝統や文化は時代とともに変化する。若い世代では、同性同士が婚姻から排除されていることに疑問を抱いている。

③最初の国になることはむしろ誇りであり、実現できないとあきらめている人々に希望を与える。

④生殖補助医療技術の展開や多様な家族形態に対応して法は変化してきた。養子法の改正により二人の法律上の母親が認められている。

⑤国外で認められないことは、民事婚を同性同士に認めない直接の理由とはならない。むしろ他国にオランダで合法な婚姻の承認を求める契機となる。

登録パートナーシップ法制定から三年後の二〇〇一年、同性婚を認める法改正が実現し、同年四月一日施行された。近年、三万五〇〇〇組が婚姻し、その内、一二〇〇組が同性同士である。オランダでは登録パートナーシップ法の利用も可能であり、六〇〇組が同性同士である。

2 ベルギー[8]

一九九八年に法定同居（cohabitation legal）に関する法律が制定され、二〇〇〇年一月から施行された。その契機となったのは、一九七九年、ヨーロッパ人権裁判所の判決である。同裁判所は、Marckx対ベルギー判決において、婚内子と婚外子の間の不平等に終わりを告げる判断をした。非嫡出子概念を削除し、平等化を実現するには、一九八七年三月三一日法を待たなければならなかったが、一九六九年には二・七％だった婚外子出生率は、法改正を経て一九八九年には一一・三％、一九九九年には二五・五％にまで上昇した。家族を創始することを望む男女にとって、婚姻はもはや法的強制ではなくなり、一九九〇年から二〇〇〇年の一〇年間に、婚姻しないでカップルで生活する人々の増加に対応し、その状況を法定化することを検討するようになった。

その目的は、法的に婚姻することができず、社会において承認されることを求める同性カップルに、可視性または社会的正統性を与えることだったが、もはや婚姻制度に固執することを望まず、さりとて立法者がもはや「非法」に放置することを望まない、異性カップルにも配慮することも課題とされた。婚姻制度の維持を図る人々との妥協は、次のようになされた。

①婚姻より下位に何らかの形態を創り出すことは問題となりえない。人の法と家族の法には手を付けず、最小限の財産的保護を「同居者」である二人の者に用意するだけである。

②法定同居は、住民登録簿に記載されるものであり、挙式や式典は行われず、人の民事身分を変更しない、純粋に私的な行為である。共通の住居の保護、共同生活費用分担、共同生活及び子の教育に係る債務の連帯責任だけが認められるにとどまり、税制や社会保障に関していかなる特権、特典も付与しない。法定同居は一時的なものであり、一方的に終了させることができる。

二〇〇〇年に申述された法定同居は五五〇〇件、同性同士は三七〇件だった。しかし、事後的に法定同居に補足的な法的効果や法的特典が付加されることによって、法定同居は婚姻と競合するものになっていった。二〇〇三年、国際養子縁組について、ベルギー国内法を、国際養子縁組に関するハーグ条約の要請に合致するものにするため改正に着手した。そこで非婚カップルにも養子縁組を開くかどうかが問題となり、異性カップルには縁組を認めるが、同性カップルには認めないとした代わりに、婚姻を開くことを認めた。二〇〇三年二月一三日法は、同性婚を導入した。当該法案の立法理由書では、婚姻はもはや生殖と結びつけられていないこと、婚姻は二人の者の親密な関係の外面化しか構成しないことが記述されている。

その後、二〇〇六年五月一八日法で、同性カップルによる養子縁組を可能とし、二〇〇七年七月六日法で、同性カップルにも生殖補助医療（提供精子・提供卵子の利用、代理懐胎）の利用を可能とした。二〇〇七年三月二八日法は、法定同居者を法定相続人とした。さらに二〇〇七年四月二七日法が、有責離婚を削除したことから、自由主義的、平等主義的見地から、婚姻カップルと非婚カップル、異性カップルと同性カップルとをほぼ完全に同一視したといえる。ただし、ジャン＝ルイ・ランションは、「平等と無差別を促進しようという配慮の先鋭化」と評する。

3 フランス[9]

フランスは、判例や社会保障法において事実婚（concubinage）に一定の法的保護を認めていたことから、これらの諸権利が同性カップルにも認められるかが問題となった。①航空会社の家族割引特典の付与、②疾病保険・出産保険の受給資格に関して、破棄院社会部一九八九年七月一一日判決は、①自由結合（union libre、事実婚のこと）の配偶者、②受給権者としての「夫婦のように生活」とは、男女からなるカップルであるとして、同性カップルに①②を否定した[10]。

このように事実婚としての保護が拒否される事態に直面して、立法による解決として、例えば、一九九二年に国会議員から「民事結合契約」法案が提出された。同性カップルに限らず、異性カップル、友人同士や兄弟姉妹など近親者の二人組にも開かれた法案である。齊藤笑美子は、すべての人に開かれた制度という視点は、フランス共和主義に親和的であると同時に、同性カップルの承認に対する世論の激しいリアクションを引き起こしかねない争点を、わずかに薄めてみせるという利点もあったと指摘する。しかし、一方では、異性カップルとその子からなる家族に価値を置く保守主義、同性カップルが同性カップルとして結婚カップルと同じ厳粛さを持って承認されることには反対しないが、異性カップルと同じものとして扱われてはならず、とくに親子関係に関する権限（養子縁組、親権、生殖補助医療）は、異性カップルに留保され続けられなければならないとする社会学者・哲学者等の反論があった。左派が多数を占める国民議会と右派が多数を占める元老院の間を法案が幾度か往復し、憲法院一九九九年一一月九日判決で合憲性が確認された上で、ようやく一九九九年一一月一五日、民法典にパックス（民事連帯契約）の規定が設けられた。

施行一年後のアンケートでは、回答者の七〇％がパックスに好意的であり、二〇〇〇年には二万二〇〇〇件のパックスが締結されていた。二〇一一年になると、婚姻が約二四万件であるのに対して、パックスは二〇万五〇〇〇件を超えている。[11] ただし、同性カップルは九〇〇〇件前後であり、異性カップルの利用が進んでいた。同性カップルにとっては、新しい厳粛な結合としての意味がある一方、異性カップルにとっては、婚姻とは異なるカップルの契約化を意味する。しかし、パックスの社会的定着により、同性愛嫌悪を公の場で広言することは許されないという雰囲気が醸成され、性的指向による差別の禁止が、性別、人種などに基づく差別の禁止と並んで法律に明記されるようになった。

ところで、パックスは、財産関係に関する契約の登録であり、同性カップルは生殖補助医療にアクセスすることができず、共同で養親となる養子縁組も認められなかった。当事者たちは、同性カップルの社会的承認と、親子関係へのアクセスを求めて、同性婚の導入へ向けて運動を続けた。同性婚の合法化を選挙公約の一つにあげたフランソワ・オランドが大統領に当選し、大規模な反対運動を乗り越えて、二〇一三年五月一七日、「同性カップルに婚姻を開放する法律案」が成立した。その趣旨は、「すべての人に開かれた婚姻（Mariage pout tout）」であり、民法では「婚姻は性別の異なるあるいは同一の二名の者によって締結されるものである」と明記された（１４３条）。パックスと同様、すべての人に開かれたものと位置づけられており、普遍性を指向する表現が選ばれたとされる。これによって、カップルとして共同で養子縁組をすることも、パートナーの連れ子を養子とすることも可能となった。生殖補助医療の利用は認められなかったが、普遍性を志向すれば、やがては利用を肯定することになるだろう。法律案を審議した法律委員会のレポートは、女性カップルへの精子提供を含む生殖補助医療の合法化には好意的な結論を提示し、女性カップルと不妊の異性カップルを平等に扱われるべきとした点に特徴があるとされる。

4　カナダ[12]

一九九九年、連邦最高裁がオンタリオ州家族法における「配偶者」規定から同性パートナーを排除していることは、性的指向による差別であるとしたことが契機となり、二〇〇二年六月、連邦政府は、同性カップルも含む事実婚カップルの経済関係を保障する受益・債務関係現代化法を制定した。同年一一月、法務大臣は下院に対して、①シビル・ユニオン、②婚姻、③婚姻の脱制度化の三つの選択肢をあげ、検討を要請した。

二〇〇三年六月、オンタリオ州高裁は、コモンロー上の婚姻の定義のうち「一人の男性と一人の女性」という文言の無効を宣言し、「二人の」と再定義すること、それが直ちに効力を持つことを命じる判決を出した。これを受けて、下院法務人権常任委員会は、婚姻を再定義する判決を支持する決議を行い、首相は同性婚を認める連邦法を導入する方針を示した。一九九九年の連邦最高裁判決後には、婚姻を異性間に限る伝統的定義を維持するという野党の動議が可決されていたが、今回は同種の動議は否決された。

こうして連邦政府は同性婚導入の法案を提出、連邦最高裁は二〇〇四年一二月、草案を合憲と判断し、下院、上院での議論を経て、二〇〇五年七月二〇日、民事婚姻法が制定公布された。同法2条は、「民事目的の婚姻は、他の全てを排除する、二人の合法的な結合である」と定める一方、宗教団体職員が、自分たちの宗教的信念に一致しない婚姻の挙行を拒否する自由を認め（2条）、いかなる人も組織も、男女の結合としての婚姻に関する信念の表明のみを理由に、利益を奪われたり、義務や制裁に服したりしないことを付言する（3の1条）。

同法前文は、制定の理由として、「民事目的の婚姻への平等なアクセスのみが、同性カップルの差別なき平等への権利を尊重し、そして婚姻以外の制度としてのシビル・ユニオンは、彼らに平等なアクセスを提供せず、カナダ人権憲章に違反して彼らの人間の尊厳を侵害することになるので」と平等への権利保障をあげた後で、前述の2条、3の1条で言及される信教の自由を侵害しないことを記し、さらに婚姻の意義について、「婚姻はカナダ社会の根本的な制度であり、それは多くのカナダ人にとって関係性のかかわりを強め、家庭生活の基礎をあらわすので、カナダ連邦議会はこの制度を支持する責任を持つので」と確認した上で、最後に再度カナダ人権憲章が示され、「そしてカナダ人権憲章と矛盾しない、寛容、尊厳、平等の価値を示すために、民事目的の婚姻へのアクセスは立法によって同性カップルへ拡大されるべきであるので」と記している。

生殖と育児を婚姻に結びつけて同性婚を否定する反対派の主張は、多文化主義と人権憲章を掲げ、「寛容、尊厳、平等」を最も大事にするカナダのナショナル・アイデンティティを貫くためには、同性婚の合法化が必然かつ唯一の選択肢であるとする賛成派の主張に抗することができなかった。

5 小括

限られた立法例ではあるが、同性婚導入を可能にした背景や論理について、共通点がある。それは欧米社会に固有のものかもしれないが、抽出してみたい。

第一に、同性婚を認めるかどうかが政治的スタンスの象徴となったことである。性的指向の尊重、マイノリティの人権擁護、多様なライフスタイルなど、肯定派はリベラルと受け止められる。実際に同性愛、同性カップル、同性婚を選択する人は少数でも、その姿勢が象徴的意味を持ち、重要な政治的論点（イシュー）となることから、[13]当選＝推進となる政治的動向が生まれる。

第二に、欧米社会に共通する平等原則である。平等原則は、公権力に対して、根拠のない差別を根絶することを課している。[14]処遇を区別する正当理由がない限り、平等に扱われるべき、という理念である。平等原則を実践しうる社会的背景には、一の2で述べたような社会と家族の変化、女性の自立による婚姻の絶対性の消失、婚姻の脱特権化という事情がある。

第三に、第二とも関連するが、その社会のアイデンティティである。カナダがその典型例である。多文化・共生主義というナショナル・アイデンティティが伝統的婚姻観よりも優先する。自分たちの社会は社会を構成する各自のアイデンティティを尊重し、共存共栄を目指すことから、性的アイデンティティについてもその一つとして位置づけられる。

第四に、登録パートナーシップ法の制定によって社会的な承認がある程度進み、段階的に同性婚の受け入れが可能になったことである。登録パートナーシップ法というステップを経ない国もあるが、最初の導入国であるオランダでは、同性婚が社会的な脅威ではないことの確認のプロセスが必要だった。同性婚への反発の強い所では、段階的な展開が必要である。

第五に、宗教婚と民事婚の区別である。オランダやカナダのように、民法上の婚姻は、共同生活にかかわる権利義務の保障であり、平等原則に服するが、宗教上の婚姻およびその儀式においては、同性婚を認めるかどうかは、その宗教の教義に委ねられる。宗教との折り合いが可能となる。

四　親子関係へのアクセス

上記のように、同性カップルの生活保障がある程度進んだ国々での課題は、親子関係へのアクセスである。①すでに子のいる当事者が同性パートナーと暮らしている場合に、a同性パートナーに子の養育権が認められるか、b子と同性パートナーとの間で養子縁組を結ぶことができるか、②子のいない同性カップルが、c未成年の子を共同で養子縁組をすることができるか、d生殖補助医療を用いて子をもうけることができるかである。

同性婚を導入、かつ生殖補助医療の利用を広く認めている場合には、これらはすべて肯定される。前述のベルギーやオランダである。フランスでは、a～cが認められている。

また一九九〇年法以降、生殖補助医療の利用が独身者や同性カップルにも認められていたイギリスでは、シビル・パートナーシップ（二〇〇四）や同性婚（二〇一三）の導入前、二〇〇二年にcが認められた。また二〇〇八年、生殖補助医療実施規定が改められ、「父の必要性」条項は「支援する親役割（supportive parenting）の必要性」に置き換えられた結果、dが容易になった。女性同士のカップルの場合、一方が生殖補助医療によって懐胎した場合、他方パートナーも子の親となり、男性同士のカップルが代理懐胎によって子をもうけた場合、親決定手続によってカップル双方が法律上の親となる。[15] 子の法的保護者は「父と母」から「親」へ展開している。

他方、ドイツでは、生活パートナーシップ法制定の段階でa（日常生活に関わる小配慮権）が認められたが、二〇〇五年の法改正により、bが認められた。これにより同性パートナー双方に子に対する共同配慮が認められ、同性カップルと子による集団が、一体的な「家族」として、ドイツ基本法「婚姻および家族は国家秩序の特別の保護を受ける」という条項（6条1項）の「家族」概念の下に置かれることが可能となった。また同性カップルの一方に養子がいる場合、他方が事後的にその子と養子縁組をすること（二次的養子縁組）ができるかが争われた事案で、二〇一三年二月一九日、連邦憲法裁判所は、二次的養子縁組を認めていない生活パートナーシップ法9条7項について、法律婚の夫婦と同性カップルとを不平等に取り扱うものであり、基本法3条1項の平等原則に反するとした。判決は、二次的養子縁組の禁止は、同性パートナーの養子となっている子に対して、基本法6条が保障する両親と家族としての共同生活を送ることを困難にし、家族の安定化機能を損なうことにより、当該子の発達や生活形成の可能性を否定するものであるとした[16]。

このように限定的なアクセスしか認められていないドイツでも、アクセスを可能とする論理は、平等原則と子の福祉である。親子関係にとって必要なことは子の福祉・保護であり、同性カップルの家族関係が安定し、そこでの子の養育を保障することが子の福祉につながるという発想である。他方、離婚・再婚が繰り返されると、家族は血縁のみから成り立つものではなくなる。現に同居し関係性を持つ親が子を教育・監護し、子は別居している血縁の親とも交流する。複数の親を持つことが可能な状況になり、親の役割は子の成長を支援することに収斂されていく。齊藤笑美子は、「同性カップルによる子育ての実践とそこに与えられる法的枠組は、新しい親密圏を構想していくうえで、示唆的な側面を含む」と指摘する[17]。「子に対するケアの関係は、当事者のケアを担うという純粋意思によって開始し、その関係は必ずしも自然的血縁に基づかないということにおいて」である。こうした視点からは、親と子の相互的な関係性が適切に形成されることが重要なのであり、父＝男、母＝女である必然性はない、という結論を導くことが可能になる。

五　法の果たすべき役割――法の不介入と介入

家族を団体としてでなく、個人と個人の関係として捉え直す時、当事者が対等な合意の下、パートナー関係の形成の自由が保障される必要がある。自由の保障のためには、法制度が当事者の合意形成に介入することは最小限にとどめられるべきである。特定の家族、例えば、夫婦と子から成る婚姻家族に民法上の権利を認め、社会保障や税でも優遇することは、婚姻以外の家族共同生活に不利益を与え、人々を婚姻家族に誘導することになるのだから、家族関係形成の自由を侵害するものと評価される。自由の保障は公的介入をしないことだけではなく、特定の家族を優遇することもしてはならないことを意味する。したがって、家族に関する法の役割は、まず、社会的、経済的に弱い立場にある者を保護しつつ、家族の多様性を認め、それぞれの家族あるいは共同生活の多様なニーズに応え、支援することにある。どのような家族形態であっても、家族を構成する個人一人ひとりの尊厳と構成員の対等性が保障されている限り、平等にその生活が保護されなければならない。同性カップルの生活保障もこの中に位置づけられる。

他方、法が介入しなければならない場面がある。その重要な一つが、社会的な偏見や差別が強く、ライフスタイルを選択できない事象に対して、選択の自由を保障するために介入することである。例えば、性別違和（性同一性障がい）や同性カップル、未婚で子をもうけることなどに対して、性別取扱いの変更を認めたり、同性カップルに異性カップルと同じ権利を保障したり、婚外子の差別を除去することなどであり、いわば差別に対する人権保障的な介入であり、法が介入することによって得られる自由である。

人が一人ひとり固有のアイデンティティを確立し、自分にとっての幸福を追求できることは、基本的人権を保障する日本国憲法の根幹を成すものである。人が個人として尊重されることとは、アイデンティティの確立と幸福の追求が公権力によって妨げられないと同時に、それらを妨害するような諸状況を公権力が排除することも意味している。社会的に多数派が少数派を抑圧してきた歴史を踏まえる時、これを放置していたのでは、少数者の個人の尊厳や幸福追求が実現されないからである。

こうした介入の法的根拠は、平等原則である。これによって、性的マイノリティ、婚外子など少数者が社会的に承認される契機となる。法の社会的承認作用である[18]。同性婚を実現した国々では、婚姻制度の脱特権化の下、平等原則に基づき、異性カップルと同性カップルを区別しないことから、同性婚が可能となった。現実には同性愛に対する偏見、差別が残っているとしても、同性婚の導入ほど、同性愛の社会的承認につながるものはない。当事者が戦略的に同性婚の導入、引き続いて共同養子縁組や生殖補助医療の利用など親子関係へのアクセスを追求するのは、生活保障や家族形成への希求のみならず、異性愛と等しい存在としての社会的承認のプロセスであり、自己実現である。

しかし、婚姻は一つの選択肢にとどまる。フランス、ベルギー、オランダのように、同性、異性を問わず、事実婚、登録パートナー型、法律婚と当事者のニーズに合わせて多元化を図ったところもある。人と人との結びつきの多様性を承認し、それぞれのライフスタイルに合わせた共同生活ないし共同生活関係を保障する方向を目指す立場からは、異性カップルと同様に、法律婚尊重原則を相対化する必要がある。平等原則によって同性婚を導入するとともに、婚姻の脱特権化を進めることが不可欠の作業となる。

おわりに

二〇〇八年一〇月、国際人権規約B規約に関する規約人権委員会は、日本の第五回定期レポートに対する総括所見29において、同性カップルが公営住宅を賃借することを事実上妨げている公営住宅法23条1号や、DV防止法による保護から同性カップルの一方が排除されていることを指摘し、LGBTの人々に対して、「雇用、居住、社会保険、健康保険、教育および法によって規制されたその他の領域における差別があることに、懸念を有する」とし、「締約国は、差別禁止の根拠に性的指向を含めるよう法律を改正することを検討し、委員会の規約26条についての解釈1に沿って、婚姻していない同居している異性カップルに付与されている便益が、婚姻していない同居している同性カップルに対しても同等に付与されることを確保すべきである」とした。[19] また国連人権理事会の普遍的定期審査では第一回(二〇〇八)、第二回(二〇一二)ともに、性的指向と性自認に基づく差別の撤廃のための措置を講じるよう勧告がなされており、日本は無条件でこれらの勧告の履行を誓約している。また二〇〇八年、国連総会において「性的指向と性自認の人権」共同声明が提出された際、日本は声明の共同提案国の一つであり、さらに二〇一一年、国連人権理事会決議に始まる一連の取組みの中で日本はLGBTコアグループ一一か国の一つとして名を連ねている。[20] 日本政府は、人権保障の視点から同性愛者を差別せず、カップルとしての生活保障について検討をする責務がある。

　ところで二〇一二年七月、経済誌二誌で、「国内市場五・七兆円『ＬＧＢＴ市場』を攻略せよ！」（週刊ダイアモンド）、「知られざる巨大市場　日本のＬＧＢＴ」（週刊東洋経済）という特集が組まれた。企業のダイバーシティ（多様性）の中でＬＧＢＴを取り上げる企業や、[21]大阪市淀川区（二〇一三）のように、ＬＧＢＴ支援宣言を出す基礎自治体も出てきている。また男女雇用機会均等法のセクシュアルハラスメントについての指針が、二〇一四年七月に見直され、「同性に対するものも含まれる」としたことから、ＬＧＢＴに対する差別的な言動もハラスメントになる。さらに二〇一五年四月、渋谷区は「渋谷区男女平等及び多様性を尊重する社会を推進する条例」を成立させた。区内在住の二〇歳以上の同性カップルが、同居を証明する資料とお互いを後見人とする公正証書を提出した場合、区が「パートナーシップ証明書」を発行する。区は、区民や区内の事業者に対して、証明書を持つ同性カップルを夫婦と同等に扱うよう求め、条例の趣旨に反する行為があれば事業者名を公表する。他方、同性婚人権救済弁護団（ＬＧＢＴ支援法律家ネットワーク有志）が申立書を作成し、二〇一五年七月、当時者四五五名が、日本弁護士連合会に対して、日本で同性婚が認められないことは人権侵害であるとする人権救済申立てをした。

　こうした社会的な動向を踏まえる時、同性カップルの生活保障に関する法整備について議論を開始しても、違和感なく受け止められる時期に来ているように思われる。各国の状況が示しているように、婚姻の脱特権化のプロセスとして、同性カップルの生活保障が実現している。日本は、「性同一性障害者の性別の取扱いの特例に関する法律」の制定（二〇〇三年七月公布、二〇〇四年七月施行、二〇〇八年一部改正)、婚外子の相続分差別規定(民法900条4号ただし書)の削除(二〇一三年一二月一一日公布)など、その歩みは遅々としているが、今後、右記の議論は、固定的な家族観を克服し、ジェンダー平等、家族や生き方の多様性、セクシュアリティの多様性の肯定に繋がることであり、選択的夫婦別氏制度の導入や婚姻適齢の男女平等化、再婚禁止期間の廃止など民法改正とも連動する。[22] 登録パートナーシップ制度や同性婚の導入に関して、こうした広がりの中で議論が進められるべきであるといえよう。

注

1　詳細は、永易至文『プロブレムQ&A　同性パートナー生活読本』緑風出版、2009。この論点に関しては、谷口洋幸「同性間パートナーシップの法的保障」『ジェンダーと法』10号、2013、105頁以下がある。

2　丸山茂「家族の変容と国家」慶應義塾大学経済学部編『市民的共生の経済学3　家族へのまなざし』弘文堂、2000、201～202頁参照。

3　この論点については、二宮周平「家族法改正の展望」辻村みよ子編『ジェンダー社会科学の可能性　第1巻　かけがえのない個から――人権と家族をめぐる法と制度』岩波書店、2011、218頁以下。

4　以下の記述は、渡邉泰彦「同性パートナーシップの法的課題と立法モデル」『家族〈社会と法〉』27号、2011、34頁以下による。なお同性婚に関しては、佐久間悠太「〔研究ノート〕同性婚をめぐる諸外国の動向」名古屋市立大学大学院人間文化研究科『人間文化研究』20号、2014、135頁以下、ミニ・シンポジウム「同性婚」〔フランス〔大島梨沙〕、ドイツ〔渡邉泰彦〕、イギリス〔田巻帝子〕、アメリカ合衆国〔鈴木伸智〕〕『比較法研究』74号、2012、258頁以下など参照。

5　ジャン・ガリーグ（羽生香織・大島梨沙訳）「フランスにおける多様性の尊重——道半ばの現状」『立命館法学』351号、2014、216頁。
6　渡邉泰彦「ドイツ同性登録パートナーシップをめぐる連邦裁判所判決——家族手当と遺族年金について」『産大法学』43巻3・4号、2010、409頁、倉田賀世「ドイツにおける規範的『婚姻』『家族』概念の変容可能性」古橋・床谷・新田編『家族法と社会保障法の交錯』信山社、2014、49、62頁。
7　以下の記述は、谷口洋幸「同性婚・パートナーシップ法の可能性」『法律時報』86巻12号、104頁以下による。
8　以下の記述は、ジャン＝ルイ・ランション（大島梨沙訳）「ベルギーにおけるカップルの地位の法的三元構造の発展」『立命館法学』351号、2014、225頁以下による。
9　以下の記述は、齊藤笑美子「訳者解説」ロランス・ド・ペルサン（齊藤笑美子訳）『パックス——新しいパートナーシップの形』緑風出版、2004、140頁以下、齊藤笑美子「すべての人のための婚姻」『論究ジュリスト』8号、2014、94頁以下による。なお浅野素女『同性婚、あなたは賛成？　反対？　フランスのメディアから考える』パド・ウィメンズ・オフィス、2014、は書名のとおり、同性婚を認める法案に関するメディアを紹介するが、そのスタンスは、性差の否定に反対し、子には父母がいるべきとの立場から同性カップルの子へのアクセスに否定的である。反対派のより詳しい、的確な分析については、齊藤笑美子「親子関係の法と性差——フランスにおける同性カップルの親子関係へのアクセスをめぐって」『ジェンダー研究』11号、2008、121頁以下参照。
10　大島梨沙「同性カップルの『内縁』認定の可否」谷口・齊藤・大島編『性的マイノリティ判例解説』信山社、2011、140頁（2つの判決の下級審を検討したものとして、二宮周平「80年代フランスにおける事実婚と私生活の尊重」『立命館法学』201・202号、1988、989〜995頁。また破棄院民事第3部1997年12月17日判決は、賃貸借契約の名義人だったパートナーをエイズでなくした当事者に賃借権の承継を認めなかった（齊藤・前注9、150頁）。なお総合的な研究として、大島梨沙「フランスにおける非婚カップルの法的保護——パックスとコンキュビナージュの研究（1）（2・完）」『北大法学論集』57巻6号、370頁以下、58巻1号210頁以下（いずれも2007）がある。

11　ガリーグ・前注5、205頁。

12　以下の記述は、佐藤美和「クィア法理論からみる『婚姻』の意味をめぐる交渉——カナダ『市民婚姻法（Civil Marriage Act）』の制定過程を素材として」『ジェンダーと法』9号、2012、154頁以下による。なおカナダの同性婚に関しては、同「カナダにおける同性婚訴訟の展開——『承認』のプロセスとしての一考察」『人間文化創成科学論叢』12巻、2009、287頁以下、白水隆「カナダ憲法下の平等権と同性婚（1）（2・完）」『法学論叢』166巻3号、2009、149頁以下、167巻2号、2010、124頁以下、富井幸雄「同性婚と憲法（1）（2・完）」『法学新報』113巻1・2号、2007、171頁以下、同3・4号、2007、35頁以下など参照。

13　アメリカの論争に関しては、駒村圭吾「法制度の刷新と市民社会——米国ヴァーモント州における同性婚論争の帰趨」『公共政策研究』5巻、2005、96頁以下、同「同性婚論争とアメリカ」『法学セミナー』657号、2009、62頁以下、小泉明子「家族の価値（Family valuse）とは何か——宗教右派と同性婚姻（1）（2・完）」『法学論叢』170巻1号、2011、62頁以下、2号、2011、65頁以下、同「婚姻防衛法の検討——合衆国の婚姻概念をめぐる攻防」和田仁孝ほか編『法の観察』法律文化社、2014、98頁以下、判例に関して中曽久雄「Defense of Marriage Actの合憲性」『愛媛法学』40巻1＝2号、2014、87頁以下などがある。

14　ガリーグ・前注5、206頁。

15　カップルのいずれかの精子を用いることが要件である。イギリスの生殖補助医療に関しては、石井美智子「生殖補助医療における子の福祉——父は必要ないのか」『法律時報』83巻12号、2011、49頁以下参照。なお田巻帝子「英国の同性カップルの子育てと養子」『民商法雑誌』138巻4・5号、2007、447頁以下参照。

16　以上の記述は、倉田・前注6、55、59頁による。なお判例の紹介として、渡邉泰彦「同性の両親と子——ドイツ、オーストリア、スイスの状況（その1）」『産大法学』47巻3＝4号、2014、290頁以下がある。
17　齊藤笑美子「親密圏と『権利』の可能性」ジェンダー法学会編『講座　ジェンダーと法　第4巻　ジェンダー法学が切り拓く展望』日本加除出版、2012、91頁。
18　承認に関しては、前田剛志「同性愛と法理論——『承認』概念を手がかりに」『阪大法学』54巻1号、2004、219頁以下など参照。
19　谷口・前注7、109～110頁によれば、政府は、第6回定期レポートの中で、2012年の公営住宅法の改正（旧法23条1号では、現に同居し又は同居しようとする親族（事実婚その他婚約者を含む）がいることが条件になっていたが、削除され、収入要件だけになった）により、同性同士の入居が可能となった旨報告したが、NGOが現実には地方自治体の裁量によって同性同士の入居制限が継続していることを指摘したことから、規約人権委員会は、2014年7月の総括所見において、改めて地方自治体による入居制限の撤廃とDV防止法の同性間への適用を勧告している。
20　谷口・前注7、110頁。
21　大阪ガスなど（『日本経済新聞』2014年8月19日〔夕刊〕より）、村木直紀「性的マイノリティの抱える問題とは」『ヒューマンライツ』316号、2014、6～9頁。
22　日本学術会議提言「男女共同参画社会の形成へ向けた民法改正」参照。

第3章

「同性愛」と国際人権

谷口　洋幸

はじめに

国内の法律において、同性愛は、宗教規範の禁忌に主な起源を持つ刑事法規制（いわゆるソドミー法）の対象として現れてきた。その後、ソドミー法の撤廃に至る過程は、同性愛ないし性的指向に基づく差別として認識され、雇用や社会保障といった個別の法分野から、包括的な差別の撤廃へとつながっていく。さらに、パートナーシップ法の制定や婚姻法の改正により、同性同士の親密な関係性を制度的に保障していく段階へと向かう。[1] これらの国内法の展開に呼応して、国際平面における人権保障にも近年大きな変化が生じている。とりわけ、二〇一一年に国連人権理事会で採択された「人権、性的指向および性自認（Human Rights, Sexual Orientation and Gender Identity）」決議（以下、ＳＯＧＩ人権決議　資料1参照）は、国連が同性愛の問題に本格的に取り組むきっかけとなった。

本稿では、ＳＯＧＩ人権決議へと至る歴史的経緯を明らかにすることで、同性愛が国際人権の文脈におかれたことの意義を考察する。[2] 多様な歴史的背景や伝統、宗教、価値観が混在する国際社会では、「人権」という概念そのものも議論の対象となる。[3] 同性愛ないし性的指向に関する人権保障は、宗教規範や伝統的家族像を背景としており、衝突がより激しくなることは想像に難くない。にもかかわらず、国際社会はＳＯＧＩ人権決議の採択に成功し、同性愛を国際人権の文脈の中で語り始めている。その過程にはどのような議論や衝突、その回避方法が模索されてきたのか。本稿では、特徴的な出来事を軸に時代を四つに区分して整理する。その上で、これらの過程の意義について考察する。

一　前　史

1　国際人権の歴史

まず、国連成立を契機とする国際的な人権保障の歴史を確認しておく。

第二次世界大戦において、連合国は人権擁護を戦争目的の一つにかかげた。このため、戦後の国際秩序の維持のために設立された国連は、その目的の一つに「基本的人権の擁護のための国際協力」を明記することとなる（国連憲章1条3項）。国連総会は一九四八年に世界人権宣言を採択し、組織的な基盤として、国連人権委員会を始動させた。一九六六年には法的拘束力のある条約として、国際人権自由権規約（以下、自由権規約）および国際人権社会権規約（以下、社会権規約）が採択され、各国は国際的な人権保障に、法的な義務を負うこととなった。女性の地位委員会、国連人権高等弁務官事務所、国連難民高等弁務官事務所などの国際組織も国際人権の一翼を担ってきた。また、法的文書として、人種差別撤廃条約、女性差別撤廃条約、子どもの権利条約、拷問等禁止条約、障害者権利条約、移住労働者権利条約など、個別の課題や人権享有の主体ごとの条約も成立している。それぞれの条約のもとには、履行監視機関としての委員会（以下、条約委員会）が設置され、締約国の条約上の義務の実現状況について定期的な審査（以下、締約国レポート審査）や具体的な人権侵害事例の検討（以下、個人通報）、また一般的意見や一般勧告といった形で条約解釈の基準の公表を行っている（以下、一般的意見）。

このように、国際人権は、法的基盤と組織的基盤を両輪として、その実効性を確保するための努力を続けている。[4]

2　国際人権の起源と同性愛

国連の場における同性愛をめぐる本格的な議論は、前述のとおり、二〇一一年のＳＯＧＩ人権決議を契機とする。しかし、この流れを単純に「新しい人権問題の出現」と見ることは適切ではない。なぜなら、同性愛は国際人権の歴史の「忘れもの」ともいえるからである。

人権が国際関心事項として位置づけられたのは、少数者保護条約や国際労働機関（ＩＬＯ）などの例外を除けば、国連憲章が端緒である。先述のとおり、これは第二次世界大戦中に連合国が人権の擁護を戦争目的の一つに掲げていたことに由来する。連合国の念頭にあったのは、枢軸国陣営の国内法に依拠して実行されていた種々の人権蹂躙行為であった。その代表格がナチス政権下のドイツにおけるホロコーストである。ユダヤ民族がその対象となっていたことはよく知られているが、対象はそれだけではなかった。ロマの人々、反社会勢力、政治犯、聖書研究者、そして同性愛も強制収容所に送られていたのである。[5] 同性愛を理由に収容された人々が身に付けていたピンク・トライアングルは、現在でも同性愛の人権活動のシンボルとなっている。ホロコーストに至らないまでも、マグヌス・ヒルシュフェルトが設立した性科学研究所への弾圧や機関誌『性のあいだ年報（Jahrbuch für Sexuelle Zwischenstufen）』の発禁処分など、同性愛に関連する学問や表現の自由も弾圧を受けてきた。ホロコーストや深刻な人権侵害の対象のうち、ユダヤ民族やロマの人々は人種差別撤廃条約によって、反社会勢力や政治犯は自由権規約の思想良心の自由等によって、聖書研究者は自由権規約の信教の自由や少数者保護等によって、それぞれ国際人権の黎明期から明確な位置づけを与えられてきた。ところが、同性愛については、国際的人権保障の契機となる人権蹂躙の対象であったにもかかわらず、他の対象類型の展開を横目に、置き去りにされていたのである。

3　ヨーロッパ地域における展開と限界

国際人権の歴史について、ヨーロッパ地域に限定してみると、同性愛に関する一定の議論は比較的古くから確認できる。普遍的な国際人権保障に先駆けて、一九五一年にヨーロッパ人権条約が発効し、ヨーロッパの地域的な人権保障は独自の発展を遂げてきた。同性愛についても、条約発効当初から、ドイツやオーストリアに存在していたソドミー法の条約適合性が争われてきた。[6] ドイツでは第二次世界大戦以前からソドミー法の撤廃運動が繰り広げられていたものの、ナチス政権による弾圧のため、運動は停滞していた。[7] ヨーロッパ人権条約は8条に「私生活の尊重をうける権利（rights to respect for one's private life)」を規定し、国家による個人の私生活への不当な介入を認めていない。ソドミー法に関する訴えは、同法が「健康若しくは道徳の保護」という正当理由を有するとして、長らく人権侵害が認定されなかった。[8] 初めて条約上の人権侵害が認定されたのは、一九八一年のダジャン対イギリス判決である。[9] 北アイルランドのソドミー法が最高で終身刑を規定しているため、法による規制の目的そのものは正当であるとしても、目的と手段に均衡性がないとして、条約義務の違反が認定されたものである。その後、ソドミー法の条約適合性が争われた一連の事件を経て、[10] ソドミー法の規定そのものが「私生活の尊重をうける権利」を侵害しているとの判例が確立された。しかし、これらの展開は、自由権の重視や宗教的・歴史的背景の共通基盤など、ヨーロッパ地域の同質性に支えられているところが大きく、同様の解釈がヨーロッパ地域を越えて適用されるまで一〇年以上の歳月を要することとなった。

二　展開

1　人権課題としての認識――一九九〇年代～二〇〇〇年

ヨーロッパ地域を越えて、同性愛が普遍的な国際人権の文脈に位置づけられたのは、自由権規約委員会の個人通報事例であるトゥーネン対オーストラリアが初めてである。[11] この事件は、オーストラリアのタスマニア州にあったソドミー法の自由権規約適合性が問われたものである。同州の刑法は「不自然な性交渉」（122条a項）や「自然に反する性行為」（122条c項）、「男性同士の淫らな行為」（123条）を禁止していた。トゥーネンはこれらの規定が自身の「私生活の尊重をうける権利」（17条）、「差別なき権利の享有」（2条1項）および「法の下の平等」（26条）を侵害するとして、委員会への個人通報を行った。委員会は規約17条の権利の侵害について、国内法のソドミー規定が成人男性同士の合意に基づく私的な性行為に適用されることには合理的な理由がない、と述べた。HIV／AIDSの蔓延防止という州政府側の主張について、委員会は、ソドミー法の規制は、より安全な性行為の啓発・普及を阻害するものであり、目的達成のために有害であると考えた。さらに、他州のソドミー法が既に廃止されていることや、タスマニア州でも同法はほぼ死文化していることから、「道徳の保護」や「公衆道徳の維持」という正当化理由も支持できないと判断した。また、規約2条1項と26条については、性的指向の概念が差別禁止分類としての「性（sex）」や「その他の地位（other status）」に含まれるとの解釈を示した。結果、ソドミー法の廃止こそが効果的な救済手段であるとの見解を下している。この見解は、主要人権条約のもとにおかれた条約委員会で初めて同性愛を人権問題と位置づけたものである。

この事件の前後には、他の国際機関での議論も散見される。例えば国連人権小委員会において、「性的マイノリティの法的・社会的諸問題」と題する報告書が提出されたり[12]、アムネスティ・インターナショナル等の人権NGOが同性愛の問題を提起するようになった[13]。また、人権に関する国際会議においても、同性愛の課題が提起され始めていた。例えば、ウィーン世界人権会議（一九九三）や北京女性会議（一九九五）において、ヨーロッパ諸国は、成果文書に性的指向やリプロダクティブ・ライツを包含する「性の権利（sexual rights）」の挿入を提案している。結果的には性的指向の文言が盛り込まれることはなかったものの、国連が主催する国際会議という公の場において、この問題が明示的に提起されるようになっていたことも、トゥーネン事件の見解を後押ししたものと推測される。

2　展開と挫折――二〇〇〇〜二〇〇五年

二〇〇〇年代に入ると、自由権規約委員会の個人通報事例は、新たな段階へと突入した。ソドミー法のような純粋に個人の私生活にかかわることではなく、同性同士のパートナー関係の法的保障の事例で条約義務違反が認定されたのである。ヤング対オーストラリアがその嚆矢である。[14]ヤングは三八年にわたって同性のパートナーAと生活をともにしてきた。Aは退役軍人であったため、Aの死後、ヤングは退役軍人のパートナーとして、遺族年金を申請した。オーストラリアの退役軍人資格法（the Veteran's Entitlement Act）は、遺族年金の受給資格を持つ扶養家族として、法律上の婚姻関係にあった者と事実婚のパートナーの双方を対象としていた。ところがヤングとAは同性同士であったため、受給申請を却下された。なお、ヤングは同法に規定される死亡給付金も受給できていない。このため、ヤングは性的指向に基づく差別にあたるとして、自由権規約委員会に「法の下の平等」（規約26条）の違反を通報した。

委員会は、次のように規約違反を認定した。国内法の規定は明らかに異性のパートナー関係のみを対象としているが、政府はこの制限を正当化するための客観的合理的な理由を何も示していない。異性のパートナーの間で、法律婚と事実婚の間に取扱の差異を設けることは、当該カップルが婚姻を選

郵便はがき

料金受取人払郵便

神田局
承認

7846

差出有効期間
2024年6月
30日まで

切手を貼らずに
お出し下さい。

101-8796

537

【受　取　人】

東京都千代田区外神田6-9-5

株式会社 **明石書店** 読者通信係 行

お買い上げ、ありがとうございました。
今後の出版物の参考といたしたく、ご記入、ご投函いただければ幸いに存じます。

ふりがな お 名 前	年齢	性別

ご 住 所　〒　　　-

TEL　　　(　　　　　)　　　FAX　　　(　　　　　)

メールアドレス	ご職業（または学校名）

＊図書目録のご希望	＊ジャンル別などのご案内（不定期）のご希望
□ある □ない	□ある：ジャンル（ □ない

籍のタイトル

本書を何でお知りになりましたか？

□新聞・雑誌の広告…掲載紙誌名［　　　　　　　　　　　　］

□書評・紹介記事……掲載紙誌名［　　　　　　　　　　　　］

□店頭で　□知人のすすめ　□弊社からの案内　□弊社ホームページ

□ネット書店［　　　　　　］　□その他［　　　　　　］

本書についてのご意見・ご感想

■定　価	□安い（満足）	□ほどほど	□高い（不満）
■カバーデザイン	□良い	□ふつう	□悪い・ふさわしくない
■内　容	□良い	□ふつう	□期待はずれ

■その他お気づきの点、ご質問、ご感想など、ご自由にお書き下さい。

本書をお買い上げの書店

市・区・町・村　　書店　　店］

今後どのような書籍をお望みですか？

今関心をお持ちのテーマ・人・ジャンル、また翻訳希望の本など、何でもお書き下さい。

ご購読紙　(1)朝日　(2)読売　(3)毎日　(4)日経　(5)その他［　　　　新聞］

定期ご購読の雑誌［　　　　　　　　］

協力ありがとうございました。

意見などを弊社ホームページなどでご紹介させていただくことがあります。　□諾　□否

ご注文書◆　このハガキで弊社刊行物をご注文いただけます。

□ご指定の書店でお受取り……下欄に書店名と所在地域、わかれば電話番号をご記入下さい。

□代金引換郵便にてお受取り…送料+手数料として500円かかります（表記ご住所宛のみ）。

	冊
	冊

の書店・支店名

書店の所在地域　都・道　府・県　市・区　町・村

書店の電話番号　（　　　）

択できる状況にあるため、客観的・合理的に正当化できる。しかしながら、異性同士とは異なり、同性同士では婚姻を選択できないため、異性同士の事実婚とは同一視できない。したがって、国内法の規定により、ヤングは遺族年金の受給資格を完全に奪われている。同性同士であることのみを理由に受給資格を与えないことは、性的指向に基づく差別である。性的指向は、「性」または「その他の地位」に含まれる概念であるため、本件には規約26条の違反がある。

この判断はX対コロンビアでも踏襲され[15]、同性同士のパートナー関係に、少なくとも事実婚と同等の保障をしないことは、性的指向に基づく差別にあたるとの解釈が確立した[16]。その他の条約委員会でも、たとえば社会権規約委員会は二つの一般的意見において、性的指向に基づく差別への注視を促している[17]。締約国レポート審議でも、性的指向や性自認に関する言及が散見されるようになり、専門委員の中には積極的にこの問題を取り上げる姿勢も見られるようになってきた。二〇〇二年には国連人権高等弁務官事務所による世界各地のＮＧＯへの情報収集活動も行われ、テーマ別手続きのもとで任命されている複数の特別報告者が同性愛ないし性的指向に言及するようになった[18]。

これらの展開は、二〇〇三年の国連人権委員会決議の失敗により、強くブレーキがかけられることとなる。ブラジル政府は「人権と性的指向（human rights and sexual orientation）」と題する決議案を委員会に上程した[19]。内容は、性的指向を理由とした人権侵害を憂慮し、すべての国家が性的指向にかかわらずすべての人の人権享受を確保するとともに、国連人権高等弁務官および条約委員会が性的指向を理由とする人権侵害に注意を払うよう要請するものである。とくに強い行動を要求するものでもなく、上記のような、条約委員会や国連人権高等弁務官の実行を追認するものに過ぎなかった。しかし、決議として採択することには、激しい抵抗が繰り広げられた。イスラーム諸国の政府代表者を中心として、執拗な反論権の行使や手続きの引き延ばし提案などが繰り返され、結果、決議案は投票に付されないまま時間切れとなり、事実上の廃案となった。その後も幾度か同様の決議案の提出が試みられたものの、採択されることはなかった。

3 二つの新しい動き――二〇〇五～二〇一〇年

国連人権委員会での決議採択の失敗は、政府代表により構成される国際組織において、同性愛ないし性的指向を取り上げることの困難さを認識させた。決議の採択となれば、イスラーム協力機構（旧イスラーム諸国会議機構　ＯＩＣ）に加盟する五七か国は共同歩調をとることが多く、順調な可決はしばらく見込める状況にはない。この閉塞状況を打破するため、二つの動きが生じた。

一つは、国際人権の文脈における権利内容の定式化である。これまでにも同様の試作は存在していたものの、[20]二〇〇六年に採択された「性的指向・性自認に関する国際人権法の適用に関するジョグジャカルタ原則」（以下、ジョグジャカルタ原則）は、最も精緻なものである。国際法律家協会（International Commission of Jurists, ICJ）が作成した素案をもとに自由権規約委員会委員（当時）のマイケル・オフラーティ（ノッティンガム大学教授）が起草したものである。インドネシアのガジャマダ大学で開催された専門家会議において、二九名の国際人権の専門家により署名採択された。署名者には、八名の現職の国連特別報告者、五名の条約委員会の委員、元国連人権高等弁務官が含まれている。原則は、既存の国際人権に関連する規定が、性的指向や性自認についてもそのまま適用可能であることを可視化するとともに、国家や国際機関の義務を法的言語として明確化することに成功した。二〇〇七年の国連人権理事会会期中には、非公式のパラレルイベントとして、国連ニューヨーク本部で原則の公布式も行われた。

もう一つの動きは、国連の場において、決議ではない形で人権課題としての認識を共有する試みである。国連人権委員会での決議の失敗が示すように、同性愛を人権課題として取り上げることには、宗教的観点や伝統的価値観を背景とする抵抗が根強い。そこで採用されたのが共同声明（joint statement）という意見表明の方法である。二〇〇六年の国連人権理事会第三会期にはノルウェー政府の提案に理事国一八か国を含む五四か国が賛同する形で「性的指向・性自認に基づく人権侵害を憂慮する共同声明」が出された。[21] 二〇一一年にも同様の共同声明が出されており、コロンビア政府の提案に八五か国が賛同国に名を連ねている。[22] 二〇〇八年には、国連人権理事会の上位機関である国連総会において、「性的指向・性自認と人権に関する共同声明」が六六か国の賛同を得てアルゼンチン政府から提出された。[23] 国連人権理事会や国連総会の決議ですら法的拘束力がないことに鑑みれば、共同声明はそれ以上に弱い効果しか持ち得ない。しかし、共同声明の提出という過程そのものが、国連全体の取り組みへと位置づけていく機運を作り上げたこともまた事実である。

4　決議の採択――二〇一〇年～現在

このような経緯から採択されたのが、冒頭に述べたＳＯＧＩ人権決議である。決議は南アフリカ共和国政府の提案により、賛成二三、反対一九、棄権三で可決された（資料2参照）。政府代表で構成される普遍的な国際組織として初めて「性的指向」を人権課題として位置づけた文書である。国際人権の起源に契機を持ちつつ、忘れられてきた同性愛が、ようやく国際人権の枠内に組み込まれた瞬間であった。この決議は、国連に二つの行動を要請した。一つは国連人権高等弁務官による人権状況に関する報告書の作成、もう一つは国連人権理事会における公式パネル討議の開催である。

一つめの報告書については、ナバネーセム・ピレイ国連人権高等弁務官による調査報告が実施された。二〇一一年一二月、「性的指向・性自認を理由とする個人に対する差別的法律・慣行・暴力行為」と題する報告書が国連人権理事会へ提出された。[24] 報告書は、世界各地で経験されている人権侵害の調査結果を紹介するとともに、加盟国のなすべき事柄を例示的に勧告している。勧告にはソドミー法の撤廃をはじめ、暴力行為等の調査・処罰、差別禁止法への明記、教育・訓練の充実などが含まれている。この報告書をもとに作成されたブックレット『生まれながらにして自由かつ平等――国際人権法における性的指向・性自認[25]』では、国家に課せられる法的義務が明記された。同性愛嫌悪やトランス嫌悪に基づく暴力からの保護、拷問・非人道的・品位を傷つける処遇の防止、同性愛を犯罪とする法律の撤廃、性的指向・性自認を理由とする差別の禁止、表現・結社・平穏な集会の自由に関する安全確保の五つである。

もう一つの決議内容は、国連人権理事会の第一九会期における公式パネル討議の開催である。二〇一二年三月七日、パネル討議は潘基文事務総長のビデオメッセージとピレイ国連人権高等弁務官の報告から始められた。アブドゥル・ミンティ南アフリカ国連大使の司会のもとで行われたパネル討議には、ローレンス・ヘルファー（アメリカ、デューク大学）、ハンス・ユッターバーグ（スウェーデン、欧州評議会性的指向・性自認差別専門家委員会)、イティナ・カルラ・バッチ(Ms Itina Karla Bacci ブラジル、LGBT国民会議)、ヒナ・ジラーニ(パキスタン、パキスタン人権委員会)が登壇している。その後、各国政府代表、NGO、国内人権機関などの発言の機会が設けられ、三二か国の代表と四つのNGO、そして国連機関、地域機関、国内人権機関が一つずつ発言を行った。最後に、マリア・アゼヴェド(Maria Nazareth Farani Azevedo)ブラジル国連大使がパネル討議の意義を総括し、閉会した。パネル討議後の意見表明では、性的指向や性自認の問題を国連の議題として取り上げること自体に反対する発言もあり、また、パネル討議の開始直後に、議場を退席する形で反対の意思を表明する政府代表もあった。

三 考察

以上のように、国際人権の起源において置き去りにされた同性愛の問題は、国連人権委員会における決議採択の失敗を経て、権利内容の定式化や決議以外の意見表明に後押しされながら、国連人権理事会でのSOGI人権決議の採択へと到達した。しかし、決議で要請された公式パネル討議では、開始時に議場から数か国の政府代表が退席し、決議の更なる展開への間接的な反対意見も表明されている。SOGI人権決議の採択に成功した今日においても、いまだこのテーマに関する国際的な人権保障は順調に進んでいるとはいえない。最後に、同性愛と国際人権の展開について、三つの視点から考察を加える。

1 「女性」「マイノリティ」との関係

同性愛や性同一性障害等を一括して「性的マイノリティ（性的少数者、sexual minorities）」と称することがある。国際人権には性に関する人権課題としての「女性」の人権と、いわゆる「マイノリティ」の保護について、長い歴史がある。同性愛と「女性」や「マイノリティ」はどのような関係にあるのか。

国際人権の歴史において、性やジェンダーにかかわる人権基準の中核が女性差別撤廃条約であることは間違いない。「国際的な女性の憲法」としての女性差別撤廃条約は、男女間の事実上の平等を志向し、法制度だけでなく「男女の定型化された役割分担観念の変革」を締約国に義務づける。[26] 国連憲章（前文、第1条3項など）から女性差別撤廃条約へといたる一連の展開は、男女の性別に基づく差別に毅然と立ち向かう国際人権の意思を体現している。一九九九年の女性差別撤廃条約選択議定書の採択は、個人通報制度や調査制度の導入を通して、条約上の権利規定の実効性を確保した。[27]「女性の権利は人権である（Women's Rights are Human Rights）」というウィーン人権会議で表された標語や、国連の「ジェンダー主流化（gender mainstreaming）」の取り組みは、女性の権利の問題がもはや周縁的なものでないことを示している。[28]

同性愛も広い意味における「性（sex）」にかかわる事象である。ところが、女性差別撤廃条約を中心とする国際人権の展開において、その対象が女性であること自体に疑問がはさまれることは稀であった。女性が一枚岩ではないこと、すなわち開発途上国の女性、有色人種の女性、先住民の女性、難民の女性といった複合的・重層的な人権問題には目が向けられてきた。しかし、女性という語の定義、とりわけ、性別二元制に基づいて男性と対置された女性であり、婚姻や家族の前提が男女の親密な関係性であるとの異性愛主義は、自明の理とされ、意識的に問われることはなかった。[29]

他方、国際人権における「マイノリティ（少数者、minorities）」の保護は、宗教改革期の「宗教的（religious）」マイノリティの保護を端緒に、一九世紀には保護対象が「民族的（種族的、ethnic）」マイノリティへと拡大され、国際連盟期には「言語的（linguistic）」マイノリティも含まれるようになった。国連憲章も「人種、……言語または宗教による差別」（1条3項）なき人権享受を要請し、自由権規約27条に実体規定として結実した。自由権規約委員会は１９９４年に一般的意見23を公表し、同条の解釈を示している。[30]また国連人権小委員会が作成し、国連総会で採択された「マイノリティ権利宣言」は、[31]マイノリティの権利の法的基盤を構成している。[32]しかしながら、「性的（sexual）」マイノリティは、これまでこの文脈に位置づけられてはいない。マイノリティの定義が確定していないため、[33]演繹的に同性愛の該当性を判断することはできないものの、これまで対象とされてきた「国民的、種族的、宗教的、言語的」（マイノリティ権利宣言2条）の各要素が近代国家の形成過程で生じてきた人権課題であることに鑑みれば、「性的」を読み込むことは躊躇される。「性的マイノリティ」の語を用いた一九八八年の国連人権小委員会の報告書も、マイノリティの議題ではなく「奴隷制・現代的奴隷慣行」の議題のもとで提出されている。ＳＯＧＩ人権決議も、同決議に基づく国連人権高等弁務官の報告書も、「ウィーン人権宣言・行動計画のフォローアップ」の議題のもとで展開されたものであり、いずれも「マイノリティ」とは異なる議題の下に置かれている。特別報告者らも、報告書において

「性的マイノリティ」の語を用いることはほとんどなく、「性的指向」や「ＬＧＢＴ」の語が用いられている。これらを総合すると、国際人権におけるマイノリティの概念と同性愛は異なる系譜にあると考えられる。

なお、女性差別撤廃委員会の実行に関連して、一つの変化が見てとれる。二〇一〇年に採択され、第2条の締約国の差別撤廃義務を示した一般勧告28は二つの部分で同性愛に触れている。一つは女性差別の持つ交差性として性的指向を明記したところであり（para.18）、もう一つは脆弱な類型としてのレズビアン女性への言及である（para.31）。この一般勧告がイスラーム諸国出身の委員からの異議により、採択が全会一致でなかったことは、同性愛と国際人権の困難な現状を物語る。[34] 同時に、女性差別撤廃条約には「ＬＢＴ女性」が含まれることは解釈論として導き出しうるものの、いわゆる男性同性愛が対象とならないことは明らかである。「マイノリティ」の概念への包摂については、前述のとおり、歴史経緯から困難がある。同性愛に関する国際人権の展開が、女性やマイノリティといった個別の人権課題からの派生ではなく、包括的な人権規範としての自由権規約や社会権規約を中心に展開されてきたことには、このような理由があった。

2　同性愛（者）から性的指向へ

国際人権の展開において、同性愛は「女性」という概念に包含されるものでもなく、また、「マイノリティ」の類型にまとめることも困難であった。日本国内では、一九九〇年代半ばの府中青年の家事件を契機として、憲法を中心に「同性愛（者）の人権」について議論が展開されてきた。当事者運動においても、同性愛は生得的なものであり、個人の意思によって変更不可能であることが強調され、[35]差別禁止や人権享有主体として位置づけられている。このため、同性愛は一つの差別禁止カテゴリーとして、社会的身分（憲法14条）に位置づけられてきた。しかし、国際人権の文脈においては、同性愛という概念そのものが一九世紀に欧米諸国で用いられ始めたものであることに注意が必要である。同性愛、あるいはそれを主体化する同性愛者という表現は、歴史的にも普遍性を持つものではない。日本における同性愛（者）という概念も、最近になって構築されてきた概念であることが指摘されている。[36]トランスジェンダー現象をめぐる諸国（とくにアジア・太平洋諸国）における概念の流動性なども考えれば、「同性愛」というカテゴリーを所与のものとすることは、欧米諸国の概念の押しつけにつながりかねない。

そこで、国際人権の展開において採用されてきたのが性的指向（sexual orientation）の概念である。国際人権に関する権利内容を定式化した二〇〇六年のジョグジャカルタ原則は、性的指向を次のように定義する。

「異なるジェンダーまたは同一ジェンダーまたは一つ以上のジェンダーの個人に対する、ひとりひとりの深遠な感情的、情緒的および性的な関心、ならびに、それらの個人との親密なおよび性的な関係性を意味する（each person's capacity for profound emotional, affectional and sexual attraction to, and intimate and sexual relations with, individuals of a different gender or the same gender or more than one gender）」

アイデンティティを措定せず、一つの属性の分類基準として用いられる性的指向の語は、人権の議論にも馴染みやすいものである。生得的か否か、変更不可能か否かといった「科学的」立証とは関係なく、同性愛・異性愛・両性愛の区別なく、個人の属性の一つだけを理由とした人権の制限が人権侵害の疑いが強くなる。権利の制限の正当化事由は一般的なものでは足りず、一定の重い立証責任が求められることになる。ジョグジャカルタ原則は正式名称を「性的指向・性自認に関する国際人権法の適用に関する原則」（傍点筆者）という。この表現には、同原則が国際人権の起源において忘れられてきた人々を救い出すものであり、新たな権利を創設するものでも、特別な権利を付与するものでもないとの起草者の意図が含まれる。これにより、既存の国際人権が、「女性」の権利や「マイノリティ」の権利でさえ、一部の性的指向（＝異性愛）のみを対象としてきた事実が顕在化される。ジョグジャカルタ原則にはもう一つの重要な特徴がある。前文は、原則が想定する人権侵害を次のように定義する。

「レズビアン、ゲイもしくはバイセクシュアルであるか、そのように認識されること、または、トランスセクシュアル、トランスジェンダーもしくはインターセックスであるか、そのように認識されること、あるいは、性的指向もしくは性自認によって当該社会において同定される社会集団に属していることを理由とする人権侵害（human rights violations because they are or are perceived to be lesbian, gay or bisexual, because of their consensual sexual conduct with persons of the same gender or because they are or are perceived to be transsexual, transgender or intersex or belong to social groups identified in particular societies by sexual orientation or gender identity)」（強調筆者）

同性愛（者）という概念を避けて性的指向の語を採用しても、性的指向そのものの生得性や変更不可性を強調すれば、同じ論理的な矛盾へと帰結する。[37] そこでジョグジャカルタ原則は、性的指向を個人の尊厳として位置づけるとともに、社会の側からの同一化（identification）に目を向けた。本人の意思やアイデンティティを超えて、社会や周囲から「そのように認識されていること（perceived to be)」に基づく人権侵害を射程に含め、社会的集団（social groups）の構成要素として性的指向を位置づけたのである。

このように、ジョグジャカルタ原則は、「性的指向」という語を、本人が自己を何者として規定するかとともに、周囲がそのように認識して差別や人権侵害を行うことをも包含する用語として定義づけた。人権侵害を行う社会の側に視点をうつした法的言語として、多様な価値観や歴史的背景を持つ国際社会に適用可能なだけでなく、日本国内の議論にも十分に参照可能な語法といえる。

3　個人資格の専門家の活躍

性的指向という語句が国連人権理事会の決議という公式文書に採用されたことは、同性愛に関連する人権侵害の救済に向けた法的基盤を与えた。しかし、前述のとおり、ＳＯＧＩ人権決議の表決は賛成二三か国、反対一九か国という僅差であり、同決議に基づく公式パネル討議では政府代表が開始時に退席することで、反対の意思を表明している。いま一度、SOGI人権決議への過程を読み返してみると、個人資格の委員らの役割の重要性に気づくことができる。

条約委員会の委員をはじめとして、国連人権高等弁務官やテーマ別手続きにより指名される特別報告者らは、政府から独立して活動する個人資格の人権専門家である。政府代表で構成される国際組織が、人権以外の課題も含めた駆け引きの場となる可能性があるのに対して、個人資格で指名される委員や専門家は純粋に「人権」の視点から客観的に任務を遂行しうる立場にある。国連人権委員会における決議の採択の失敗にもかかわらず、条約委員会の個人通報事例への見解や一般的意見の採択、締約国レポート審議における言及は続けられてきた。一九九四年のトゥーネン対オーストラリアをはじめ、社会権規約の一般的意見、健康に関する権利の特別報告者、女性に対する暴力特別報告者、人権擁護家特別報告者らの年次報告書における言及などがその例である。二〇〇六年には、世界一〇〇か国から一六〇〇人が集結し、モントリオール（カナダ）においてLGBT人権国際会議が開催された。会議は国連人権高等弁務官（当時）のルイーズ・アルブールの基調講演に始まり、複数名の特別報告者や条約委員会の委員がパネリストとして登壇した[38]。この会議で採択された宣言（モントリオール宣言）を法的言語に翻訳し、権利内容の定式化がなされたのがジョグジャカルタ原則である。先述のとおり、同原則の署名者には、元国連人権高等弁務官のメアリー・ロビンソンをはじめ、現職・元職の条約委員会の委員や特別報告者が含まれる。署名した委員や特別報告者は、これまでにも性的指向を人権課題として明確に認識しており、同原則はそれらの意思が結実したものといえる。もちろん、国連組織の文書でもなく、委員らが委員会の手続規則等に基づいて任務として作成した文書でもないため、厳密には法的意味合いは皆無に等しい。しかしながら、国際人権の第一線で活躍する専門家による権利内容の定式化は、国際人権の展開において、有益な資料以上の価値を持つものである[39]。これらの積極的な活動は、時折、権限踰越の非難を受けつつも、SOGI人権決議の原動力となったことは間違いない。同性愛のように論争の的となる人権課題については、政府代表により構成される国際組織の限界を埋めるものとして、個人資格の専門家が果たす役割は重要である。

四　むすびにかえて――現状から見えてくる課題

同性愛ないし性的指向に関連する人権課題の認識は、国際人権の文脈において紆余曲折を経てきた。二〇一一年のSOGI人権決議により、一定の目標は達成できたものの、具体的な施策はこれからである。そのため政府代表により構成される国際機関、個人資格の専門家で構成される委員会や特別報告者、市民社会の活動など、それぞれが果たし得る役割を再確認する必要があろう。SOGI人権決議により、人権課題としての位置づけの根源的な否定は難しくなった。しかしながら、伝統的価値（traditional values）や家族の保護、文化多様性といった概念を用いた間接的な否定の動きにも注意が必要である。その対立構図は、かつての人権の普遍性対相対性のそれと類似する。同性愛ないし性的指向を人権課題として位置づける国際人権の歴史は、ウィーン人権宣言によって確認された人権の普遍性が、いまだ根源的な挑戦をうけうる脆さを兼ね備えていることを示している。

資料1　ＳＯＧＩ人権決議

人権理事会は、

世界人権宣言や、経済的・社会的及び文化的権利に関する国際規約、市民的・政治的権利に関する国際規約等の人権文書に謳われている人権の普遍性、相互依存性、不可分性、相互関係性を想起し、

世界人権宣言が、すべての人間は生まれながらにして自由であり、かつ、尊厳と権利とについて平等であると確認していること、並びに、すべての人は、人種、皮膚の色、性、言語、宗教、政治上その他の意見、民族的出自、社会的出自、財産、門地その他の地位など、いかなる事由によっても差別されず、世界人権宣言に定められたすべての権利と自由を享受できることを想起し、

すべての人がいかなる種類の差別なく、また、公平で平等にあらゆる人権と基本的自由を保障されることに対し、普遍的な尊重を促進する責任が人権理事会にあるとした総会決議60／251を想起し、

世界のすべての地域において、個人に対し、性的指向及び性自認を理由とした暴力や差別の行為が加えられていることについて懸念を表明し、

1、人権高等弁務官に対し、世界のすべての地域で、性的指向及び性自認を理由とした差別的法律や慣習、個人に対する暴力行為、並びに、差別に関するいかなる免責も排除するために国際人権法がどのように適用されているのかを明らかにするため、二〇一一年一二月までに調査を行うよう要請することを決定し、

2、さらに、人権理事会の第19期会中に、人権高等弁務官による調査の報告を受けるとともに、性

的指向及び性別自認を理由とした差別的法律や慣習、暴力的行為に関する建設的で見識あり、かつ、透明性ある対話を行うために、パネルを開催することを決定し、

3、さらに、パネルにおいては、人権高等弁務官による調査に係る勧告に対処するための適切なメカニズムについて議論することを決定し、

4、この優先的課題に、引き続き取り組むこととする。

資料2　SOGI人権決議・投票結果

賛成（23）	アルゼンチン、ベルギー、ブラジル、チリ、キューバ、エクアドル、フランス、グアテマラ、ハンガリー、日本、モーリシャス、メキシコ、ノルウェー、ポーランド、韓国、スロヴァキア、スペイン、スイス、タイ、ウクライナ、イギリス、アメリカ、ウルグアイ
反対（19）	アンゴラ、バーレーン、バングラデシュ、カメルーン、ジブチ、ガボン、ガーナ、ヨルダン、マレーシア、モルジブ、モーリタニア、ナイジェリア、パキスタン、カタール、モルドバ共和国、ロシア、サウジアラビア、セネガル、ウガンダ
棄権（3）	ブルキナファソ、中国、ザンビア

注

1 Waaldijk, Kees, "Civil Developments: Patterns of Reform in the Legal Position of Same-Sex Partners in Europe," *Revue Canadienne de Droit Familial* 17, 2000, pp.62-88.

2 本稿は本書の共通テーマである同性愛ないし性的指向に限定しているが、国際人権の文脈では、今日、性自認（gender identity）や性表現（gender expression）、性分化疾患（ＤＳＤ）ないしインターセックス（intersex）、身体の多様性（bodily diversity）など、性の多様性に関する議論が幅広く展開されている。詳細については、谷口洋幸「国連と性的指向・性自認」『国連研究』16号、２０１５、１２３～１４０頁参照。

3 代表的な議論として、人権の普遍性と相対性をめぐる議論がある。例えば、渡辺昭夫編『アジアの人権――国際政治の視点から』日本国際問題研究所、１９９７参照。

4 国際人権システムの概説として、阿部浩己他『テキストブック国際人権法（第３版）』日本評論社、２００９がわかりやすい。

5 Heger, Hein, *Die Männer mit dem Rosawinkel: Der Bericht eines Homosexuellen über seine KZ-Haft von 1939-1945*, 1972, Merlin Verlag（＝伊藤明子訳『ピンク・トライアングルの男たち――ナチ強制収容所を生き残ったあるゲイの記録』現代書館、１９９７）。映画『シンドラーのリスト』（監督・製作：スティーヴン・スピルバーグ、原作：トーマス・キニーリー、脚本：スティーヴン・ザイリアン、１９９３、アメリカ）や『ベント――堕ちた饗宴』（監督：ショーン・マサイアス、製作：マイケル・ソリンジャー／ディキシー・リンダー、原作・脚本：マーティン・シャーマン、１９９７、イギリス）などにも描かれている。

6 E.g. X v. Germany, Decision of 4 January 1960, *Yearbook of the European Convention on Human Rights*（以下、*YB*）, vol.3, pp.184-196; X v. Germany, Decision of 4 October 1962, *YB*, vol.5, pp.230-237.

7 谷口栄一「ドイツにおける同性愛解放運動とその課題」『大阪府立大学言語文化研究』1号、２００２／河口和也『クィア・スタディーズ』岩波書店、２００３、7頁。

8　See. X v. Germany, Decision of 30 September 1975, *Decisions and Reports*（以下、*DR*）, vol.3, pp.46-56. 委員会において初めて報告書が作成された（実体判断がなされた）事例として、X v. UK, Decision of 7 July 1977, *DR*, vol.11, pp.36-54; X v. UK, Report of 12 October 1978, *DR*, vol.19, pp.66-81.

9　Dudgeon v. UK, Judgment of 22 October 1981, *Ser. A 45*.

10　Norris v. Ireland, Judgment of 26 October 1988, *Ser. A 142*; Modinos v. Cyprus, Judgment of 22 April 1993, *Ser. A 259*.

11　Toonen v. Australia, Communication No. 488/1992, Views of 4 April 1994（*UN Doc. CCPR/C/50/D/488/1992*）.

12　Jean Fernand-Laurent, "The legal and social problems of sexual minorities", *E/CN.4/Sub.2/1988/31*, 13 June 1988.

13　Douglas Sanders, "Getting Lesbian and Gay Issues on the International Human Rights Agenda", *Human Rights Quarterly*, vol.18 No.1（1996）pp.67-106.

14　Young v. Australia, Communication No.941/2000, Views of 6 August 2003（*U.N. Doc. CCPR/C/78/D/941/2000*）.

15　X v. Columbia, Communication No. 1361/2005, Views of 30 March 2007（*U.N. Doc. CCPR/C/89/D/1361/2005*）.

16　他方、ジョスリン対ニュージーランドでは、同性のパートナー関係への婚姻許可証発布拒否は、国家の裁量の範囲内であり、「婚姻する権利」（規約23条２項）を侵害しないとの見解も出されている。Joslin et. al. v. New Zealand, Communication No. 902/1999, Views of 17 July 2002（*U.N. Doc. A/57/40 at 214*（*2002*））.

17　Committee of Economic, Social and Cultural Rights, General Comment 14（Rights to Health）, 11 August 2000（*U.N. Doc. E/C.12/2000/4*, para.18）：General Comment 15（Rights to Water）, 20 January 2003（*U.N.*

Doc. *E/C.12/2002/11*, para.13).

18　詳しくは谷口洋幸「国際法における性的指向・性別自認と人権」『法学新報』116巻3・4号、2009、523～548頁参照。

19　*U.N. Doc. E/CN.4/2003/L.92*, 17 April 2003.

20　E.g. Heinze, Eric, *Sexual Orientation: A Human Rights*, Springer, 1995.

21　Joint Statement, "Human rights violations based on sexual orientation and gender identity", Human Rights Council, 1 December 2006.

22　Joint Statement, "Ending acts of violence and related human rights violations based on sexual orientation and gender identity", Human Rights Council, 22 March 2011.

23　Joint Statement, "human rights, sexual orientation and gender identity", U.N. General Assembly, 18 December 2008.

24　Report of the United Nations High Commissioner for Human Rights, "Study documenting discriminatory laws and practices and acts of violence against individuals based on their sexual orientation and gender identity", *A/HRC/19/41*, 17 November 2011.

25　Office of UN High Commissioner for Human Rights, *Born Free and Equal: Sexual Orientation and Gender Identity in International Human Rights Law, U.N. Doc. HR/PUB/12/06*, September 2012.

26　小寺初世子「女性の権利（人権）の国際保障――女子差別撤廃条約の目標は、「事実上」の男女平等実現」『国際法外交雑誌』98巻1・2号、1999、37頁。

27　選択議定書については、山下泰子・植野妙実子編著『フェミニズム国際法学の構築』中央大学出版部、2004、199～288頁。

28　山下泰子『女性差別撤廃条約の研究』尚学社、1996／Cook, Rebecca (ed.), *Human rights of women:*

national and international perspectives, 1994, University of Pennsylvania Press.
29 Jefferson, Theresa, "Toward a Black Lesbian Jurisprudence," *Boston College Third World Law Journal*, 1998, vol.18, p.263.
30 UN Commission on Human Rights, General Comment 23, adopted April 1994.
31 UN General Assembly resolution 47/135, 18 December 1992.
32 国際人権法におけるマイノリティの権利の生成と展開については、金東勲『国際人権法とマイノリティの権利』東信堂、２００３。
33 元百合子「マイノリティの権利に関する国際人権基準の進展と課題」『立命館法学』３３３・３３４号、２０１０、１５３３頁。
34 林陽子「『女性』とは誰か――女性差別撤廃条約の解釈をめぐるいくつかの問題」秋月弘子・中谷和弘・西海真樹編『人類の道しるべとしての国際法――平和、自由、繁栄をめざして』（横田洋三先生古稀記念論文集）国際書院、２０１１、２６９～２７１頁。
35 この理解を前提として、sexual orientationの訳語として「性的嗜好」「性的志向」でなく、「性的指向」の訳語が採用されている。例えば、セクシュアルマイノリティ教職員ネットワーク編著『セクシュアル・マイノリティ――同性愛、性同一性障害、インターセックスの当事者が語る人間の多様な性（第２版）』明石書店、２００６、１４１頁。
36 石田仁「セクシュアリティのジェンダー化」江原由美子・山崎敬一編『ジェンダーと社会理論』有斐閣、２００６、１６２頁。
37 See. Sammuel Marcosson, "Constructive Immutability", *University of Pennsylvania Journal of Constitutional Law*, vol.3 No. 2, 2001, pp.647-721.
38 O'Flaherty, Michael and John Fisher, "Sexual Orientation, Gender Identity and International Human Rights

Law: Contextualising the Yogyakarta Principles", *Human Rights Law Review*, Vol.8 No.2, 2008, p.232.

39 Roseman, Mindy and Alice Miller, "Normalizing Sex and its Discontents: Establishing Sexual Rights in International Law", *Harvard Journal of Law and Gender*, vol.34, 2011, pp.338-339.

COLUMN2

同性愛解体──LG（レズビアン／ゲイ）二元論から、性的指向の一つへ

原　ミナ汰

異性愛の絶対化と、終わりなきカミングアウト──婚姻システムへの参入

近頃、新聞やテレビ、そしてインターネット上の記事などでLGBTという頭文字を見る機会がめっきり増えた。筆者が代表を務めるNPOにも「性の多様性」研修の依頼が多くくるようになった。たいてい講座の初めに「LGBT」という頭文字の説明をするのだが、受講者の関心は概してT（トランスジェンダー）に集中し、性別違和のないLGB（シスジェンダーな非異性愛者）についてはほとんど質問が出ない。受講者の多くにとって、身体の性と主観的な性（性自認）が一致しないというのは想像し難い事態であり、関心も高い。それに較べてLGBは身近で理解しやすいと思われているようだ。

しかし現実には、同性愛をめぐる誤解や、的外れな固定観念（ステレオタイプ）、過度な一般化とレッテル貼りは枚挙にいとまがない。それは、異性愛がいかに絶対化されているかを映す鏡である。固定観念という潮流に逆らって、好きな人が同性であることを打ち明ける時に、どれだけのエネルギーを使うか、皆さんは想像できるだろうか。自分への回帰という意味で「鮭の溯上」というのが最も妥当な比喩だと思う。

特段の性別違和がなければ、異性愛者との外見的な違いはとくにないため、世間話はすべ

て「人類皆異性愛」との強固な思い込みのもとに進められ、その思い込みを解きほぐす間もなく終わる。機を見て上手にカミングアウトしたつもりでも、されたほうは虚を突かれて黙りこみ、気まずい空気が流れる。本人を前にしてあからさまな驚きや嫌悪を示されるのは、たとえ不快であっても、身近な危険を察知できる分まだマシだ。否定的な心情吐露の多くは、本人との対決を避けて、家族や友人など身近な者の耳に入ってくる。たとえ肯定的に受けとめてくれる人がいたとしても、個人へのカミングアウトは「取扱注意の個人情報」であり続けるため、転校、転職、引っ越し、異動、親族の結婚などで新たな人間関係ができるたびに、沈黙を破る作業を一からやり直さねばならない。多様な性的指向の話が通じないのは、個々人のスキルの問題ではなく、性の多様性という社会前提の欠如によって社会規模でコミュニケーション不全が起きているからであり、そもそも個人が是正できる問題ではないのである。

「公私の線引き」という視点から考えると、個人の性（セクシュアリティ）は最も口で説明するのが難しい、私的で揺れ動く要素の一つである。そのうえ、家族間に性関係を持ちこまないという社会的な規範が強いため、親子関係をはじめとする異世代間で性の話がしにくい、という特徴を内包している。たしかに婚姻制度は、男性による女性搾取や、建前と本音の矛盾を隠蔽する役割を果たしてきたが、一方でもし婚姻制度がなければ、異性夫婦間のレイプや家族間の性暴力・性被害はさらに潜在化し、離婚という歯止めもなくなるという矛盾に行きあたるだろう。

結婚することで、それぞれのセクシュアリティを口頭で説明する難しさが緩和され、とくに異世代間コミュニケーションが円滑になるのであれば、その制度を利用したい、という人が増えていくのも頷ける。

二〇一五年六月現在、同性同士の婚姻が認められているのは、アイルランドとグリーンランドを含めて二二か国。同性愛者が「婚姻」という社会システムへの参入を訴え始めた背景には、七〇年代以降、断続的にカミングアウトしてきて、その「終わりなき旅」に疲れ果てたシスジェンダーな同性愛者たちが、セレブでなくとも「誰でもできる社会的カミングアウト」に新たな打開策を求めた、という側面も見逃せない。

LG（レズビアン／ゲイ）二元論とシスジェンダーの呪縛からの解放

ここで「シスジェンダー」という言葉についてもう少し説明しよう。

同性に心惹かれる人は、L（レズビアン＝女性同性愛）、G（ゲイ＝男性同性愛）の頭文字で表され、説明として「女性として女性を愛すること」「男性として男性を愛すること」という注釈がつくことが多くなっている。言い換えれば、LやGは「出生時に付与された性別にとくに違和感がない、いわゆる〝シスジェンダー〟な人々」という括りで語られる。ちなみに「シスジェンダー」とは、〝gender〟の頭に、〝trans〟の対義語である〝cis〟という接頭語をつけて「トランスジェンダーではない状態」を表した言葉である。これは、身体の性別と社会的な性別が一致している「多数派」の状態を、より中立的に表現するために一九九〇年代に発明された用語で、最近いくらか定着してきた。「性同一性障害」や「性別違和」が市民権を得るようになって、これまで敢えて名づける必要がなかった「身体と性自認が一致した状態」を表現する言葉が必要となったわけだ。

これを踏まえると、現在一般的に語られている「同性愛」とは「シスジェンダーな者同士」の関係であり、身体性別に依拠した男女二元論に基づく男性同士もしくは女性同士（LかG）に限定される。一九八〇年代まで性自認という独立した概念は知られておらず、男っぽい女や女っぽい男は「同性愛の極端な表象」と見なされていたことを考えると、状況は逆転したようだ。

では、誰と誰とが同性か

同性愛が「身体の性別が同じで、シスジェンダーな者同士」の親密な関係性だと受け取められるのは、それが一番わかりやすいからだろう。では同性愛者＝レズビアンやゲイ男性だけかというと、事はそう簡単ではない。

自分がどの性に属するか／属さないかという「性自認（性同一性＝ジェンダーアイデンティティ）」は誰にでもある感覚であり、シスジェンダーでなくても「同じ性別感覚のもの同士の関係」は成り立つ。また性的指向はけっしてシスジェンダーの人々の専売特許ではなく、トランスジェンダーの人にもあるわけだから、「誰と誰とが同性か」はさらに複雑になる。

例えば筆者はトランスジェンダーだが、男性であるという性同一性を持たず、かといって身体の性別である女性に同一化できない。そのため、性自認を男女どちらか一方に限定しなくていい「Xジェンダー」を名乗っている。現在の区分を当てはめると、Xジェンダーの人にとっての「同性愛」は、同じ性自認と同じ身体性を持つ人との関係性と捉えることができ、それ以外の大多数の人々との関係性は「異性愛」となる。これは、同じ二元論でも、半々の比率を保った「男女」と較べてより恣意的であり、「日本人×外国人」の関係性にも似ている。

試しにシスジェンダー＝C、トランスジェンダー＝T、性別をFMXの三択、と記号に置き換えて考えてみよう。組み合わせとしては：CF×CF、CM×CMの他に、XF×XF、XM×XM、TF×TF、TM×TM、TX×TXが考えられ、「同性愛」という言葉はこれらすべてを包摂すると考えるべきだろう。

また、「誰と誰が同性か」は、当事者双方や周囲が、自分あるいは互いをどう認知しているのか――身体の性で見ているのか、性同一性で見ているのか、その両方で見ているのか――で答えが違ってくる。支配的な異性愛文化は、これまで身体の性と法的身分と外見で性別を判断してきた。しかし「性同一性障害」の社会的認知とともに「性自認」という概念が普及し、「生まれた時の身体の外観によって、自認する性、表現する性、ひいては好きになる性が決定する」という「生物学的運命論」は、実は社会的な規範の一種であることが判ってきた。

他方、同性の定義を性自認のみに求めた分類も最近増えている。例えば、男性から女性に性別を移行したMTFのうち、女性が好きな人が「レズビアン」と名乗ったり、男性が好きなFTMが「ゲイ」を名乗ったりする場合も増えてきた。これは身体の性別は度外視したうえで「同じ性自認の者同士は同性」とする考え方であり、トランスジェンダーの視点が色濃く反映された定義といえる。ただし、電話相談や個別相談で、性的指向に関する悩みを傾聴していると、性別移行によって関係が破綻した、という相談を聞く事が多い。性的関係が、精神的な支配感や同一化と、身体接触に付随する心地よさの両方を求めるものである限り、ホルモン療法や外科手術による身体性の変更によって関係性にヒビがはいることは当然予期される。

つまり、性自認の登場によって「同性」の定義が身体の性別から性自認の性別に置き換わるような形跡はなく、どちらかというと身体の性別に性自認が加わって、より個別化されたように見える。また、複雑に入り組んだ身体性、性同一性、互いへの期待の中で悩み、より受容的な「パンセクシュアル（とくにこだわりのない、全方位的な性指向）」や「人としての資質を見る」という「人物本位」の性的対象選択へと回帰していく様子も見てとれる。

こうして、「異性に惹かれる人」から始まった「性的指向」の原理は、「同性に惹かれる人」へと拡張され、その後、性自認という概念の普及とともに、トランスジェンダーやXジェンダーへと広がってきて、パンセクシュアルに至って一巡するのだろうか。

アメリカのEEOC（雇用機会均等委員会）は、二〇一二年四月に性自認を、二〇一五年七月には（つまり数日前に）性的指向を、一九六四年公民権法第7編の保護対象と認定した。日本でも今後、身体性別だけでなく「性的指向」と「性自認」に依拠した政策がますます重要になってくるのは必至である。筆者が代表理事を務める「共生ネット」を含めたLGBT六団体の呼びかけで結成された「LGBT法連合会」では、この二つの定義を柱に、性的指向、性自認に関する新たな根拠法の制定を国に働きかけているが、言葉の定義を深く考えずに、安易なレッテル貼りや断定をしてしまい、不確かなまま法律になってしまうことだけは避けたいと思っている。ＬＧＢＴＱが安心して暮らせるインクルーシブな社会づくりに大きく貢献できるような、学術的考察が深まることを期待している。

第2部
歴史の中の同性愛

第4章 クィアの日本文学史
——女性同性愛の文学を考える

木村　朗子

はじめに

近年、世界各国あるいは諸地域で、同性婚が法的制度として次々に確立している中で、日本では二〇一五年三月三一日に東京都渋谷区で同性カップルを結婚に相当する関係と認めるパートナーシップ証明を実施する条例が可決したものの、幾度も話題に上りながらも廃案となっている夫婦別姓法案に反対する家族観に鑑みれば、同性間の法的婚姻への道は全く楽観視できるものではない。一方で、日本社会は同性愛について文学、サブカルチャーなどで多様な表現の歴史を有し、文化的寛容と社会的不寛容といった矛盾が指摘されもする。[1] たしかに、同性愛の日本文学史を振り返ってみると、検閲・発禁などが厳しくあった時代にもかかわらず、同性愛の表現は少なくとも七〇年代初頭までは名の知れた文豪たちを含むメインストリームの中にあった。

ところが現在ほど表現に自由のない時代はないように思える。ここへきてとくにアートの分野での検閲やわいせつ物販売による裁判沙汰が次々と報道されている。二〇一四年八月一日から九月二八日まで愛知県美術館で開催された「これからの写真展」において、男性の性器が写る鷹野隆大の写真作品に対して警察の指導が入った。結局、当該作品の性器部分に布をかけての展示が行われたが、明治三四年（一九〇一）の美術展で裸体画を布で隠して展示した「腰巻事件」を思わせる時代錯誤ぶりであった。あるいはまた、二〇一四年七月一二日にアーティストのろくでなし子が自身の女性器アートに対して、わいせつ電磁的記録頒布罪で逮捕され、いったんは釈放されたものの、同年一二月三日にわいせつ物公然陳列の疑いで北原みのりとともに逮捕された一件は、表現に対する前世紀的な脅かしであって、深刻な危機として見るべきであろう。[2] その上、マスメディアや出版界には自主規制が強く働いており、表現者はそれに厳しく拘束されているのが現状である。

本稿では日本文学に扱われた同性愛表現についてたどり直しながら、明治以降、同性愛が「変態性欲」として病理化されたのちも、エロティシズムの美学として生き延び、検閲などに抗って芸術の領域を活性化させせつづけてきたことを確認する。また日本文学における同性愛表現は主に男性同性愛に偏って議論されてきたが、本稿は、女性同性愛について取り上げるものとする。女性による女性同性愛の表現は、女性作家の活躍した時代が中世と近代以降に限られるため、圧倒的に数が少ない状況にある。しかしながら女性同性愛も男性同性愛と同様に、前近代においては異性愛と対立的にはなかったことが確認できる。前近代において同性愛は、ＬＧＢＴといったカテゴリー以前のクィア（Queer）な性愛としてあったことを見ていく。

一　男色から同性愛へ

日本文学において同性愛関係は、稚児、男色、衆道などと呼ばれて、古くから頻繁に描かれてきた。岩田準一がまとめた労作『本朝男色考』『男色文献書志』[3]は、男色の描かれた文献を調べ上げ、『日本書紀』から、明治時代の森鷗外、大正時代の稲垣足穂、谷崎潤一郎[4]、江戸川乱歩、ホイットマンの『草の葉』までも取り込んで壮大なリストを提供する。本書所収の論の多くが『犯罪科学』という雑誌に掲載されているのは、ともに資料を渉猟した仲にある江戸川乱歩の紹介による。[5]

『男色文献書志』によれば、明治期にも「賤のおだまき」（一八八五）のような江戸風の男色悲恋物語を語る作品は出されていた。明治四二年（一九〇九）七月には、男色こそが硬派の性愛で、女つきあいなどは軟派だと断じる男子校の寄宿舎の習俗を懐古的に描いた森鷗外『ヰタ・セクスアリス』が出された。そこには「賤のおだまき」をありがたがって読む九州出身の「硬派」の学生像も描かれている。

『ヰタ・セクスアリス』が刊行されるや、その一か月後には男色の風俗を禁ずべきとする論が現れる。河岡潮風「学生の暗面に蟠れる男色の一大悪風」は、『ヰタ・セクスアリス』に描かれた学生寮での男色行為について、「学生として中学を卒業する迄には、如何にしても全く男色を知らずに過ぎる譯には行かぬ」が、「男色はイケナイもの」とする議論がないことを憂えて「かかる淫風を社会より絶滅せしめんと欲するが故に」この記事を書くと宣言している。[6]しかし河岡の議論が、ソドムとゴモラ、ソクラテスから世に知られる男色の風俗を列挙しているうちに「男色は確かに不自然である。然しながら、古今東西の歴史を閲すれば、凡ての国民が教へられずして行つた跡を発見する」[7]とする見解にいたったように、この後、男色の悪風を戒めながらも歴史的に同性愛の盛んであったことを明らかにする著作が続々と刊行されることになった。

大正二年（一九一三）には、クラフト＝エビングの論が『変態性慾心理』として翻訳、出版される。この著作はすでに明治二七年（一八九四）に『色情狂』という題で翻訳刊行されたが発禁処分を受けていたもので、「性慾」という語が成立してのち、ようやくセクソロジーとしての正当性が認められることとなった。[8]大正四年（一九一五）にはクラフト＝エビングの説を紹介しながら論じる『変態性欲論（同性愛と色情狂）』[9]が出され、男色は「同性愛」[10]と言い換えられ、「変態性欲」として位置づけられるにいたって、「単なる行為や風俗ではなく、〈変態〉という個人のアイデンティティとなる」[11]。しかし近代西欧化が男性同性愛の禁じられていく過程として説明できるかといえば、実際はそれほど単純ではない。

というのもそこで「変態性欲」として論じられたのは、同性愛には限らなかったのである。クラフト＝エビングが挙げた「変態性慾」は、マゾヒズムやサディズム、フェティシズム、ネクロフィリアなどを含み、同性愛は、それらありとあらゆる嗜虐的な性愛の一つにすぎず、かえって自らを「変態」と名指しながらそれを志向する独自の性愛文化を作り上げることとなった。とくに大正期においては、同性愛が話題になればなるほど、それが同性愛を悪風として指弾する記事であったとしても、同性愛の欲望は加速度的に煽動されていったといえる。例えば澤田順次郎『神秘なる同性愛の研究』

は「同性愛の予防」のためになされた「性の研究」であるが、その「はしがき」は次のように始められる。

神秘的で、而かも最も趣味に富める同性間の恋愛は、単に同性愛Homosexualliebeともいひ、恋愛の一種として、古くから特殊の男女間に、行はれて来たものである。特殊とは病的、或ひは変態的にして、常識を逸したるものの謂ひであつて、箇様なる人は、男にもあれば、女にもある。併し一般的でないだけ、奇なる現象として注意せられて居る。[12]

同性愛は、一般的つまりマジョリティではないため「奇なる現象」なのだが、しかし同時に「神秘的で、芸術的で」「最も趣味に富める」行いであることを第一に認めている書き出しである。こうした同性愛言説を巡る奇妙な屈折は、読者にも同様に広がっていたようであり、同性愛の禁止は、かえってそれを秘事として珍重する風をうんだのである。稲垣足穂は『少年愛の美学』に次のように書いている。

雑誌『冒険世界』特別号「学生の暗面に蟠れる男色の一大悪風」は、明治四十二年八月号である。他には、紅夢楼主人著『美少年論』（雅俗文庫版・和綴青表紙）が大正元年に発行されている。この両者は、私が中学生だった大正中期にもなお虎の巻として、一部では珍重されていた。[13]

紅夢楼主人『美少年論』他[14]、男色関係を論じる中に置かれた「美少年」という語は甘美さをいや増し、同性愛への欲望をかきたて、同性愛についての興味を満足させる「虎の巻」となっていたというのだろう。[15]

大正一一年（一九二二）五月に発刊された雑誌『変態性慾』[16]もまた同様であった。そこには「同性愛に関する内分泌の学理に就いて」といった学術的な見解が載るものの、同時に「男子同性愛の一実例[17]」「男子同性愛者の心理に就いて[18]」など、編集者に送られてきた匿名の告白が次々と掲載されていたのである。このような読者による実例の開示は同性愛に悩む読者を惹きつけ、告白投稿は連鎖的に広がったようである。

たとえば『変態性慾』一九二三年五月号に掲載された「同性愛者の苦しみ[19]」もまた自らの性愛の告白なのだが、「私は此の雑誌を手にしだしてから、自然私は変態性欲者である事を自覚して参りました」と始めている。自らを「変態」と名指しつつ同性愛を告白する読者が陸続と現れるのを見ると、この雑誌において、いわばクィアの実践がなされていたのだといえなくもない。一九二四年二月号にはその読者の欲望に応えるかのように「男子同性愛のローマンス[20]」と題して「男色の盛んであった時代」の「ロマンチックな」例を挙げ連ねている。

表向き同性愛が「病理」として位置づけられ、「悪習」として根絶をめざして難じられるのとは裏腹に、同性愛をテーマに小説は書かれつづけ、「変態」を逆手にとるような美学として一つの潮流をなしたのである。

二　エロティシズムのほうへ

『男色文献書志』を世に出すのに尽力した江戸川乱歩が、同性愛をどのように描いているかを確認しておく必要があるだろう。岩田のリストに挙がった作品は『孤島の鬼』（一九二九～一九三〇）である。畸形の男（丈五郎）が世の中を畸形の人間ばかりにしてしまおうと計画し、そうしてつくられた「人造不具者」を見せ物の興行に売っているという秘密がしだいに暴露されながら展開する殺人事件とその推理の物語である。事件に迫る主要人物は語り手（蓑浦金之助）と、その学生時代からの友人（諸戸道雄）である。諸戸は、少年のあどけなさを残す蓑浦に「同性の恋愛」を感じているという設定で、語り手はそれを「異様な恋」としているが、一方で「私の学校にも、遊戯に近い感じでは、同じような事柄が行なわれていた」ので「そんなにひどく不快な感じではなかった」と語ってもおり[21]、森鷗外の『ヰタ・セクスアリス』に描かれたような男子校の風俗が生き延びていった様子が見てとれる。

また諸戸は丈五郎の息子であり、その奇態な島に育ったのだが、彼が同性にしか興味を持てないのは、少年時代に原因があったこととなっている。少年時代、母親に性的関係を強要され「婦人には何の魅力をも感ずることが出来ないのだ。寧ろ憎悪を感じ、汚くさえ思われるのだ」という[22]。このような筋立てから、同性愛は読者の了解を得やすいものとなっているし、ときおり遠慮がちに描かれる諸戸の蓑浦への恋情の発露は不快な描写というよりも、エロティシズムを刺激するものとなっている。

現に簑浦は「そのような恋情を理解することはでき」ないと何度も強調するものの、諸戸に「君は美しい」と見つめられると「その刹那、非常に妙なことを云うようだけれど、私は女性に化して、そこに立っている、酔の為に上気はしていたけれど、それ故に一層魅力を加えたこの美貌の青年は、私の夫であるという、異様な観念が、私の頭をかすめて通過ぎたのである」としていて[23]、同性愛者という性質を超え出る可能性が示唆されてもいるのである。

岩田準一のリストにいくつも作品が挙がる稲垣足穂もまた江戸川乱歩と近いところにいた[24]。稲垣足穂が乱歩との対談を再現した「E氏との一夕――同性愛の理想と現実をめぐりて」によれば、醍醐寺三宝院所蔵の「稚児之草紙」の写しを足穂に見せたのは江戸川乱歩であり、またこれが今東光の『稚児』の種本だよと言いながら「弘児聖教秘伝」の写本を見せてもくれたのだという。こうした同性愛関係あるいは少年愛に通暁する二人の語るものとしてこの対談は企画されたものらしい[25]。

その他「澄江堂河童談義」には芥川龍之介と交わした美少年談義が記されているが[26]、新感覚派の旗手であった稲垣足穂の周りには、川端康成、谷崎潤一郎もいた。その後、稲垣足穂を媒介とすることで六〇年代後半の澁澤龍彦、三島由紀夫へとエロティシズムとしての同性愛の主題が引き継がれていく。稲垣足穂の『少年愛の美学』は実に堂々と「A感覚[27]」の優位を説き、少年愛を高らかに礼賛しているのだが、単行本としての出版は一九六八年であり、三島由紀夫、澁澤龍彦らによる稲垣足穂再評価の機運が契機となってのことだという[28]。

三島由紀夫『禁色』は、ゲイの美青年悠一を使って老作家俊輔が女性たちに一泡ふかせようと画策する物語だが、はじめに悠一を取り込むために俊輔が見せるのが「児灌頂」の写本であった。この書は、稲垣足穂も『少年愛の美学』に引用しているもので、いずれも出所は今東光の『稚児』であったという。[29]また今東光『稚児』[30]の序文を書いたのは谷崎潤一郎であった。[31]こうした小説家たちの交流圏がある種のサークルを形成し、同性愛を含んだエロティシズムは文芸に一角を築いたのである。

一九六八年に創刊された『血と薔薇』は澁澤龍彦の編集により、「エロティシズムと残酷の総合研究誌」と銘打ち、刺激的かつ煽情的なグラビア写真をともなっていた。創刊号の巻頭には篠山紀信による三島由紀夫がセバスチャンに扮した写真が載り、その翌ページには全裸の三島が波に洗われている「溺死」というタイトルの写真が続いた。澁澤龍彦が裸の女体に囲まれてぐったりと果てている「サルダナパルスの死」、キリストに扮した土方巽の「ピエタ」「キリストの昇天」、唐十郎による「横死」など、特集「男の死」のグラビアを飾ったのは当代一の著名人たちであった。

世は世界的な学生運動の時代。マルキ・ド・サド『悪徳の栄え』がわいせつ文書販売および所持にあたるとして裁判の渦中にあった澁澤龍彦にとって、警察による検閲などは先ずもって粉砕すべき越権行為であったであろうし、そうした権力の抑圧に抗して手に入れるべき自由としてしばしばヌーディズムのような裸体の表現があったように、エロティシズムこそが自由の表現であったのだ。と同時に、サークル的な圏域に展開したことで、アンダーグラウンドとしての隠微さを掻き立てもしたにちがいない。アンドレ・ブルトンの『シュールレアリスム宣言』に多くの作家、芸術家が寄り集まったように、「血と薔薇宣言」は作家のみならず、翻訳、演劇、舞踏、写真、美術を含めた芸術家たちを惹きつけたのである。

『血と薔薇』の中心コンセプトはエロティシズムによる自由の奪還であるから、「血と薔薇宣言」では同性愛その他のエロティシズムを「変態」というまなざしから救い出そうと目論まれている。

（……）

一、心理学の領域では、アプリオリに正常あるいは異常のレッテルを貼りつけるべき、何らの現実的根拠もないことを確信している私たちは、フロイト博士の功罪を正しく見きわめ、何よりもまず、コンプレックスという言葉にまつわりついた貶下的なニュアンスを取り払わんとするものである。また同様に、倒錯とか退行とかいった言葉も適当ではないと判断する。本誌『血と薔薇』によって、いわゆる倒錯者が、倒錯者として生きるための勇気を得ることになれば幸いである。私たちは、あらゆる倒錯者の快楽追求を是認し、インファンティリズム（退行的幼児性）を讃美する。

（……）

一、最後に、本誌『血と薔薇』は、コンプレックスに悩む読者のためにはコンプレックスの解消を、またコンプレックスのあまりに少ない読者のためにはコンプレックスの新たな贈与を、微力をもって心がけんとするものであることを付言する。読者の大いなる共感と御支持を期待する。[32]

「倒錯者」は「異常」とすべきではないことを言明し、「倒錯者」としての「快楽追求を是認」するという宣言は、「倒錯者」をそのまま「クィア」と読み替えて現在にも通じるものとなるだろう。快楽へのコンプレックスがない方が不自然とでもいうように、それを「贈与」するともいうのである。

結局のところ、この雑誌は、澁澤責任編集版は三号まで、その後四号を以て廃刊となるが、稲垣足穂は最後まで各号に文章を寄せつづけた。四号に沼正三『家畜人ヤプー』の他、夢野久作『少女地獄』から「火星の女」が載り、江戸川乱歩作品と通じる時代の空気が引き継がれていることが見てとれる。一九七六年公開の大島渚監督『愛のコリーダ』がわいせつ物頒布罪で起訴されるも無罪とされるまで、チャタレー裁判、サド裁判、野坂昭如がかかわった一九七二年の『四畳半襖の下張』事件と、わいせつと権力との格闘の歴史があった。その後、文学がわいせつで問題になることはなくなったが、公の裁判とは異なるかたちで差別的表現が問題化するようになっていく。代表的なのは、一九九三年に筒井康隆の『無人警察』が描く癲癇の記述が差別的だとして日本てんかん協会から抗議を受けた事件が挙げられる。[33]これを受けて筒井康隆は「断筆宣言」をし、以後一九九七年まで活動を休止する。この時の問題は警察による検挙といったものではなく、抗議をおそれた出版社による自主規制にあった。こうした見えない締めつけは次第に色濃くなり、わいせつ罪との攻防の最中にありながらも、あれほどまでにエロティシズムを謳歌しつくした『血と薔薇』から見れば、隔世の感すらする「退行」の時期を迎えたのである。

　政治的な正しさとしてのＬＧＢＴＱは取り沙汰されるものの、それはアイデンティティや生きづらさを強調することで世論の同情をさそってこそ成り立つ言辞としてであって、真の意味でクィアを主張することはむしろ難しくなっているというのが現在の文化状況である。現状、同性愛の問題は、獲得すべき権利としてであり、その権利獲得のためには、自らのアイデンティティをＬＧＢＴのどれかに確定することが求められることになるのだ。

しかし、歴史を遡ってみれば、ＬＧＢＴはすべて未分化のＱに集約されるものであって、クィアをセクシュアリティの実践に置き直そうと試みるならば、まずもって前近代の性愛を参照せねばならないということになる。

三　女性の同性愛表現

岩田準一の研究他、あれほど盛んだった同性愛言説のほとんどは男色、少年愛といった男性同性愛に傾いていたということがある。しかし実際は男子校や軍隊で男色が続いたように、同性のみの集団があった時代には当然のことながら女子校にも同様の同性愛の問題が取り沙汰されていたのである。女性同士恋愛の果てに起こる心中や自殺が新聞をにぎわすと女性同性愛が危険視されるに至った。

男色についてあれほどまでに長大な文学史が構成できるのに対して、女性同士の性愛は、とりたてて文学的な主題にはならなかった。しかしそれは女性同士の性愛関係がなかったからではなく、単に書き手のジェンダーに由来する問題ではないかと思われる。平安風の宮廷物語には描かれた例があるものの、その後近代の女性作家の誕生まで、書き手は男性に占有されるようになるからだ。明治以降、近代文学において女性同士の恋愛を描くものが次々に現れる。吉屋信子、田村俊子、宮本百合子の小説作品の他に、女性向け雑誌に女性同士の恋愛についての話題が憧憬を以て盛んになされ、独自の少女文化を形成した。

長谷川啓は田村俊子の同性愛傾向を形成したものについて論じ、江戸文化の同性愛の習俗に由来するのではないかと指摘しているが、[34] たしかに前近代の男色文化が明治、大正と引き継がれたことを見るならば、女性同士の性愛関係にも同様の類推が妥当である。[35] 前近代における女性同士の性愛は、男色が必ずしもゲイであることと一致しないのと同様、ヘテロセクシュアルと両立可能なものとしてあった。前近代においては、自らのセクシュアリティをゲイあるいはレズビアンだと規定することなしに、ホモセクシュアル関係とヘテロセクシュアル関係を行き来することがごく普通にあった。

例えば、平塚らいてうは、『青鞜』明治四五年（一九一二）八月号誌面において尾竹紅吉との恋愛を熱く語っている。「円窓より――茅ヶ崎へ、茅ヶ崎へ」と題されたそれは、結核を患った紅吉が茅ヶ崎のサナトリウムに行くのを見送るまでの顚末記で、紅吉の激しい恋情が彼女の手紙を引用しながら開陳されるのだが、しかし二人の最初の出逢いの夜に紅吉を誘ったのはむしろらいてうのほうだった。

私の心はまたもあのミイチングの夜の思ひ出に満された。

紅吉を自分の世界の中なるものにしやうとした私の抱擁と接吻がいかに烈しかったか、私は知らぬ。知らぬ。けれどああ迄忽に紅吉のすべてが燃え上らうとは、火にならうとは。[36]

らいてうは自らの烈しい抱擁と接吻が紅吉の情欲を燃え上がらせたとはっきりと自覚しているのである。『青鞜』に与する「新しい女」はなにかと批判の対象になり、吉原に女三人で訪ねて行ったり、夜の店で飲酒したりしたことが女だてらのスキャンダルとして新聞沙汰になる。これをもらしたのは紅吉であって、責任をとって青鞜社を退社することになった。らいてうは、そうした派手な行為に耽っていないで絵を描くという本来の道へ進むよう紅吉に告げているのだが、らいてうの書きぶりは紅吉との特異な関係を示している[37]。

二人の関係は単なる姉妹関係のようなものではなく、欲望に貫かれたものであったことは、紅吉がいよいよ茅ヶ崎にいく段になってよく表されている。紅吉がらいてうとの別れを惜しんで淋しいというと、らいてうは紅吉を抱きしめ、結核をうつしてはいけないともがく紅吉に口づける。

「淋しい? どうした。」と言ひざま私は両手を紅吉の首にかけて、胸と胸とを犇と押し付けて仕舞った。

「いけない。いけない。」

口の中で呟いて顔を背けたが、さりとて逃げやうとはしない。

私は自分の身體に烈しく傳って来る心臟の鼓動を静にきき乍ら、小唄のやうに。

「ね、いいでせう。あなたが病気になれば私もなる。そしてふたありで茅ヶ崎へ行く。ね、私の好きな茅ヶ崎へ。星の光る夜、ボートに乗って、たったふたりきりで烏帽子島の方へ漕いでいく。沖の方へと漕いでいく、ね、いいでせう。」紅吉は久しく顔を上げなかった[38]。

この描写などは、らいてうと紅吉の関係を同性間の恋愛関係と読んだ当時の読者には刺激的な性愛の表現であっただろう。これほどのらいてうの情熱的な愛情表現を読んで想像に身を焦がした読者は、そのわずか二年後に、らいてうが紅吉を「殆ど先天的の性的転倒者」と呼んではばからなかったことに驚きを隠せなかったはずだ。

『青鞜』大正三年（一九一四）四月号に掲載したハヴロック・エリス「女性間の同性恋愛」に寄せた序文にらいてうは「女学校の寄宿舎などで同性恋愛といふやうなことが行はれてゐるやうなことを度々耳にはいたしますけれど、私自身はさういふ事実を実際目撃したこともなければ、自身経験したこともありませんでしたので半ば信じられないやうな気もいたしました」と書いた。らいてうの変転は、まさに同性愛が「変態性欲」だとされた途端にそれが病理化され、自らの正常さを述べ立てるようになった典型例だといえるだろう。少なくとも「変態性欲」の議論さえなければ、胸と胸を押しつけあっての接吻への欲動はまったく自然に受け入れられる程度のものだったわけで、前近代の痕跡をここに認めることができる。

宮本百合子の湯浅芳子との同居生活をモデルに描かれた三部作『伸子』『二つの庭』『道標』には、「私は、男が女を愛すように女を愛すたちだ」と断言する吉見素子と素子に惹かれながらも素子とは同じ気持ちになりきれない伸子との諍いが幾度となく描かれている。

『二つの庭』で二人の住まいに訪ねてきた男性客がある日、「我々男性には大いに興味があるんですがね、一体、どういう風にやっているんだろうかと思って……」と二人の性関係について問われたとき、素子が「まあ心配してくれなくてもようござんすよ。わたしは、ともかく、男が女に惚れるように、女に惚れるんだから……」と応じたのに対し、伸子の心中は複雑だった。

仲子は、もう若くないその男の半分真面目のような半分真面目でないような口元の表情や目くばりから、透明でない感じをうけた。女二人が仲がよくて、どうやっているのか。好奇心が、性的な意味に集中されていると仲子は感じた。それをいい出した男の有為転変的な生活のいく分を仲子は知っていた。いうひとのもっている空気とのつながりで、なにかえたいのしれないグロテスクなことが、その質問のかげに思惑されているように思えて、仲子は、そういう興味が向けられることを憎悪した。仲子とすれば、習俗に拘束されない、自由な女の生活を求めて、その可能をさがして、素子との暮しに入った。仲子がもって生れた人なつこさや、孤独でいられない愛情の幅のなかで、素子にたより、甘え、生活の細目をリードされ、素子の風変りな感情にもある程度順応している。それが傍目に不自然に見られなければならないことだと、仲子には信じられなかった。

二人が女であるという自然の条件と、女としての自然な自尊心からおのずと限界のある自分たちの感情の表現を、仲子は樹が風でそよぐようなものだと思った。鳥と鳥とが嘴をふれあうようなものだった。こういう男たちが誇張して想像しているようなあくどい生活は、自分にも素子にもなかった。[39]

鳥が嘴を寄せ合うように口づけたりという愛情表現はあるけれども、それは男性が想像するような「グロテスク」なものではないと仲子は思っている。女性同士で暮らし、性的交わりもありながら、それをあくまで女の自立の問題として考えようとする仲子に対して素子は「体裁屋」と言い放つ。仲子の違和感は『青鞜』を賑わした尾竹紅吉の印象にも刻まれている。

> 仲子とは二つ三つしか年上でない素子の二十前後の時代は「青鞜」の末期であった。女子大学の生徒だの、文学愛好の若い女のひとたちの間に、マントを着てセルの袴をはく風俗がはやった。とともに煙草をのんだり酒をのんだりすることに女性の解放を示そうとした気風があった。二つ三つのちがいではあったが、そのころまだ少女期にいた仲子は、おどろきに目を大きくして、男のように吉という字のつくペンネームで有名であった「青鞜」の仲間の一人の、セルの袴にマントを羽織った背の高い姿を眺めた。その女のひとは、小石川のある電車の終点にたっていた。[40]

らいてうが「先天的の性的転倒者」とは異なると自認したように、西洋医学によって持ち込まれた性欲論によって、たとえ女同士の性愛関係があろうとも「先天的」に同性愛傾向にある者と区別して考えようとする見方が定着したといえるだろう。前近代までのヘテロセクシュアルかホモセクシュアルかを分け隔てる必要のない地続きの性愛関係は失われてしまった。

　その上、女性同士の関係においては、男色が少年愛へと引き継がれて美的に昇華されたのとは対照的に、エロティシズムへの昇華の契機をもたなかった。谷崎潤一郎『卍』などのような、女性同士の性愛をエロスとして描く作品はあるものの、それは女性作家の手によるものでなかった。女性作家の描く女性同士の恋愛は多分に精神的なものとして表されて性愛の悦楽を描くことはなかった。その理由の一つには、男性は性を謳歌することが肯定的に認められているのに対し、女性は出産に結びつく結婚以外の性の関係を「貞操」というかたちで封じられたことにあるだろう。近代の女性が性的であることを堂々と表現することは文学世界においても不自由であったといえる。しかしそれは、極めて近代的な観念であって、前近代においては貞操という観念によって男女を隔てるものはなかった。

前近代の女性作家の時代は、宮廷文学にまで遡らねばならない。江戸的な同性愛と異性愛をわけ隔てしない性愛の例のうち、男色や稚児愛に隠れて見えにくい女性同士の性愛関係について、宮廷文学から見ておくことにしよう。

四　宮廷物語の女性同士の性愛関係

宮廷社会は政治的空間を男性のみが占め、一方で後宮には女性ばかりの空間があったから、同性のみの空間における同性愛関係はごく普通に行われていたと考えてよい。女性の書き手による宮廷文学が花開いた頃とは、すなわち摂関政治の行われていた時代で、そこでは婚姻と出産がなによりも重視されていた。藤原氏をはじめとして臣下の貴族は娘を天皇家に入内させ、男児が天皇に即位することを以て外祖父としての権力をほしいままにした。そのためには有力な氏族の女性から生れた女子がまず必要であったし、入内させる女子は一人ではなかったから、幾人も必要であった。その上、家を継ぎ、女子の後ろ楯となるべく男子も必要である。となると一夫一妻制ではとても追いつかないから、いきおい一夫多妻婚が常態となる。多くの家から天皇に女子が提供されるのだから、そこには家格による優先順位がつけられる必要がある。天皇の母となって后の位に登るのは相当の後ろ楯のある有力氏族の娘に限られる。それ以外の女たちは出産したとしても、よほどのことがないかぎり、即位にこぎ着けることはない。また入内する女たちにつけられた女房たちが多く後宮には集っていたのであり、こうした女房たちは男たちとの性的関係の機会を持っていた。同じ階級の者同士であれば、結婚に至るわけだが、女房が仕えている女主人の夫と関係する「召人《めしゅうど》」関係の場合には、当然のことながら結婚に至ることはないし、子どもができたとしてもその子が男主人の子として扱われることはなかった。

こうした関係を簡便に図式化するならば、女たちは、出産を期待され、その出産が権力再生産に結びつく「生む性」と出産が権力に結ばれない「生まない性」とに分けられており、すべての女性が子を産むことが期待されていたわけではなかった。男たちは「生む性」と「生まない性」との双方と関係を持つことができた。つまりすべての性愛関係について子の誕産が期待されていたわけではないので、「生まない性」の中には、男性同士の性愛が含まれ得ることになった。

宮廷社会の婚姻は通い婚であって、たとえ同居していても、女の居室に男が通うのであれば、複数の女性を同居させることが可能であった。女性にとっては、常に夫がそばにいるわけではないから、一夫多妻婚は、同時に一妻多夫婚をも可能にする。物語でくり返し描かれるのは、夫以外の性愛関係すなわち「密通関係」である。しばしば密通関係は出産をもたらし、夫の子として産むか、さもなくば産まれた子をどこかにやってしまうかした。女性のほうにも複数の性愛の可能性が開かれているのだから、そこに女性同士の性愛があっても取り沙汰されるべきことではなかった。

女性同士の性愛を明示的に描いた作品として一三世紀後半に成立した『我身にたどる姫君』がある。[41]全八巻のうち、第六巻に、前斎宮とその女房たちによる性愛関係が描かれている。斎宮とは伊勢神宮に奉仕するために選ばれた皇女である。未婚であることを条件とするので斎宮のまわりには女房が仕えるのみで男性の出入りはない。占いで選ばれて任務につく斎宮は出家した尼のように自らの意志と無関係に女だけの「聖地」に送り込まれるのであった。

『我身にたどる姫君』の独創は、摂関時代のこの時期に女帝を誕生させ聖帝として描いたことにある。実際には、奈良時代を最後に江戸時代まで女帝は途絶えるわけだが、ブレーンもすべて女性でかため、女帝が政治的手腕を発揮することが描かれたのが第五巻だ。女性同士の政治空間を描こうとする物語にとって、第六巻は、第五巻に時間的に並行している設定で、その女帝の腹違いの妹前斎宮の物語をやはり女性のみの空間で起こる艶笑風の滑稽譚として描く。第六巻冒頭は、伊勢から都に戻った前斎宮のもとを訪ねてきた右大将が女同士の睦み合いを目撃するところから始まる。右大将は女帝に心を寄せていたのだがもはや手の届かない人となってしまったため、妹君をその代わりに得ようと考えていたわけだが、そこで前斎宮の女たちと組んずほぐれつの痴態に遭遇するのである。

障子ひとつを隔てて、これも火いとあかきにぞ、しつらひなどさすがにしるければ、目をつけて見給ふに、同じほどなる若き二人、いづれか主ならむ、さしもあるべくもあらず。ものあつれてなりゆくころを、薄き衣を引きかづきたるうちに、かぎりなくもなく、息もせざらむと見ゆるほどに、首を抱きてぞ臥したる。さるは、何といふにか、うち泣き、鼻うちかみなどもす。あはれにかなしきことやあらむと見るほどもなく、また耐へがたげに笑ふ。心得ず見給ふ。衣の下も静かならず、何とするにか、むつかしうもの狂ほしげなるに、さま変はり、ゆかしき方も交じれど、あやにくに心深く、馴れ馴れしきすぢを好み給はぬ人は、見だにも果てず出で給ひぬるを、知らぬこそくちをしけれ。いかばかり取りも付きて慕ひ聞こえまし。[42]

薄い衣を引きかぶって女二人は首をかき抱いて長いこと息をしていないかのように見えるというのは口づけしているということなのだろう。そうかと思えば、泣き声、鼻かむ音、笑い声などもきこえて衣の下でははげしく愛撫がつづいている様子だという。だからといって、前斎宮は女を相手にしていたいというわけではなく、目下、自分をとりたててくれる男性と結ばれるために手を尽くしている。女主人の気に入りの女房になれば、邸内での地位はもとよりさまざまに贈り物を手に入れることなどもできるわけだから、女房たちはこぞって前斎宮の寵愛を競う。伊勢にいたころのひいきだった中将の君という女房から小宰相の君に寵愛が移ったのは、小宰相のもとへ男が通ってきていると知った前斎宮がその男を手に入れようと考えているからだ。ある日、中将の君は、前斎宮が小宰相の首にしがみついて「あな苦し。しばし赦させ給へ」というのもきかずに「顔に顔を当てて離れ給はぬ」状態で口づけているのを見てしまう。中将の君は嫉妬のあまり前斎宮の人形に釘を七つも打ちつけて呪うのである。この呪いの事実をつきとめ、前斎宮を窮地から救った新大夫が寵愛をとりつけた。小宰相のほうは、新大夫の登場によって自らへの寵が薄れることを心配するどころか、暑いのに首にしがみついて離れない前斎宮にうんざりしていたし、食事も前斎宮が手ずから箸で口に入れたりしてくるので、かえって食欲減退やせ細ってしまうところだったから、前斎宮が新大夫と三人で寝ましょうよなどとはしゃぐのはかえって好都合だった。

この顚末において重要なことは、前斎宮にしろ女房たちにしろ男に娶られたいという欲望と女同士で関係することの間に少しも矛盾がないということだ。ヘテロセクシュアルとホモセクシュアルは同時に成り立つものとしてある。したがって前斎宮とその女房たちの性的指向をカテゴリー化してレズビアンと名指すのは間違いである。カテゴリーなき性愛はいわばクィアの実践だ。ただし宮廷社会にとって、むしろクィアであることが当たり前であって、そのことに政治的な革新性はまったくない。

くり返すが、カテゴリーとしてのレズビアンではないのだから、女性同士の交わりが必ずしも男性との性愛を否定するものでなくてもよいのは当然である。したがって女性同士の性愛が男女のそれと似ているか否かについて、厳格に「レズビアン性」を吟味しようとすることには意味がない。たとえば、江戸期の春画のうち、鳥橋斎栄里の『婦美の清書』のシリーズに描かれた女二人のからみで一方の女が腰に張形をつけていることについて、田中優子は次のように問いかけている。

鳥橋斎栄里『婦美の清書』から
（田中優子『張形と江戸女』筑摩書房、2013より）

一般的には、春画では珍しいレズビアンの場面と見られているが、すでに見てきたように、「本手づかい」のマスターベイションと見ることができる図柄だ。張形という男根の代用品の使用がはたしてレズビアンの行為といえるかどうか。男根に頼るということ自体、男女の疑似性交であって、男の存在を無視できていないのであるから。[43]

これまで見てきたように、女性同性愛ならば男の存在を無視しなければならないわけではないから、この問い自体がそもそも近代主義的レズビアン像のもとにあるといえる。女性同士の性愛が断じて男女の性愛を妄想してはならないわけでは全くない。

付け加えていえば、張形というのは男根を模しているように見えて、実のところ必ずしも男根的である必要はないのだし、[44]また男根の疑似としてあるわけでもない。田中自身が説明しているように、嫁入り前の娘の性教育に乳母が使った例などがあるのならば、[45]その娘にとって張形は男根に先立って快楽をもたらす性具であり、その時点において男根の欠如を補うものでは全くない。

おわりに

日本文学の歴史は、レズビアン／ゲイ・スタディーズやクィア理論にとって、膨大な素材の宝庫だ。そうした研究は、近代以降の固定観念に揺さぶりをかけ、それとは別の可能性を見せてくれるだろう。それらは、制度以前の人々の意識とはいかなるものであったかを示す役割を担っているはずだ。法は、権利を保障するための制度であるから、性をめぐるＬＧＢＴのアイデンティティ戦略が有効であるだろう。しかし一方で、法は自由を保障するためにも働くものであるから、クィア（Ｑ）の戦略が行き詰まるようであってはならない。文学をはじめとする芸術において、性愛の可能性だけではなく、それを享受するための自由、表現の自由がまずもって守られねばならないのである。

注

1　例えば、フランスの新聞『ル・モンド』2013年5月11日紙面掲載の記事には日本における「クローゼットの誘惑」としてこの問題を報じている。記事によれば、NGO人権ウォッチのLGBTプログラムは日本社会について「西洋に比べて雰囲気は寛容だが、社会の因習と家族組織への依存が『クローゼットから出る』ことを阻害している」と述べている。なおこの記事のイメージ写真には大島渚『愛のコリーダ』の一場面で女中同士が性的関係を持とうとする場面の写真が使われている（Philippe Pons, "Au Japon, la tentation du placard," *Le Monde*, 11 May, 2013）。

2　木下直之「股間著聞集――2014年夏の、そして冬の、性器をめぐる二、三の出来事」『芸術新潮』2015年1月号。

3　岩田準一『本朝男色考　男色文献書志（合本）』原書房、2002。

4　谷崎潤一郎の作品は大正14年（1925）に『改造』（七巻七号）に発表された「赤い屋根」が入っている。我が儘な映画女優（繭子）がいいように扱う20歳も年上のパトロン（小田切）は、彼女が若い男と浮気しても意に介さない。それどころか、その若い男に繭子との同居をさえ許している。なぜなら実はそのパトロンは「美少年」好きだからではないかと繭子に目されている。「美少年」あるいは「少年愛」というのは、稲垣足穂を含め、前近代的な男色文化を引き継ぐものと見られる。したがってこの時代に「同性愛」と名指されているものにも、近代主義的な意味では捉えきれない、前近代の延長に見るべきものが多く含まれる。

5　江戸川乱歩「同性愛文学史について――岩田準一君の思出」付録「栞」『本朝男色考　男色文献書志（合

本)』原書房、2002。

6　河岡潮風「学生の暗面に蟠れる男色の一大悪風」『男色の民俗学』(歴史民俗学資料叢書3巻)批評社、2004、47〜48頁。表記は適宜改めた。

7　河岡潮風「学生の暗面に蟠れる男色の一大悪風」『男色の民俗学』(歴史民俗学資料叢書3巻)批評社、2004、55頁。

8　小田亮『性』(一語の辞典)三省堂、1996、106頁。

9　羽太鋭治、澤田順次郎『変態性欲論(同性愛と色情狂)』春陽堂、1915。

10　例えば、以下のものが出てくるようになる。澤田順次郎『神秘なる同性愛』天下堂書房、1920。田中香涯「男性間に於ける同性愛」『日本及日本人』792号臨時増刊(男性美)政教社、1920。

11　小田亮『性』(一語の辞典)三省堂、1996、66〜67頁。ただし、ここで論じられているのは「異性装」。

12　澤田順次郎『神秘なる同性愛の研究』大京堂書店、1925、1頁。

13　稲垣足穂『増補改訂 少年愛の美学』徳間書店、1968、77頁。

14　例えば、横山健堂「画趣の美少年」は絵に描かれる美少年の在り方を「花に清香あり。美少年には意気あり。意気の発現は、美少年の画趣なり」(78頁)などと論じている。紅夢楼主人『美少年論——同性色情史』(1911)が、男色関係を稚児愛関係に限定し、「美少年の佳期は、十三四歳より十七八歳を極度として、其間僅に五六年にすぎず」、それ以後に関係しようとする者は「女性的傾向(Effemination)」があると考えていたのに対し、横山健堂は美少年の盛りをもっと長く考えている。「(其十七)歌に、『桜三月、菖蒲は五月、少年の盛りは十五六』といふ。これ唯だ、其の可憐の美容を云為するのみ。真に、崇高なる発揮を見るは、寧ろ其の以後に在り。或は、十五六歳より廿二三歳の間を、其の全盛時とすべし」『趣味と人物』中央書院、1913、85〜86頁(初出は『中央公論』反省社発行　1912年1月)。旧漢字は新字に適宜改めた。

15　森鷗外『ヰタ・セクスアリス』には、「その少年という言葉が、男色の受け身という意味に用いられているのも、僕のためには新知識であった。僕に帰りがけに寄って行けと言った男も、僕を少年視していたのである」とあって、少年は男色関係をさす語であったことが述べられている（森鷗外『ウィタ・セクスアリス』岩波文庫、1935、31頁）。

16　田中香涯により、性の研究雑誌として、大正11年（1922）5月から大正14年（1925）6月まで刊行された。

17　『変態性慾』1巻5号、日本精神医学会発行、1922年9月。

18　『変態性慾』1巻7号、日本精神医学会発行、1922年11月。

19　『変態性慾』2巻5号、日本精神医学会発行、1923年5月。

20　『変態性慾』4巻2号、日本精神医学会発行、1924年2月。

21　江戸川乱歩「孤島の鬼」『江戸川乱歩全集』4巻、光文社文庫、2003、31頁。

22　江戸川乱歩「孤島の鬼」『江戸川乱歩全集』4巻、光文社文庫、2003、35～36頁。

23　江戸川乱歩「孤島の鬼」『江戸川乱歩全集』4巻、光文社文庫、2003、32～33頁。

24　高橋孝次によれば、稲垣足穂が戦後に『少年愛の美学』を完成させるきっかけとなったのが江戸川乱歩との対談「そのみちを語る・同性愛の」『くぃーん』1947年12月だという（高橋孝次「『少年愛の美学』とフロイトの反復説」『千葉大学人文社会科学研究』21号、2010、4頁）。

25　稲垣足穂「E氏との一夕——同性愛の理想と現実をめぐりて」『稲垣足穂全集　3巻　ヴァニラとマニラ』筑摩書房、2000、346～366頁。

26　稲垣足穂「澄江堂河童談義」『稲垣足穂全集　4巻　少年愛の美学』筑摩書房、2001、379～403頁。

27　A感覚のAはanalを指す。V感覚（vagina）、P感覚（penis）と比較してA感覚論を展開する。A感覚は少年愛にむすびつくものとして説明される（「A感覚とV感覚」他）。

28　高橋孝次「稲垣足穂『少年愛の美学』の読書論的研究——念者としての語り」橋本裕之編『パフォーマンス

の民族誌的研究』（千葉大学大学院人文社会科学研究科研究プロジェクト成果報告書144集）2008、92頁。
29　辻晶子「今東光『稚児』と『弘児聖教秘伝私』」『奈良女子大学日本アジア言語文化学』38号、2011、215〜216頁。
30　1946年風書房から出版された『稚児』は検閲による削除箇所を含むため、のちに『定本 稚児』防長史料出版社、1977、として再刊されている。
31　谷崎潤一郎は今東光のこの作品を「実に近来にない興味と羨望とを感じつつ読んだ」とし、「白状すれば、実は私こそ、若い時からかういふ世界に手を附けて見たいといふ夢を抱いてゐた作家の一人だからである」と告げた上で、谷崎の「二人の稚児」という短編は「私のかういふ方面に対する早期の夢を示すものなのである。而も私は、今でもまだ此の夢を全く放棄してゐないのである」と述べている（今東光『定本 稚児』防長史料出版社、1977）。
32　『血と薔薇』創刊号、天声出版、1968年10月、22〜24頁。
33　他に1994年『新潮』に掲載された柳美里「石に泳ぐ魚」をめぐって登場人物のモデルとされる女性が出版差し止めを求める訴訟を起こした件がある。2002年に出版差し止めの判決が出て、それを受けて改訂版が刊行されることとなった。このケースも小説の表現に対して一定の配慮を求めるものであり、わいせつ罪を相手にしていた時のような表現の自由を標榜することが難しくなった例といえる。
34　長谷川啓「田村俊子と同性愛」『大正女性文学論』翰林書房、2010、67〜83頁。
35　長谷川啓は田村俊子が芸妓の出入りする家に育ち江戸文化に親しんでいたことを指摘している。宮本百合子の小説に描かれた同性愛者の吉見素子は、小説の中で京都の芸妓と親しく遊んでいることが描かれている。
36　『青鞜』（2巻8号）1912年8月、82〜83頁。
37　らいてうは紅吉に次のように呼びかけている。「私の少年よ。らいてうの少年をもって自ら任ずるならば自分の思ったこと、考へたことを真直に発表するに何の顧慮を要しやう。みづからの心の欲するところはどこまでもやり通さねばならぬ。それがあなたを成長させる為めでもあり、同時にあなたがつながる青鞜社をも発展させる道なのだ。私の少年よ、らいてうの少年よ」(『青鞜』(2巻8号)1912年8月、85頁)。森鷗外『ヰタ・セクスアリス』(1909)で、男子寄宿舎では「少年」が男色の受け身を意味したことを思うと、書き手に意図があるかどうかはともあれ、ある種の読者にとって、「私の少年よ」という呼びかけは性的な色合いを帯びてくる。

38 『青鞜』(2巻8号)1912年8月、88~89頁。

39 宮本百合子「二つの庭」『宮本百合子全集』6巻、新日本出版社、2001、289頁。

40 宮本百合子「二つの庭」『宮本百合子全集』6巻、新日本出版社、2001、298頁。

41 『我身にたどる姫君』における女の欲望については別に述べた(木村朗子「女の欲望とホモセクシュアリティ――『我身にたどる姫君』女君発見譚の系譜から」『恋する物語のホモセクシュアリティ――宮廷社会と権力』青土社、2008、92~123頁)。

42 『我身にたどる姫君 下』(中世王朝物語全集21)笠間書院、2010、71頁。

43 田中優子『張形と江戸女』ちくま文庫、2013、128~129頁。

44 たとえば大島渚『愛のコリーダ』で吉蔵と定の結婚式の席で二人が床入りの儀をするのを眺めていた芸者連中が若い女に張形を使うシーンがあるが、それは尾長鳥の形をしていて尾の部分を使うようになっていた。あるいは、鈴木清順『陽炎座』でイネが使う張形は小ぶりで丸いかたちのものだった。

45 田中優子の挙げる例は、奥村政信『筒井筒京童子』のうち「神無月ハ新まくら」とする一枚である(田中優子『張形と江戸女』ちくま文庫、2013、97~99頁)。

第5章

元禄期の武家男色
――『土芥寇讎記《どかいこうしゅうき》』『御当代記《ごとうだいき》』『三王外記《さんのうがいき》』を通じて

鈴木　則子

一　男色と政治史

「当時主将ごとに、男色か女色か、曾て好まざると云うは百人の中に一人もなし」（『土芥寇讎記』巻第42、通番228。[1] 以下、土芥42－228と略す）

これは元禄三年（一六九〇）頃に作成された大名評判記『土芥寇讎記』の中の一節である。一七世紀末当時の「主将」、すなわち大名にとって、男色か女色かいずれにせよ好色であることは一般的であったという記述であるが、男色と女色が全く同列に記されていることが目を引く。

江戸時代前期には「衆道」という言葉も成立した。「念者」と呼ばれる成人男性と「若衆」と呼ばれる元服前の少年の男色関係を指す。「若道」ともいわれ、「若衆道」を略した言葉であるという。暉峻康隆は、男色にも道義（モラル）と作法を求めた結果、「道」になったと説明するとともに、衆道の心構えを説いた仮名草子『心友記』（寛永二〇年、一六四三）や、衆道の作法・手管などを解説した同じく仮名草子『催情記』（明暦二年、一六五六）の成立に、近世武家社会の衆道が名実ともに定着した姿を見る。[2]

では武家社会のこのような男性同性愛に基づく親密関係は、政治にいかなる影響を与えたのだろうか。女性を媒介とする姻戚関係が政治史に多大な影響を与えたことは、平安時代の摂関政治を持ち出すまでもなく従来から当然視されてきたのだが、同性愛関係が政治に与えた影響については、そもそも武家政権期に限らず、日本史研究の場ではほとんど議論されてこなかった。

そのような中で、一九九五年の『文学』の特集「男色の領分——性差・歴史・表象」は刮目すべき内容であった。[3] 巻頭の座談会では、これまで日本文化における男色は「美的」なもの、「快楽主義的」なものとして位置づけられて研究され、ヨーロッパのように倫理や政治と交差する場は乏しいと見なされてきたが、これは単に日本男色史の「語り方」の問題であって、実際には政治と密接に関わりながら展開していたであろうことを指摘する。[4] 確かに従来の男色史は、多くは国文学研究の領域で文学史料に基づいて、文化や風俗の問題として論じられてきた。[5] 男色と政治史との関わりについての問題提起が『文学』という雑誌において行われたこと自体、この領域にたいする歴史学からの関心の薄さを象徴している。

同誌に収録された五味文彦の論文「院政期の性と政治・武力」は、藤原頼長（一一二〇〜五六）の日記『台記』を史料に、男色関係が院政期の政治に及ぼした影響を論ずる。上流貴族間の姻戚関係を中心とした男色関係はそのまま政治的な力に結びつき、また朝廷・貴族が武家と男色関係を持つことは、武力の獲得に帰結した。後白河院（一一二七〜九二）・上層貴族と平家の公達たちとの男色関係は、保元の乱、平治の乱、鹿ヶ谷事件へと歴史を動かしていく。

五味はすでに一九八四年の著書『院政期社会の研究』[6]でも「その関係（男色関係を指す）の把握なしには当該期（院政期）の政治史は語れない」（以下、特記しない限り（　）内筆者注）と指摘している。が、五味自身が「男色関係というと素材が素材だけに分析と叙述に難しい点が残されている」とも記したように、トピックの性格に由来してか、以後もその指摘は中世史研究の中でほとんど議論されることなく現在に至る。

いっぽう近世史領域でも『文学』と同じ一九九五年に、氏家幹人の『武士道とエロス』[7]が刊行された。氏家以前にも、男色が近世初期のかぶき者集団の結束強化に果たした役割を指摘した北島正元「かぶき者」や、近世前期の殉死者の中に主君と衆道関係にあった者がいたことに言及する山本博文『殉死の構造』がある。[8]が、男色を軸に据えて武家社会を読み解こうとした研究は、氏家を嚆矢とする。

氏家は大名家史料から文学史料まで多彩な史料群を渉猟することにより、衆道は戦国期から江戸初期の武家社会で殆ど習俗化し、江戸時代前期まで武士の「忠」と「恋」の感情は不可分であったと述べる。それが一七世紀後半以降になると、幕府も諸藩も家臣団の中の衆道関係を罰する方向へ進み始め、一八世紀以降には衆道が社会の表舞台から消えていくと考察する。ただし冒頭にあげた『土芥寇讎記』を史料に、大名・旗本と家臣との主従間の衆道関係は藩政や家政に悪影響を与えない限り許容されたことを指摘している。氏家はその後も『江戸の性談』[9]（二〇〇三）の中で、徳川家光（一六〇四

〜五二）と側近堀田正盛（一六〇九〜五一）の衆道を媒介とする親密関係が幕政に影響を与えた事例から、政治史研究にセクシュアリティの視点が不可欠であることを指摘する。

また、近年では福留真紀が著書『徳川将軍側近の研究』[10]の中で、「将軍と側近の衆道関係は、将軍側近から読み解く政治史研究を豊かにしていくうえで大切にしていくべき視点」であり、今後の課題の一つとして「将軍側近は、将軍との親密な人間関係を基盤としているため、分析していく中でセクシャリティーについて特に目配りしていく必要がある」と記している。本文ではなく注の中の記述ではあるが、政治史領域からこのような指摘がなされたことは、きわめて重要である。

西洋史研究に目を転ずると、やはり近年、星乃治彦がそれまで黙認されていた同性愛が時代によってスキャンダル化されたことの政治史的意味をめぐって、興味深い論考を出した[11]。ドイツ帝国の凡庸な皇帝ヴィルヘルム二世は、辣腕の側近オイレンブルク伯との同性愛関係によってその政治体制を維持していた。それは旧来からの「私的関係による公支配」、すなわち男性同性愛の親密性を公的世界に拡大するという政治スタイルを踏襲するものであった。にもかかわらず、突然一九世紀末から王権周辺の同性愛がスキャンダルとして激しく批判されるようになり、オイレンブルクが失脚した。

星乃は、このような同性愛の社会的ポジションが歴史的に変化していく事例を挙げながら、学問的課題としては「同性愛」「同性愛者」そのものではなく、これらをスキャンダル化する社会や政治の世界の分析が重要であると指摘する。

右の一連の研究が指摘しているように、男性同性愛という視点から政治史を見直していくことは、今後の歴史研究の重要な課題であることは間違いないだろう。ただ、この課題に直接応えることは筆者の力の及ぶところではない。そこで、主君と家臣団との男色関係が許容されていたとされる五代将軍綱吉政権期（延宝八年～宝永六年（一六八〇～一七〇九））について記す『土芥寇讎記』『御当代記』[12]『三王外記』[13]の三書から、男色と政治との関わりが当時どのように噂され評価・認識されたのかがうかがえる記述を紹介することによって、政治とセクシュアリティの問題を考える素材提供とし、筆者の責を果たしたい。

三書の著者はみな綱吉（一六四六～一七〇九）と同時代に生きたが、置かれた立場によって情報ソース、情報を共有した人々の層が異なり、また情報に対する感想・認識にも著者の立場が反映される。この点に留意しつつ、以下『土芥寇讎記』『御当代記』『三王外記』の順に節を立てて見ていく。

二　幕府中枢部から見た大名男色――『土芥寇讎記』

1　大名男色の広がりと男色への寛容

『土芥寇讎記』は、元禄三年頃の全国ほぼすべての大名二四三名について一人ずつ、家系・略歴・領内の支配状況・人柄・素行・世間の評判などを記した調書である「本文」に、編者の批評「謳歌評説」を付すという構成をとる。誰がどのような目的で編纂したのかは不明だが、おそらく幕府中枢部にあった人物が何者かを使って大名調査を行い調書を作らせたと推定されている。[14]研究史料としては「地方知行の正確なことも手伝って、一七世紀末の大名を論じる際にしばしば引かれる重要な史料[15]」

と位置づけられ、特に地方史研究を中心に活用されてきた。

書名は、君臣関係についての君の心得を斉の宣王に説いた『孟子』の中の言葉「君の臣を視ること土芥の如ければ、則ち臣の君を視ること寇讎（＝かたき）の如し」に由来し、各大名批評も道徳的・政治的に名君たるべきことを求める。これは儒学を重視して人民を教化し、倹約・実直を求めた綱吉政権の方針[16]と一致するものであった。

随所で大名の性に関する素行にも言及し、二四三名中、好色を非難される大名は六二名にのぼる。その内訳は男色のみ二二名、男色・女色の両方が一五名である。全大名のうち三七名、約一五・二パーセントが何らかの形で男色について批判されているわけだ。

しかも、当時の大名で色好みは当たり前であるから、過度でない限りは色を好まない方に分類したと記している（「当時主将ごとに、男色か女色か、曾て好まざると云は百人の中に一人もなし。甚だしからざるをば、色を好まざる分にこれを記す」（土芥42−228））。となると、実際の諸大名の男色率はさらに高まる。

『土芥寇讎記』の中の大名と家臣との男色については、これまで先に紹介した氏家著『武士道とエロス』の他に、佐藤宏之「『土芥寇讎記』における男色・女色・少年愛――元禄時代を読み解くひとつの手がかりとして」[17]も、具体的事例をいくつか挙げながら分析を加えている。氏家や佐藤の研究も指摘するように、『土芥寇讎記』は「美少人」や歌舞伎野郎の寵愛によって藩の政治・経済に影響を及ぼした場合は厳しく批判している。ただし、男色自体を否定したのではなく、むしろ過度の女色よりはましと見なしているし、そもそも男色・女色に限らず、好色であることに対して寛容な態度を見せる。

たとえば富山藩主前田（松平）利秀（正甫《まさとし》）（土芥14－45）。「謳歌評説」は利秀の「美少人」好きについて、好色なのはよくあることで、それを非難するかどうかは程度の問題、と次のように述べる。

> 美少人を愛せらるを一つの難とすべきか。然れども古今の主将、女色男色を好む事は勝て計ふべからず（数え切れない、の意）。女色の猥りならんには、少し増なるべし。さのみ甚だしからず、害なくば、少は免《ゆる》しもあるべし。角（斯）云へばとて、男色を好むを善と云ふに非ず。曾て好まざるには遙かに劣なれども、十が十揃ひたる将は希なり。

山形藩主松平直矩（土芥11－32）についても、「本文」は「美少人を愛せらると云とも、聊偏愛の気なし。当時誉の将と世以沙汰す」と述べ、「美少人」好きも特定の美少人にのめり込まなければ全く問題視されない。

男色で継嗣が生まれないことに対する評価すらも、かなり寛容である。田辺藩主牧野富成《とみしげ》（土芥26－111）は「美少人」好きで「男色を好む故に子無く養子」をとった。だが「此の将に限らず子無き人多ければ、男色の咎とも云ひ難し」と、あながち男色を無子と結びつけることはできないと見ている。富成への評価は「行跡について論ぜば、善将と云べき也」とある。[18]

無子への寛容は富成が正室亡きあと後室を迎えているように、当時の男色が必ずしも女色と無縁でないことや、天和三年（一六八三）公布の『武家諸法度』によって、実質的に末期養子の禁が解かれたことも影響していよう。また、時の将軍綱吉自身も男色嗜好が強かったことは知られるが、[19] 実子はわずか二人、しかもこの時期すでに一人息子の徳松が死去して、元禄三年当時、四五歳で継嗣がなかったことも関係しようか。むしろ過度の女色が嵩じた結果、妾腹の子が多く生まれ、出費がかさんで批判されている大名も少なくない。

2　小姓からの「出頭人」

『土芥寇讎記』の編者が諸大名の男色を当時の風潮として基本的に許容したのは、幕府中枢にある為政者としての現実的対応だったからだろう。では、編者の許容範囲を超えるケースとはどのようなものだったのか。『土芥寇讎記』に登場する大名の男色相手は、既述のように「美少人」と呼ばれる元服前の前髪のある美しい小姓か、歌舞伎野郎である。

前者の事例では、若年の小姓が寵愛により「出頭人」として政治的な力を持つことがあった。高木昭作によれば、出頭人とは「将軍や大名のいわゆる側近で、主君の権威をかさに家臣などに権勢をふるい、実質的に幕府や藩の政治を取り仕切ったもののこと」[20] である。このような言葉が存在したこと自体、江戸時代とは将軍や大名の側近が、ひとたび君主の寵愛を得れば出自を越えて政治の中心に立てる可能性を持った時代であったことを示唆していよう。

寵愛の結果、小姓が家老にまで上り詰めた事例をあげる。高崎藩主安藤重治（土芥19-66）は、「本文」によると利発な生まれつきで行いは正しく、性格は柔和、家臣や領民をかわいがり、親孝行だと世間の評判はいい。ただ、彼の唯一の欠点は「美少人を愛し」たことである。美少人の寵愛に能楽好きが重なって、出費がかさんだと報告されている。

さらに「謳歌評説」によると、重治はかつて安藤丹下という小姓を寵愛するあまり家老にまで取り立て、高い知行を与えた。この丹下、よこしまな性格でおごりたかぶり、傍輩に対して無礼な態度を取ったり、また自分に取り入る者は悪人でも取り立て、疎ましく思う者には不当に逼塞・閉門・追放といった処罰を行って遠ざけた。家臣も領民も丹下を恨んでいたが、藩主重治の「無二之寵臣」であったためになすすべがない。丹下が早世して、人々はこぞって安堵したという。編者は「惣じて男色に耽りて家を滅す事、古今其例多し」と警告する。

もう一例、庄内藩主酒井忠真（忠直、一九歳）の場合をあげる（土芥12−36）。ここでも小姓寵愛による浪費が問題視される。

「本文」は、若い忠真は男色・女色ともに好み、「美少人」好きが浪費の原因となっていたとする（「常に男色・女色共に好み、美少人を愛して弊多く、女色をも好」）。

「謳歌評説」によれば忠真寵愛の小姓の名は「井ノ上某」。「過分の新知を取せ、其の小姓の兄まで加増し」た。だがこれを家老に阻止されないよう、先に家老たちを加増して文句を言えないようにした。寵臣と家老を優遇する一方で、それ以外の家臣からは藩財政穴埋めのため「物成」を強制的に借り上げ、彼らの生活を逼迫させたとある。忠真に対する「謳歌評説」の評価は「主将は（の）器とするに足らず」、「猿利根」（「こざかしい」の意）、「闇将」「愚闇文盲」「評するに足らず」である。

実際、当時の庄内藩は著しい財政危機にあった。ちょうど本書が編纂された元禄三年から家臣団に対する上げ米の制が導入されたことや、家臣たちが藩財政の赤字原因の一つが忠真の側近寵愛にあったと見ていたことなどを、藩政史研究は明らかにしている。[21]『土芥寇讎記』の忠真の所業に関する記述は、かなり正確に事実を反映していることがうかがえる。

さて、「謳歌評説」の低い評価と実際の不行跡にもかかわらず、年若い忠真は将軍綱吉に気に入られた。幕府が編集した大名と幕臣の家譜『寛政重修諸家譜』によると、元禄六年二月には将軍側近である側用人に任じられ、たった一か月で罷免されるも、また翌七年に奥詰を命じられて側近く仕える（『寛政重修諸家譜』第二巻五〇頁。以下譜2-50と略す）。側近を短期間で更迭したり再任したり、というのは綱吉の人事では頻繁に見られた。

奥詰とは綱吉時代に新設されてその死後は廃止された役職である。『徳川実紀』（附録巻中）は「奥詰といひしは山水間に伺公し、召せらるる時は御前に参りて眷顧（特別に目をかけること）を蒙りしなり」と説明する。[22]本稿四節で取り上げる『三王外記』は、忠真を将軍綱吉の「男色」相手の一人にあげている。

『土芥寇讎記』によれば、忠真は本当は浄瑠璃のような当世風の庶民芸能が好きだったようだが（「行往座臥、浄瑠璃を好、自語る。大口開て浄瑠璃を語事を好まるる」）、『寛政重修諸家譜』を見ると、能楽と儒学を愛した綱吉の前では能を演じたり、綱吉自らの論語講義に列席を許されるなど、巧みに将軍の好みに合わせている。そのそつのなさも、『土芥寇讎記』の編者には「猿利根」と映ったのか。

綱吉亡き後、忠真は家宣・吉宗の時代にも重用された。壮年以降の忠真の活躍は、彼がそれなりの才智も持ち合わせた大名であったことを推測させる。

3　歌舞伎野郎の士分化と「波沙羅」風俗

歌舞伎野郎との遊興は、大名に限らず都市の町人層にも広く流行した当世風俗であった。その意味ではこれをファッションとしての男色と位置づけてもよいだろう。これに対して綱吉政権は元禄二年以降、野郎統制を強化し、野郎が芝居町の外へ派遣されることを禁止するとともに、公許された芝居小屋である中村座・市村座・森田座・山村座の四座以外の野郎を廃業させるなどしている[23]。

したがって野郎が屋敷に出入りすることすら許されないはずだが、野郎を寵愛のあまり士分に取り立てたとして批判される大名もいる。小野藩主一柳《ひとつやなぎ》末朝（末禮《すえひろ》）（土芥37－187）は「本文」によると、「好色」で「美女」を寵愛すること甚だしかった。のちに「男色」趣味も加わり、千弥という歌舞伎の若衆方に入れあげて数百両で身請けした挙げ句、知行を与え士分に取り立てる。千弥が死ぬと、次に豊之助という歌舞伎野郎を寵愛し、これも大金をはたいて身請けして元服させ禄を与えた。ところが譜代の家臣に対しては万事厳しく臨み、彼らの労苦には一切恩賞を与えることもなく、強い恨みを買ったという。

好色第一にして美女を寵愛甚だし。又近年は男色を好み、河原者野郎若衆千弥と云者を数百両にて請出し、知行を与へ侍にして使ふが死したり。其の後豊之助と云野郎に戯れ、是をも過分の金子を出し請出して元服させ、出頭し禄を与ふ。旧好の侍ひには数年奉公の労を尽せども賞禄せず。家人恨み憤りを押へ腸を断つと聞ふ。

「謳歌評説」は、「賤しき」野郎を士分に取り立てたことを次のように厳しく非難する。

野郎之賤しきを以、侍とし、禄を与ふる事、評に絶たり。侍は先祖之名を穢さじと義を重んずる故に、死を軽んず。筋なき鰯売之子、節に臨んで何んの用にか立つべし。勇士の道は廃れたり。然も其の身は血気にして人愛なく、色を愛して出頭人とす。本意に非ず。

『土芥寇讎記』の編者の目には、末朝は「此の将之行跡、言語に絶たり」と失格藩主であったが、『寛政重修諸家譜』によると元禄五年、大番頭に任じられた後、同一五年に御留守居、同一六年には御側を命ぜられており、宝永六年に綱吉が死去するまで側近として寵愛を受けた（譜10－158）[24]。

歌舞伎野郎との遊興が問題になる大名について記す時、『土芥寇讎記』は「波沙羅」という表現をしばしば用いる。ここでの「波沙羅」とは、吉原遊女・歌舞伎野郎との女色・男色や酒宴遊興、男伊達を競う「かぶき者」的風体を指すようである[25]。「かぶき者」は派手な風俗だけでなく、徒党を組んで乱暴狼藉を働いて幕府の厳しい弾圧にあった[26]。最後の大弾圧は綱吉の治世、貞享三年（一六八六）の神祇組・鶺鴒組の大量追捕と処刑である。波沙羅風俗は綱吉政権の歌舞伎野郎の取り締まりや酒造制限、江戸城内の禁酒といった綱紀粛正路線とも相容れないものだった。

波沙羅と非難された大名の事例をあげよう。宇都宮藩主奥平昌章《まさあきら》は数えで二三歳、男色女色の両方を好み、「河原者野郎若衆」を集めて終日酒宴を催し、「悪名」高い旗本坂部三十郎[27]のような「動楽之波沙羅者ども」と交遊があった。側近たちもまた同様に「破家《ばか》を尽」していたとある（土芥10－25）。

> 男色女色ともに猥に好み、河原者野郎若衆を招き集め、酒宴遊興終日《ひめ(ね)もす》夜《よ(も)》すがら也。御旗本にて悪名を取りたる坂部三十郎如き動楽之波沙羅者ども、無二の朋友にて、毎度会合し不埒を尽す。上を学ぶ下にて、近臣皆文盲不学にて、友々破家《ばか》を尽す。外様者、是《ぜ》と心得て悉く放埒也。

歌舞伎野郎の士分化の背景には、大名の江戸屋敷を舞台に家臣や大身の旗本も交えて展開された享楽的生活があったことがわかる。

『土芥寇讎記』では不行跡を批判されている昌章だが、先に見た酒井忠真や一柳末朝と同様に綱吉の側近職に就いている。『三王外記』は忠真同様に昌章についても、綱吉の「男色」相手の一人として名を挙げる。『土芥寇讎記』「本文」は、昌章は近年奥詰衆に任じられ行動をたしなんでいるようだが「生得の破沙羅は直るべからず。然らば当御役儀、五三年をば過とべからずと世以謳歌す」と、生まれつきの「破沙羅」は直しようがないから、奥詰も三年から五年のうちに免職となろうと世間が噂している、と記す。

『寛政重修諸家譜』（譜9-215）で確認すると、昌章は元禄二年三月に奥詰となったが、編者の予測通り元禄四年五月にこの役を解かれている。ただ、前にもふれたように綱吉は昌章に限らず大名・幕臣を次々に寵愛しては短期間で罷免したので、綱吉時代にはありふれた気まぐれ人事の一つだったともいえる。

さて、これまで見てきたように、幕政中枢部にいた『土芥寇讎記』編者が大名男色を批判・警戒するのは、男性同性愛に基づく親密関係が藩の政治・経済そして風紀に深刻な影響を与えることがあったからだ。だが過度な男色を批判される大名が、時に将軍綱吉の寵愛対象でもあった。では綱吉、つまり将軍の男色についてはどのようなまなざしが向けられていたのか。次に、この点を『御当代記』から検討する。

三　御家人層から見た幕府人事と綱吉の男色――『御当代記』

『御当代記』は延宝八年（一六八〇）五月から元禄一五年（一七〇二）四月まで、すなわち綱吉政権のほぼすべての期間を網羅する年代記である。

著者は歌人として知られる戸田茂睡（一六二九〜一七〇六）である。元旗本の家に生まれ、親族をはじめとして交際範囲に幕臣が多くいた。塚本学は「筆者の立場とその入手情報とは、とくに旗本御家人層の綱吉政治への不満に大きく依拠していた」と見るとともに、他の史料との整合性から「筆者の入手した情報は幕府内部にも及んで豊富で精度の高いもの」「本書の記述内容には、かなり高い信憑度を認めることができる」と述べる[28]。

本書の記録でとくに多いのは、幕府役人の人事に関する記事である。採用や昇進、褒賞に至るまで個人名をあげての詳細な情報で、旗本・御家人層にとってそれが大きな関心事であったことを示す。綱吉の政治の基本方針の一つは「賞罰厳明」であるとされるが、以下見ていくように『御当代記』の記述の端々にうかがえるのは、賞罰基準の不明瞭性への不安や不信感であり、能力と無関係に身分の低い者が登用されていくことに対する強い不満である。

1 恣意的な人事と「御役」拒否

綱吉の側近くに使われる人たちは、理由もわからずに（「御とがハしらず」）「閉門・遠慮」を申しつけられたり、本丸から西之丸勤務に左遷されたとある。代わりに新たに採用される小姓たちは、譜代の幕臣の子弟ではなく「上方侍の子ども」[29]で、江戸城務めの勝手もわからないので結局綱吉の気には入らず、一五日、二〇日、三〇日といった短期で追い出される。外聞が悪く、本人だけでなく一家一門も迷惑した。先代家綱の時はみな奉公を望んだが、綱吉の代になってからは「一家一類まで薄氷を踏む心地」「なに事なく御役御免あるやうにと仏神へもきせい（祈誓）をかくる」というありさまである。

家綱時代に皆が奉公を望んだのは、そもそも幕藩官僚制とは昇進制を伴うものであったことによる。自分が昇進を遂げるると、その息子は父の初任職より高い官職からスタートでき、家の発展につながった。藤井譲治は、幕藩官僚制の昇進制は家臣団の「エネルギーを引き出すことで、官僚制機構を生きた運動体たらしめる強力な梃子であった」と述べている。[30]そして官僚の任命権は将軍あるいは藩主にあったから、将軍・藩主の側近くに仕えるのは一家繁栄の好機であった。しかし綱吉時代には、これが得てして大きな落とし穴になったということである。

『御当代記』の記述は誇張ではないようだ。天和三年（一六八三）霜月、小姓の朝岡直国が阿部正邦に「御預け」となったが、その処罰原因を『御当代記』は「御科不知」と記す。塚本学はこの処分を「綱吉に近侍して寵愛を受けた者が、またその忌諱に触れて処罰される例」と見ている。[31] たしかに『徳川実紀』天和三年一一月一九日条には「心得よからず」「奉職も無状[32]」、『寛政重修諸家譜』の朝岡直国の項には「近侍の間、不作法の事あるにより」「作法宜しからざるにより」（譜12－58）とあって、いずれも処罰理由があいまいである。

元禄元年夏には、綱吉の侍医である瀬尾昌宅・長徳院・森仙益の三名が、病気を理由に側近くに仕えることを辞退したところ、閉門や小普請への左遷を申し渡された。『御当代記』は、同様の任官拒否者をこれ以上出さないために綱吉が行った「みせしめ」人事と見ている。

瀬尾昌塚（宅）閉門、長徳院幷森仙益、小普請に仰せ付けられ候。是等は御傍を勤め申したる内外の医也。病人により御訴訟申し上げ候所、世上の沙汰にも、御傍は申すに及ばず、桐之間・廊下番もいやなる事也、御役を仰せ付けられ候もあぶなし、いらざる事と御奉公を誰も望むものこれ無く、佐久間織部・植村外記はすでに上意をそむく程の事なれば、御傍又は御小性《ママ》・中奥・小納戸・桐之間の者まで仰せ付けられ候事をいなと申、或は病気なんど申し御訴訟いたす事あるべきと思し召され、その御みせしめのためなるべし。導《これをみちびくに》レ之以レ刑《けいをもって》するといふは是なるべし。（傍点筆者）

幕臣たちは綱吉に直接仕える役職を忌避するようになっていた。御側衆はもちろんのこと、桐之間詰、廊下番も「いやなる事」である。佐久間織部・植村外記がやはり病気と称して小姓役を拒否したので、今後も御側衆などの将軍に近侍する仕事は悉く病気などを理由に拒否する者が出てくる可能性があると綱吉は考え、その見せしめのために三名の医者を処分したというのである。

桐之間とは綱吉の時代にのみ設けられた部屋である。塚本によると小姓から転じた者が多く、年齢は二一歳から五五歳で、いずれも数か月の勤務で交替している。[33] 綱吉の男色嗜好の対象とする見方もあり、塚本は『御当代記』は桐之間番就任者の記録に丹念であるとする。

廊下番も綱吉政権期のみに存在した奥向番衆の一つで、福留によるとその職務は将軍御成の御先・御供のほか、演能の際に御囃子を担当した。[34]「廊下番は幕府の役職でありながら、芸能者集団という性格を色濃く残す」と見ている。

小姓役を拒否したという佐久間織部と植村外記の記事を『寛政重修諸家譜』の記録と照合してみよう。まず、佐久間織部勝茲（譜9－119）について。一九歳の元禄元年五月一四日に小姓となるが、翌一五日に「勝茲申むねよろしからざることあり」という理由で「逼塞」を申しつけられた。勝茲は一八日に病気を理由に自分から務めを辞することを願い出るが、「畢竟近侍を厭ふの所存なりとて（綱吉の）御気色かうぶり」丹羽長次に召し預けとなった。

植村外記政明（譜5－178）は数えで二三歳の元禄元年五月一四日、綱吉が小姓を命じようとしたところ病気と称して固辞したため、翌日「御気色かうぶり逼塞」させられる。さらに一八日「近侍の務を辞せし事、畢竟其労をのがれんとの所存ならん」と前田利廣に召し預けとなり、采地を没収された。綱吉は、人々が自分の側近くに仕えることを仮病を使ってでも避けようとしていることを、やはり十分承知していたようである。

佐久間・植村については『徳川実記』元禄元年五月一八日条も処分理由を「小姓に召加へられしを

辞せむため、病といつはり昵近の勤を免れむとはかりしをもてなり」と記す。この事件の翌六月に、瀬尾ら三人の医師の処分が行われたわけだ。

一連の「みせしめ」の効果のほどは疑わしい。『徳川実紀』元禄元年一〇月二六日条に、小姓組三枝喜兵衛某が桐間番士を命ぜられて拒否し、八丈島に遠流された記事が載る。喜兵衛は経済的な理由をあげて将軍に近侍する桐間番士を固辞し、強制されるなら自殺するとまでいった（「桐間番士を選択せらるるとて、少老より召ありしに、家計究迫なれば近習の勤つかふまつりがたし、もし強て命ぜられば自裁せんよし申たるをもてなり」）。結果、本人が流罪となっただけでなく、息子二人は他家へ御預け、上役の番頭は連座して逼塞を命じられる。

深井雅海によれば、綱吉はその在世中に四六家の大名を改易もしくは減封処分するとともに、判明しただけでも一二九七名の旗本・御家人を処罰した[35]。うち、旗本の数のみを単純計算しても全旗本の五人に一人が処罰を受けた勘定になるという。処罰理由で際だって多いのは「勤務不良」（四〇八名）と「故ありて」（三一五名）である。これに「贓罪・年貢滞納」（二八名）を加えた三つの処罰理由に、深井は「綱吉政権による処罰の特徴」が現れているとし、大量処罰の主眼を「封建官僚機構の整備」と見る。しかし処罰者の役職の内訳は行政官僚ではない御側・小姓・小姓並・小納戸・奥向番衆（次番・近習番・桐間番・廊下番など）が最も多く四一九名（三二％）である。しかも小姓・小納戸・次番・近習番・桐間番の処罰理由の多くが「故ありて」、すなわち理由は明記されていない。このことは、これまで確認した『御当代記』の記述と併せ見ても、「封建官僚機構の整備」という政治的意図以外で行われた処罰もまた相当数あったことを示唆しているのではないか。

『徳川実紀』附録巻下によると、綱吉が大名・御家人に対してあまりに厳しい処罰をすることに対し、側用人柳沢吉保が、神祖家康以来、将軍家が代々譲り受けてきた家臣である彼らを「あながちに扇子・鼻紙などのごとく、かるがるしくおぼし給ふべきにあらず」と注意したという。吉保の言葉は、戸田茂睡とその周辺の旗本・御家人たちが抱いた憤懣や困惑と重なる。

2 「よけびん」の広がり

側近くに使う者に対する綱吉の恣意的人事には、時に男色の影がつきまとう。『御当代記』元禄元年の記事によれば、三、四年前から男性の「しゅすびん」という髪型が流行った。それは月代を小さく剃って鬢を太く結い、一本のほつれ毛もないよう伽羅の油で黒繻子のように固める。この髪型に結うと「若き男は一しほだて（伊達）にきれい」に見えたため、綱吉が城内の若くて美しい男に目を付けて側近くで使おうとした（「器量のよき若き男を御見立、御小性《ママ》・中奥・桐之間へ御入れ成され候」）。それで綱吉から声がかかるのを避けるために鬢を細くするようになって、これを「よけびん」と呼んだという。

美しい男に対する綱吉の執着は、元禄二年六月の記事にも見られる。綱吉の籠かきが「男振きれい」だったために目にとまり、「御湯殿がしら」に召し抱えられた。御湯殿番も綱吉の時代に新設された役職である。[36]江戸城の料理人も同様の理由で桐之間詰となる。さらに、徒目付にも美男で登用された者があるという。

御駕籠の者六右衛門と云者、男振きれいなるによりて御城へめされ御取り上げ、御湯殿がしらに仰せ付けられ候。百俵下され候。又御台所御料理方魚切勝屋庄左衛門、是も男振きれひにて桐之間へ入。二百俵下され候。御徒目付にも壱人、此の如きの仕合あり。

そのいっぽうで、「小瘡」（小さなできもの）を理由に側用人をたった二か月で「御役御免」になった大名もいる。八戸藩主南部直政は元禄二年閏正月、「手に小瘡出来候に付、御きよめニもけがらハしく思召候間、養生仕候へ、平癒も致候はば似合之御役をも仰せ付けらるべきの由」申し渡された。南部直政は四節で取り上げる『三王外記』が綱吉の男色相手として名を挙げる大名の一人である。

3　能役者の登用

綱吉の登用人事で顕著なのが能役者の士分化だが、表章・天野文雄著『能楽の歴史』は、綱吉と能役者との男色に言及する。[37]綱吉は能役者を廊下番などに盛んに採用した。その数は『徳川実紀』に漏れた事例もあって、「能役者側の記録をも加えれば総数は百人に近い」と述べる。その中の一人、五世喜多十太夫恒能は廊下番となって四年後の元禄一四年、綱吉の勘気を蒙り、翌年没している。『能楽の歴史』は「男色の相手を断ったためと伝えられる」と記す。

『御当代記』は、延宝八年（一六八〇）七月に板倉内膳正（重種）が本丸老中から西之丸家老に左遷されたのは、彼が綱吉に向かって能役者正永（小川松栄）の重用を諌めたためであると記す。

『御当代記』によると、正永はもともと綱吉が将軍になる前の館林藩主だった頃に重用した能役者だったが、博打・遊女のため身を持ち崩して出奔した。それが谷中で「法花《(華)》道心者」となり、のちに鎌倉に移っていたのを、将軍になってから呼び戻したという。その際、正永が道心者として髪を剃っていたのを幸いに、剃髪を義務づけられた針立医師として「御医師並」で江戸城に入れた。[38]『御当代記』は、実は正永は「元かぶき子」だと記す。板倉は綱吉に、「かぶき子は乞食の等也、能太夫は猿楽也。かたがたもって賤者を御前近くめしよせられ候事、公方の御位をけがし奉る」と「賤者」の登用を注意したため、疎んじられたという。「(板倉の進言の)理は尤もなれ共上意にあはざるの由、風説仕」という『御当代記』のコメントからは、戸田茂睡とその周辺の旗本・御家人たちが、板倉の注進に自分たちの思いを重ね、綱吉へ批判的なまなざしをむけている様子を読み取ることができよう。

また、当時「かぶき子」、すなわち歌舞伎若衆やその見習いは男娼行為もしており、[39]正永を「元かぶき子」と見なす噂は綱吉との男色関係を想定させる。

『御当代記』天和二年四月の項は、謡・鼓などの芸上手な大名家臣五名が召し出され、二の丸へ遣わされたことを記す。ところがこのうちの一人、野村彦左衛門が能太夫正永支配となるのを拒否して欠落した。のちに発見されて本人は「仰せつけられ次第、如何様の御科にも宛てがわるべき由」申したが、不問に付されたという。どんな処罰でも受けるという覚悟の上での欠落であり、武士にとって能役者の配下におかれることが、いかに屈辱的な事態として受け止められていたかがわかる。

しかしながら綱吉の能役者登用は続く。天和三年二月の記事では、医師並として採用された正永をはじめとする能役者三名が剃髪をやめて還俗を許された記事が見える。[40]正永は最終的に五〇〇石の旗本に登り詰める。[41]

『徳川実紀』には、能役者を剃髪させ奥医・奥医並等の名目で採用し、しばらくの後に束髪を許して廊下番や小納戸などにしていく事例が他にも見られる。このルートは綱吉が能役者を旗本として身分上昇させていく常套手段であったようだ。だがいっぽうで、役者からの任官拒否も見られる。『徳川実紀』元禄二年九月二九日条に、京都の狂言師逆水五郎兵衛父子を廊下番にしようとして固辞され「追放」に処したとある。

綱吉の能楽好きと能役者登用による弊害については、『徳川実紀』も批判を加えざるを得なかった。『徳川実紀』附録巻下に、綱吉が自身で能楽を舞うことを好んだため、側近はもちろんのこと御三家・諸大名・旗本・御家人に至るまで、能楽を稽古しない者はなかったと記す。能役者をしきりに登用するので、人々が立身出世の手段として日夜熱心に能の練習に励むようになって風儀が乱れたという。

> 御好みの余には其座の者どもめしいでて、しきりに栄任せられし程に、衆人日夜のわいだめなく、手のまひ、足の踏のみを事とせしは、かの室に酣歌《かんか》し宮に恒舞するというふたぐひにも似たるさまにいたり（後略）[42]

華美・費えに結びつく美男好みや過剰な能楽愛好は、綱吉が儒学を好んで人民教化に力を入れ、倹約・実直を説いたことと矛盾する。また、男色は彼が弾圧・粛正した「かぶき者」風俗、『土芥寇讎記』が批判した「波沙羅」風俗と重なる。綱吉の掲げる政治理念と彼の実生活との間の大きな齟齬は、彼が行った頻繁な賞罰の根拠に対する幕臣たちの不信感を増幅させるに十分であったろう。塚本学も前掲著『徳川綱吉』の中で、綱吉の男色が自身の政策の基本線と相反することについて、「あるいはここらに綱吉の最大の矛盾がふくまれているのであろうか」と述べる。

四　儒者が見た綱吉の治世――『三王外記』

幕臣に近い立場で書かれた『御当代記』が綱吉の男色関係を露骨に指摘しないのに対して、『三王外記』の記載は直接的である。本書は綱吉・家宣・家継の三代の将軍（王）の事跡を記した史書である。著者は東武野史訊洋子の筆名だが、儒者太宰春台（一六八〇～一七四七）と考えられている[43]。春台は元禄八年（一六九五）、一五歳で当時出石藩主だった松平忠徳（忠周）（一六六一～一七二八）に仕えるが、元禄一三年に許可なく退任して上方で学び、正徳二年（一七一二）、江戸の荻生徂徠に入門した。同年から下総生実藩主森川重令（一六七〇～一七四六）に仕え、五年で致仕してからは生涯浪人生活を送る。ただし学者としての名声は高く、本多忠統《ただむね》（一六九一～一七五七）、柳沢経隆（吉保四男）（一六九五～一七二五）、黒田直邦（直重）（一六六七～一七三五）から家臣に準じて扶持米を贈られた。

春台が浪人生活を送ったのは、自分の能力に見合った俸禄でなければ仕官しない、「権門」（柳沢吉保、牧野成貞）・「勢家」（本庄宗資）には仕えないといった自身のこだわりを貫き通した結果であって、ほんとうは幕政で能力を発揮したいと強く望み続けたという。『三王外記』に見られる、閨閥や男色関係による登用を厳しく指弾する姿勢は、単に春台が「礼節」や「五倫」にとくに厳格な儒者であったというだけではなく、彼のこのような境遇にもよろう。

『三王外記』の記事の信憑性について尾藤正英は「文章がすぐれ、記事もかなり正確である」[44]と評価するいっぽうで、「記事の内容も興味本位の俗説が多く、信頼しがたいが、当時の世間での風評などをうかがうことができる」[45]とも書いている。たしかに本書には、柳沢吉保の子吉里が実は綱吉の子であるといった類の根拠不明な醜聞も含まれる。ここでは『三王外記』に対する尾藤の評価も踏まえつつ、春台の周囲で流れた綱吉の男色に関する風評について検討する。

1 「王、男色を好む」

『三王外記』は綱吉の同性愛について、成人男性を対象とするもの(「王、男色を好む」原文漢文、読み下し筆者、以下同様)と少年を対象とするもの(「王、年少を好む」)に分けて記述する。まず「男色」の記述から確認しよう。

綱吉は大名・公家・幕臣の子弟に至るまで、「姿色」ある者は「侍中」(側近)に取り立てたという(「諸侯以下、朝士・吏卒・家人子弟に至り、苟も姿色有る者は皆侍中に入れる」)。綱吉の「男色」相手二〇余名の大名の名を挙げるが、『寛政重修諸家譜』を確認すると、いずれも奥詰・小姓・側用人などの側近職に就いていた者たちである。そのうち、歴任した側近職就任期間を合計しても二年以下という者が八名いる。八名はみな一〇代から二〇代で、本来はこれから能力を発揮しうる世代だ。例えば当時一六歳の掛川藩主井伊直朝が奥詰に就任した期間は、元禄九年八月六日から九月二九日のたった二か月弱である（譜12－３０９）。いっぽう、男色関係がないのに重用された大名（「其の色無くして侍中なる者」）三名の名前も挙げて、その稀少性を強調する。

注目すべきは「男色」相手と名指しされた中に、春台が直接よく知っているはずの大名、すなわち春台が仕えたり扶持米を贈られた大名である松平忠徳・森川重令・黒田直重が挙げられていることで、記事の信憑性を高める。

松平忠徳に春台が仕えたのは、ちょうど忠徳が綱吉の寵臣として奥詰をしていた時期である（譜1－50－51）。忠徳は綱吉死後も吉宗に重用されて、京都所司代・老中に就任した。

森川重令に春台が仕えたのは正徳二年（一七一二）頃である（譜7－95）。当時綱吉は既に亡く、重令は六代将軍家宣の若年寄として重用されていたが、かつて綱吉の小姓を務めていた時期がある。

黒田直重は綱吉の館林藩時代からの家臣で、幕臣としては月俸三〇口からスタートして二万石の大名に登り詰めた（譜11－94～95）。綱吉死後は吉宗にも重用され、奏者番・寺社奉行・西之丸老中に就任し、三万石となる。名君としての評判が高く、春台の師である荻生徂徠に学んで著書があり、春台にも扶持を贈った。

これら春台と関わりのある大名三名は、いずれも綱吉死後も行政官僚として重用されていることから、彼らが「姿色」だけでなく行政能力も秀でていたことが推察される。

2 「王、年少を好む」

次に、綱吉の美少年好きについて。『三王外記』の記事を要約すると、以下のようである。

綱吉は「年少」を好み、近習として美しい小姓を数十人集めた（「王、年少を好む。近習を率いるに色を以て進める。郎中数十人」）。とくに寵愛した者が二十余人あって、側用人柳沢吉保邸に集住させたが、彼らは妻帯者もいれば未婚者もいた。吉保の近臣四人が彼らの生活を一日中監視して吉保に報告する。もし元々痩せていたのが太ったりしたら食事を減らされるなど、行動の自由を束縛されていた。江戸城内外を問わず、親兄弟といえども頻繁に会ったり手紙を交わすことはできない。大名でありながら小姓になった者は全部で二、三十人おり、[46] 吉保邸に居住したのは内藤政森・水野勝長・本多忠統の三名である。また、公家の子どもで小姓になった者は長澤資親・前田賢長《よしなが》・前田玄長《はるなが》の三名で、みな吉保邸に居住した。その他にも、幕臣や大名の家臣の子で美しい者は出自を問わず集められた。

右のような小姓たちの生活に対する厳しいコントロールや、大名を小姓に任じてしかも集住させたことなどに言及するのは、著者がそれらを特殊で異常な事態と認識したからだろう。そして、その異常な事態の背景には綱吉の「年少」好み、すなわち衆道があったと見なしている。

柳沢邸に居住したとされる大名・公家六人の生年は、『寛政重修諸家譜』を見ると水野勝長の延宝七年（一六七九）から本多忠統の元禄四年で、綱吉との年齢差は三三歳から四五歳ある。みな綱吉晩年の一〇年間に一〇代から二〇代で小姓や小姓並に任用された。

その中で水野勝長については『寛政重修諸家譜』に柳沢邸居住の記録がある（譜6-46）。勝長は旗本の子だが、元禄一一年、水野氏福知山藩が無嗣改易となった時に幕府の命で同族としてその名跡を継ぎ、能登一万石を与えられた。翌一二年、二〇歳の時大名の身で小姓となり、一三年一〇月二八日に下総結城藩へ転封、同年一一月一二日、綱吉の命で柳沢吉保の屋敷に移り住む（「おほせをかうぶり柳沢出羽守吉保が神田橋の邸中にうつり住す」）。その後も加増が繰り返された結果、最終的に一万八〇〇〇石となる。

『寛政重修諸家譜』には、綱吉が吉保の屋敷に渡御した時邸内にあった勝長の居宅へ元禄一四年一月、元禄一五年三月の二回立ち寄ったことも記録される。勝長は元禄一六年一二月、満二四歳で病死した時、妻帯はしていたが子がなく、弟を末期養子とした。

本多忠統は、既述のように春台に扶持米を与えた大名の一人である。宝永四年（一七〇七）から綱吉の亡くなる同六年まで小姓として仕えているが、『寛政重修諸家譜』に柳沢邸居住の記載はない（譜11－246～247）。綱吉死後も吉宗の時代に奏者番、寺社奉行、若年寄を務め、享保改革推進に力があったとされる。

公家の子弟で名が上がっている前田賢長については、京都から江戸へ行くにあたって武家に知人がいなかったので、柳沢の所へ参上するよう老中から指示が出ていることを福留真紀が明らかにしている。[47] 福留は「江戸に着いてからそのまま柳沢邸に居住したのではないか」と見る。『寛政重修諸家譜』によれば前田賢長と前田玄長（譜21－84）は後に高家に任じられ、朝廷・公家関係の儀式典礼の際に使者として活動している。

ちなみに福留は、小姓も含めて綱吉の側近くに仕える中奥の者は、情報漏えいを避けるために外部と接触することを規制されていたと指摘している。その事例として、貞享三年（一六八六）に桐之間番の永井尚昌が八丈島へ流罪となった一件を挙げる。無断で遠縁の者を訪問したばかりでなく、常々近所の者と会っていたというのが処罰理由であった。

だが、親戚や近所の者との接触を理由とする処罰としては厳しすぎる。江戸幕府の各役職の職掌や沿革などを記した書『明良帯録』餘篇の「御小姓」の項には「枕席御用之仁は、他の出合、親類たり共、猥りに会合をゆるさず」とあって、外部との接触を厳しく制限されたのは小姓の中でも将軍の枕席に侍った者としている。[48] 尚昌も桐之間番ではあるが同様な立場にあった者として処罰された可能性があり、綱吉政権のいわゆる「賞罰厳明」の実態は、綱吉の男色関係が影響したものも一定数あったのではないか。

さて、これまで見てきたように『三王外記』の中の綱吉と大名・公家との男色記事は、単なる醜聞ではなく一定の事実の反映もあった。ただし、春台がいうような単なる「姿色」に勝れただけではなく、政治的能力にもまた勝れている側近も少なくない。その場合は将軍と側近との性的関係は、政治を進めるうえでむしろ有効に機能しただろう。だがうまく機能している限り処罰されることがないため、かえって史料には残りにくく、結果的に政治史に男色が果たした役割は見えにくくなる。

おわりに

宝永六年（一七〇九）、専制君主綱吉が死去すると、六代将軍家宣は悪名高い生類憐れみ令だけでなく、綱吉が江戸城に新設した桐之間・廊下番・奥詰衆等の側近職をすべて廃止する。綱吉の側用人、柳沢吉保は隠居した。

常憲院殿（綱吉）御代久しきに随て、御小姓・御小納戸・坊主・六尺各何十宛といふ事になりて、其外に御次番・御廊下番・桐間番・御湯殿番などいふもの出来し程に、凡は奥方に召仕はれし人々、医師をかけて何百人といふ程の事に及びき。文昭院殿（家宣）御代をしろし召されて、御小姓衆・御小納戸の外は皆とどめらる（『紳書』下[49]）。

将軍の側近くに仕える数多くのポストがあっけなく廃止された背景には、幕府財政への負担ということだけでなく、『御当代記』に見られたような、賞罰も含めた幕府人事に対する幕臣たちの批判的視線があったことも考慮すべきである。

幕藩官僚制の官職は、将軍・藩主と家臣間の個別人的関係を軸とした出頭人政治を否定することを通じて形成された、と藤井は指摘する。[50]その背景として、支配の継続と安定を求める将軍権力の動向とともに、支配の公平さを求める家臣団からの動きが挙げられている。

家臣団の目が実際に藩主の行動を規制したことは、例えば『葉隠』[51]の中のエピソードに見ることができる。『葉隠』は、綱吉と同時代に生きた鍋島藩士山本常朝（一六五九〜一七一九）の談話の聞き書きである。常朝は藩主鍋島光茂（一六三二〜一七〇〇）から加増の代わりにと、夜着と蒲団を拝領する。主君からの夜着と蒲団という拝領物は、男色関係を想定させる。光茂は下賜の際に、「慰方《なぐさみかた》」の者を加増することは「遠慮故」と述べており、家臣団からの評価を気にしている様子がうかがえる。この件で藩上層部（年寄職）への礼は無用、と付け加えているのもそのためだろう。

大坂にて御夜の物・御蒲団拝領のとき、「慰方に召仕《めしつか》われ候者は、加増とは遠慮故、志迄にくるるぞ、年寄共え礼にも及ばぬ」と仰せられ候時、「哀昔《あわれ》ならば此蒲団を敷、此夜着を被り、追腹仕るべきもの」と骨髄にありがたく存じ奉り候也（聞書2－64）

既述のごとく、氏家は一七世紀後半以降、幕府・諸藩が武家男色を禁止するも、禁止の対象は家臣団であって大名ではなかったことを指摘したが[52]、支配の公平さをめぐる将軍・藩主と家臣団間の緊張関係は、将軍や大名の男色も一定公然化しにくいものにしたことが、このエピソードからもうかがえる。

しかしながらこうした緊張関係が存在すると同時に幕藩官僚制には、知行・俸禄を前提とする給与形態や、将軍や藩主の「御為第一」をもっとも重要な規範とするような臣隷的・臣従的性格といった、封建主従制の原則が貫かれていた。藤井はこの封建主従性的特質が、将軍や大名によって出頭人政治を絶えず創出する可能性を残し、また現実のものとしたと指摘する[53]。

出頭人を創出する可能性を恒常的に持つ幕藩官僚制社会は、妻妾の縁故関係とならんで男性同性愛に基づく親密関係が、政治に影響する余地を内在させつづけた社会でもあったといえよう。とすると将軍・大名と側近の親密関係は、主君と家臣団の緊張関係のバランスの中で、公然化や史料に書きとどめることがはばかられつつも、[54] 現実には政治に影響を与えていた可能性がある。本稿で見た『土芥寇讎記』『御当代記』『三王外記』が伝える男色に関する噂や評判・評価が、綱吉政権期の政治史史料とどのような関係性を示すのか、今後明らかにされていくことを期待して擱筆する。

注

1　金井圓校注『土芥寇讎記』（江戸史料叢書）人物往来社、1967。なお、本稿の史料引用はすべて筆者が読み下し文とした。

2　暉峻康隆『西鶴新論』中央公論社、1981。町人社会でも武家衆道風俗の流行にならって男色が普及した。井原西鶴著『好色一代男』（天和2年、1682）の主人公世之介が54歳までに契った人数は、女性3742人、若衆（「少人」）725人とある。女性の数は在原業平が契った数を踏襲する。若衆の数の根拠は不明だが、当時の性愛における、女色に対する男色の比率を反映させた数と見る研究もある。試算すると世之介の性生活に男色が占める割合は約16・2％だが、「少人」とは世之介が念者の立場で契った若衆の数に限定されていると見なすべきで、本人が少年期までに若衆として経験した数を足せば、男色率は更に上昇しようという指摘もある。

3　『文学』6巻1号、1995年冬。

4　五味文彦・神田龍身・高田衛・小森陽一・渡辺守章　座談会「日本文学における男色」（前掲『文学』6巻1号）。

5　西山松之助「衆道風俗について」（講座日本風俗史別巻『性風俗3　第3集・社会編』雄山閣出版、1959）、野間光辰『浮世草子集』「解説」（日本古典文学大系91、岩波書店、1966）、同『西鶴新新攷』（岩波書

店、1981)、松田修『刺青・性・死』平凡社選書、1972、暉峻康隆『西鶴新論』中央公論社、1981、加藤征治「天保改革における「かげま茶屋」の廃止」『風俗史学』23号、2003、染谷智幸『西鶴小説論──対照的構造と〈東アジア〉への視界』翰林書房、2005など。
6　五味文彦『院政期社会の研究』山川出版社、1984。
7　氏家幹人『武士道とエロス』講談社現代新書1239、1995。
8　北島正元「かぶき者」『近世史の群像』吉川弘文館、1977、山本博文『殉死の構造』弘文堂、1993(2008年に講談社学術文庫として再版)。
9　氏家幹人『江戸の性談』講談社、2003。
10　福留真紀『徳川将軍側近の研究』校倉書房、2006。
11　星乃治彦「『同性愛者』の歴史的機能」服藤早苗・三成美保編『権力と身体』(ジェンダー史叢書1)明石書店、2011。
12　塚本学校注『御当代記』(東洋文庫643)平凡社、1998。
13　『三王外記』甫喜山景雄(我自刊我書屋)、1880。
14　金井圓「『土芥寇讎記』について」(金井圓前掲書所収)。
15　若尾政希編『『土芥寇讎記』の基礎的研究』「はしがき」、科研費報告書、2004。
16　塚本学『徳川綱吉』(人物叢書(新装版))吉川弘文館、1998。
17　佐藤宏之「『土芥寇讎記』における男色・女色・少年愛──元禄時代を読み解くひとつの手がかりとして」(前掲若尾政希編『『土芥寇讎記』の基礎的研究』)。
18　富成は寛永18年(1641)に家綱が生まれた時に13歳でその小姓となった(『寛政重修諸家譜』6巻、286頁)。延宝8年(1680)に家綱が死去した後も、天和元年(1681)に綱吉側近の奏者番として仕えている。

19 例えば塚本学は「綱吉の時代、男色は特に彼のような地位で一般的で、彼自身にもその嗜好があったことは疑いない」と述べる（前掲『徳川綱吉』）。
20 高木昭作『日本近世国家史の研究』岩波書店、1990。
21 斉藤正一『庄内藩』（日本歴史学会編『日本歴史叢書』43）吉川弘文館、1990。
22 塚本学は奥詰衆は「綱吉の男色対象であるかに理解されるようだが、かなりの高年齢者もふくまれる」と述べる。塚本前掲『徳川綱吉』。
23 神田由築「江戸の子供屋」佐賀朝・吉田伸之編『三都と地方都市』（シリーズ遊郭社会1）吉川弘文館、2013。堺町・葺屋町・木挽町以外で歌舞伎野郎を抱えることや諸方への派遣の禁令は元禄2年5月に江戸町中に触れられた（『正保事録』『御触書寛保集成』）。
24 『土芥寇讎記』は末朝が弟「猪右衛門」を冷遇したと非難するが、『寛政重修諸家譜』によると、弟の名は直昌（伊右衛門）で、元禄元年に末朝の継嗣に遇されるも元禄14年に45歳で没する（譜10-159）。
25 『日本国語大辞典』（小学館）では「婆娑羅」を「みえをはって派手にふるまうこと。おごりたかぶって贅沢であること。形式・常識から逸脱して、奔放で人目をひくようなふるまいをすること。また、そのさまやそのような行ない」と説明する。
26 初期かぶき者については前掲北島正元「かぶき者」参照。
27 「動楽之波沙羅者」と名指しされた坂部三十郎廣象《ひろかた》は5000石余の大身の旗本である（譜9-397）。父廣利もかぶき者の旗本奴集団神祇組で無頼を尽くしたことで知られるが、上記の記事から廣象もまた同様であったことがうかがわれる。廣象は『土芥寇讎記』では岡山藩主池田（松平）綱政と一緒に淫酒を尽くす姿も批判される（土芥8-18）。
28 塚本前掲『御当代記』。
29 「上方侍」の意味は不明。綱吉は本稿四節で取り上げた『三王外記』にもあるように、公家の子弟を士分化し、小姓として採用している。当時上方、とくに京都は美少年の供給地と見なされていて、江戸の歌舞伎若衆の供給源も京都だった。ここで「上方」としているのも、容色を期待して採用していることを暗示しよう。西鶴は地方の美少年を京のそれと比べ、「色の白き事、かしこき事、上方者にはとても及びがたし」(前田金五郎訳注『世間胸算用』巻4-3、角川文庫540、1972)と記す。

30 藤井譲治「幕藩官僚制論」(『講座日本歴史』5、近世1、東京大学出版会、1985)(『幕藩領主の権力構造』岩波書店、2002再録)。

31 塚本前掲『御当代記』。

32 『徳川実紀』天和3年11月19日条「小姓朝岡伊豫守直国、さきに外様に出されし後、思召旨ありて近侍に復職せしめしが、尚心得よからず、奉職も無状なりとて采邑収公せられ、阿部対馬守正邦にあづけらる。子弟等は親戚のもとに遣はさる」。

33 塚本前掲『御当代記』。

34 福留前掲書。

35 深井雅海『徳川将軍政治権力の研究』吉川弘文館、1991。

36 『古事類苑』官位部62「奥向番衆」(国文学研究資料館『古事類苑データベース』)。

37 表章・天野文雄著『能楽の歴史』岩波書店、1987。

38 『徳川実紀』天和元年(1681)5月条には、「猿楽より遁世して僧となり、下総法華経寺に寓居してありし小川松栄某召出され、奥医並となり、新に三百俵たまふ」とある。

39 「かぶき子」とは当時「子供」と呼ばれた歌舞伎役者の弟子か。神田由築前掲論文参照。

40 『徳川実紀』天和3年2月26日条も、医員並小川松栄らが勤務を賞されて還俗、賄頭や代官などになったことを記す。

41 塚本前掲『御当代記』。

42 『書経』伊訓「敢有恒舞于宮、酣歌于室、時謂巫風」。
43 尾藤前掲論文。
44 尾藤前掲論文。
45 「三王外記」『国史大辞典』吉川弘文館。
46 『徳川実紀』附録巻中も、綱吉治世の特色として大名から多くの小姓を任命し、また小姓から大名に取り立てたことを挙げる。
47 福留前掲書。福留は小姓だけでなく廊下番も柳沢吉保の霊岸島下屋敷や神田橋内上屋敷にあった廊下番長屋・廊下番部屋に居住したと指摘する。ただし、廊下番経験者で『寛政重修諸家譜』に柳沢邸に居住確認できるのは藤沢次政のみで、廊下番ではなく小納戸の時に居住したとする。綱吉は柳沢邸御成の際、次政のもとに二度立ち寄った。
48 蜻洲無学山人『明良帯録』序文、文化11年（1814）『古事類苑』官位部62「小姓頭取」、国文学研究資料館『古事類苑データベース』。
49 『紳書 下』、『古事類苑』官位部62「奥向番衆」、国文学研究資料館『古事類苑データベース』。
50 藤井前掲論文。
51 斎木一馬他校注『葉隠』（日本思想大系26）岩波書店、1974。
52 氏家前掲『武士道とエロス』。
53 藤井前掲論文。
54 『土芥寇讎記』『御当代記』『三王外記』の三書とも、将軍・大名の醜聞が含まれるなどの理由から、江戸時代には流布していない。とくに『土芥寇讎記』と『三王外記』は秘書として扱われたと見られている。注1・12・45記載の文献参照。

COLUMN3

ともに嫁ぐか、ともに死ぬか？——前近代中国の女性同性愛

野村　鮎子

崑曲「憐香伴」

二〇一〇年春、北京で崑曲《こんきょく》（古典劇の一種）の「憐香伴」が三五〇年ぶりに上演されるというのでニュースになった。フェミニズム学者で同性婚の法制定運動の先頭に立つ李銀河が文化顧問として参画していたこと、女性同性愛者の役を男優が演じることでも注目を集めた。「憐香伴」は明末清初の李漁《りぎょ》（一六一〇〜一六八〇）の長編戯曲である。複雑に入り組んだ物語だが、話の主軸を二人の女性に絞って整理すると次のようになる。

范石の若妻である崔箋雲は揚州で美少女曹語花に出会い、詩を唱和して心を通わせる。二度目に会った時互いの胸の内を知った二人は、結婚式の真似事をして来世で夫婦となる誓いを立てる。ともに暮らすことを夢見た箋雲は夫に彼女を娶るようにすすめ、人を介して語花の父に婚姻を申し込むが、父は娘を妾にする企みだとして拒否。范石も人の讒言に遭ってしまう。数年後、語花の父は都で出世して高官となったが、語花は箋雲を想うあまり病の床に臥していた。父は娘のために詩友を募集し、箋雲は未婚と偽ってこれに応募。箋雲は語花の父家でともに暮らすことになる。一方、范石の方は名を変えて受けた科挙に合格し、語花の父によって娘婿に迎えられる。ところが箋雲にも縁談が舞い込み、ここに至って語花は父に事

情を打ち明け、父は皇帝の裁定を仰ぐ。皇帝の命《めい》は、二女をともに「夫人」という位に封じ、対等の立場で元の夫に嫁がせるというものであった。

中国の芝居は宴席に一座を呼ぶのがかつてのスタイルで、公的な上演記録など存在しないので、二〇一〇年の上演が三五〇年ぶりだったかどうかはわからない。しかし、少なくとも中華人民共和国成立以後、この内容がタブーであったのは確かである。それは京劇が一九五〇年代にこの劇を上演するにあたり、崔箋雲が兄のために曹語花との仲をとりもつという話に改編してしまっていることからもわかる。二〇一〇年の崑曲での上演は、ダイジェスト版ではあるが、原作どおり二女の情愛がテーマになっている。

作者の李漁は科挙に合格せず、生涯を無位無官で終えた文人である。自ら劇団を有して戯曲の世界に耽溺し、色事にも通じていた。日本でもよく読まれた性愛小説『肉蒲団《にくぶとん》』は彼の作と目されている。彼に関する研究は多いが、「憐香伴」が女性同性愛文学として正面から論じられるようになったのは最近のことである。かつては姐妹（ここでは妻と妾の意）が互いに嫉妬せず仲良く夫を共有するという文人家庭の理想を描いた作品と解されていたのである。「憐香伴」が再評価されたのは、一九八〇年代から九〇年代にかけて香港や台湾で出版された中国の同性愛もしくは同性愛文学の歴史を論じた本の中で、古典では数少ない女性同性愛を描いた作品として紹介されたことをきっかけとする。

前近代中国における同性愛

よく知られているように、前近代の中国では男性同性愛は性的指向の一種として社会的に許容されていた。紀元前の戦国時代にはすでに美男を贈ることが美女と同じく敵方を籠絡する手段として行われていたし、歴代王朝の皇帝で男寵がいた者は枚挙に暇がない。特に明清時代にはその風俗は民間にも広まり、専門の男娼もいた。ただし、その多くはホモセクシュアルというより、バイセクシュアルである。男性同性愛は、跡継ぎをあげるべき立場の者が女色を遠ざけて男色に耽るという事態に至らない限りにおいては、格段問題視されなかった。歓迎されはしないにしても、排除されていたわけではない。それが精神的な病いであり、罰するべき対象と見なされるようになったのは、近代の、とりわけ中華人民共和国になって、国民に性的な面での純潔道徳が求められるようになってからである。

他方、女性同性愛に関する歴史上の記録は極端に少ない。紀元前のわずかな例として、『漢書』に宮女同士が関係していた（これを対食という）記録があるにすぎない。また古い小説の『漢武故事』には漢武帝の寵愛をうしなった陳皇后が、男装させた女を宮中に引き入れて罰せられたという話もあるが、こうした記述のされ方には、欲求不満の女が異性の代替として同性と関係を持つのだという偏見が透けて見える。

同性愛を示す言葉自体にもジェンダー差がある。男性同性愛は「分桃」「龍陽」「断袖」などそれぞれ故事来歴のある風流な言葉で表現されたのに対し、女性同性愛は「磨鏡」という即物的な名称で呼ばれた。磨は撫でさすること。同じ形の者が互いに愛撫しあっていることが、鏡を撫でているようだというのである。男性同士の情愛は時に詩に詠じられるのに対し、女性はその感情を表現する手段、文字を持たなかったことにも要因がある。

男性が書く通俗小説においては、女性同性愛行為はしばしば男性同性愛よりも淫靡なものとして描かれる。たとえば丁耀亢《ていようこう》（一五九九～一六六九）の『続金瓶梅』は、『金瓶梅』の登場人物の生まれ変わりによる因果応報物語だが、その中に登場する女性同性愛者の黎金桂と孔梅玉は、『金瓶梅』の稀代の淫婦である潘金蓮とその侍女春梅の生まれ変わりとして設定されている。黎金桂と孔梅玉は欲求不満が高じて同性愛に陥ったとされ、その性行為の描写は執拗でサディスティックな色彩すら帯びている。『続金瓶梅』においては、女性同士の情欲は前世で犯した淫乱の罪に対する今生《こんじょう》の罰なのである。

家父長制下の女性同性愛

これに対して、「憐香伴」は女性同性愛を肯定的に描いた極めて特異な作品といえよう。しかしながら中国の古典戯曲はあくまで大団円主義である。二女の情愛を大団円にもちこもうとすると、崔箋雲が画策したように二女がともに同じ夫に嫁ぐ他はない。これは家父長制度下の妻妾同居というシステムを逆手にとった女の策略ともいえるが、ここで障壁となるのが一夫一妻の大原則と妻と妾との間のヒエラルキーである。正妻はあくまで一人。しかるべき家門から迎えた妻は不貞を働かないかぎり離縁はない。妻が亡くなったとしても、新しい妻はやはり対等の家から迎えられ、一旦妾として嫁いだ女性が妻に据え直されることはない。しかも妾が産んだ子女の母権は正妻が有している。妻として嫁ぐのと妾として嫁ぐのでは雲泥の差であり、語花の父がこだわったのもこれが家門の面子に関わることだからである。そのため古典戯曲が伝家の宝刀として用いるのが、皇帝の命という超法規的な裁定だ。二女が対等な立場で一人の夫に嫁ぐというご都合主義（しかも男性目線の）の結末は、まさに前近代中国を象徴するファンタジーなのである。

ちなみに「憐香伴」の最後の場面は、夫が右に箋雲、左に語花の「両手に花」の状態で新婚の床入りをするところで終わっている。冷静に考えれば、これは二女の同性愛の勝利ではない。女たちは最初から異性愛を受け入れること、バイセクシャルであることを強要されているのであり、同性愛物語としての「憐香伴」は結果として家父長制下の異性愛中心主義に絡めとられてしまっているのだ。

ただし、こうした作品が明清時代に登場したことは、女性同性愛（行為ではない情愛）の存在が文人たちに広く認識されていたことを意味する。もっとも、女部屋の中は外から窺い難く、女性同性愛と女性同士の友愛との境界も曖昧で区別が難しい。同性愛関係が明るみになるのは、心中のようなスキャンダラスな事件が起こった場合に限られた。

清の李媞《りだい》（一八〇五～二九）は夭折した女性詩人として知られているが、弟が書いた伝記によれば、実際の死因は従姉を追っての入水であった。伝記の記述は曖昧ではあるが、二人は朝から晩まで膠《にかわ》の如くぴったりと離れず、生死をともにすることを誓った仲だったという。結婚後は一旦離ればなれになったものの、結局は未婚を通していた従姉とともに死を選んだ。また、李媞とほぼ同時期の諸聯《しょれん》は『明斎小識《めいさいしょうし》』に、「二女同《とも》に死す」という題で、ある心中事件を書き留めている。上海書院の教官として赴任した祝某の妾は、近所に住むある未婚の女と親しくなる。女はのちに嫁いだものの夫に疎まれ、たびたび祝の妾のもとを訪れては夜通し語り合っていた。ある晩、皆が寝静まった後、二人はそっと家を抜け出した。明け方、河に二女の死体が浮いていたが、二女は固く抱き合ったままだったという。

一般に女性は他者への共感性が高く、女性同士の心中すなわち同性愛とはいえない。しかし、前近代の中国では女は婚姻という名のもとに家と家の間で交換されるモノに過ぎず、女性同性愛者がその運命から逃れるには、ともに死ぬより他に道はなかったのも事実である。

さて、現代の情況はどうか？　中国は一九九七年の刑法改正で同性愛行為を処罰する罪を廃止し、二〇〇一年にようやく精神疾患の項目から同性愛を除外した。女性同性愛もかつての「対食」や「磨鏡」といった言葉に代わり、「拉拉《ララ》（台湾の女性同性愛小説『ある鰐の手記』の主人公「拉子」による）」や「蕾絲辺（レズビアンの音訳）」と呼ばれるようになった。九〇年代以降、LGBTの団体も結成され、レズビアンを含む中国の同性愛文学は再び光を取り戻しつつある。[注]　ただし、LGBT団体に対する中国当局の監視の目は総じて厳しい。しかもレズビアンについては従来の淫靡なイメージがつきまとい、ゲイよりも抑圧を受けがちである。くだんの「憐香伴」も、当初は北京を皮切りに全国大都市での公演が企画されていたが、巡回公演はなぜか中止されたままである。その理由は明らかにされていない。

注

近年の運動については、遠山日出也「中国におけるセクシュアル・マイノリティをめぐる政策と運動」（『近きに在りて』58号、2010）や同氏のブログを、近年の文学状況については、白水紀子「中国同性愛小説の作家とその周辺」（『南腔北調論集』東方書店、2007）を参照されたい。

第6章 ウィークネスフォビアとホモフォビア
――「日本男児」が怖れたもの

内田　雅克

はじめに

本章では、近代国民国家として歩み始めた日本が富国強兵・帝国拡大の道を進む歴史的文脈において、「『弱』であってはならない」という強迫観念と「弱」への嫌悪、「『男性同性愛者』と思われてはならない」という強迫観念と彼らへの嫌悪、これら二つのフォビアの形成過程を読み解き、そこに働いたポリティクスを検証する。[1] このポリティクスを有効に解明するための手段として、「ウィークネスフォビア」という新しい概念（筆者による造語）を用いたい。それは、「『弱』に対する嫌悪と、『弱』と判定されてはならないという強迫観念」を意味するものとする。

本章で用いる史料の一つは、少年雑誌である。その史料としての意義は、単なる少年向けの読み物という域を超えた、社会の理想と方向性、男性に期待される属性を明快な形で提示しているところにある。表象分析の対象としたのは、少年に語りかけられた教訓・論説、少年に見せられた挿絵・口絵・写真などの図像であり、小説などの読み物は除外している。また三誌の分析対象の時期は、それぞれが圧倒的な人気を博したとされる期間に限定している。そこに時代が色濃く反映されるからである。対象とした記事・図像にジェンダー、「男性性」の視点からの分析を試みている。併せて、実体の実態を探るべく、軍学校・軍隊関連資料を検証の場とした。またホモフォビアに関しては、性科学雑誌、同性愛小説・雑誌を史料とした。

検証の時間軸を大まかに三つに区分し、それぞれの時間的脈絡において少年雑誌が見せるウィークネスフォビアの形成・変容・再編、さらにセクシュアリティとして男性同性愛への眼差しの変容を捉え、ウィークネスフォビアとホモフォビアの接点を浮上させる。そして二つのフォビアの形成過程に、日本人男性の「男性性」に潜む問題性を可視化したいと考える。

一　日清戦争から日露戦後期

1　ウィークネスフォビアの形成

第一期は、日清戦争（一八九四年八月～九五年四月）の戦勝気分が高まっていた一八九五年一月より日露戦争（一九〇四年二月～〇五年九月）後の一九一〇年頃までである。「富国強兵・万邦対峙」を国家・国民的目標とし、国民国家確立を見る時代である。日本が封建制を脱して近代的な国民国家になろうとした明治期において、封建制度下の藩民である男女をどのように国民化、近代化するかという

図1 『少年世界』1-10［1895年］36~37頁「山吹の花」挿絵

図2 『少年世界』1-7［1895年］口絵「威海衛の三勇士」挿絵

ことが一つの課題であったといえよう。一八九〇（明治二三）年の「教育勅語」を精神的支柱とした強力な国家主義的教育政策が登場し、学校教育だけではなく、当時次々と創刊された雑誌も教育の一翼を担っていた。

こうした国家主義的教育政策をよく反映するのが、明治期の少年雑誌『少年世界』である。[2] そこには少女、「非日本人」といった他者との関係性の中で、少年というカテゴリーの構築とウィークネスフォビアの形成のプロセスが可視化する。

〈図1〉の日本軍人像は、西洋的「男らしさ」を纏う。長身に洋装、濃いひげを蓄える。対照的に丸みを帯びた風貌に民族衣装を着た中国人から奪われたのは、「男らしさ」である。日清戦争の正当化のために使用された「文明対野蛮」という図式は、「男らしさ」の有無と重ね合わされる。脱アジア、またアジアをリードしようとする目論見――アジアに対する複雑な意識が交錯する中に一貫しているのは、「決して弱国になってはならない、西欧列強と肩を並べなければならない」という強迫観念である。

日清戦争の時期、〈図2〉のような西洋的「男らしさ」と肩章を誇示する軍人という英雄像は、崇拝や憧れを少年の中に喚起し、士官学校も彼らにとって魅力的な進路の選択肢となっていた。軍人像が唱歌や国語教科書へと浸透していくのもこの時期である。

富国強兵の担い手とされた少年の対立項に置かれたのは、少女である。少年の優越と特権のために、少女の役割と属性が規範として提示されていく。〈図3〉を挿絵とする「みとり（看護）」（一八九五年1巻18号）では、「患者は父上か、母君か、最愛の兄弟か、どなたにせよ、優敷令嬢方は我を忘れて看護に心を寄せ玉ふとは当然でございます」と、少女の務めは諭される。看護をする少女に求められる性質は「やさしさ」「従順さ」「控えめ」である。それらは少年にとっては「しなくてよい、ふさわしくない行為」さらには「有してはならない、恥ずかしい性質」という規範へと展開していく。そこに構築されるのは、「男という性別」に都合のよい「女という性別」である。「男らしさ」は「女らしさ」なしには在りえない。

図3　『少年世界』1-18［1895年］18頁「みとり（看護）」

一八九七（明治三〇）年、台湾における日本の総督府の設置は植民地主義的な欲望を露呈する。そして朝鮮に対する「非日本人」表象にジェンダーが言説として登場するのは、「朝鮮の幼年世界」（一九〇一［明治三四］年7巻16号）である。その一節「男子と女子」には「男の子は日本の女のようにおとなしく」と書かれ、さらに「日本人の子供と朝鮮人の子供」はこう語る。

　朝鮮人の子供は男の子でも日本の女の子よりおとなしいですが、日本人の子供はアチラで生れた者でも荒つぽくて仕様がない、相撲を取る、石を投げる、叩合《たたきあい》をする、木に上る、悪口を云ふ、叱り付けても中々驚ろかない……日本人と朝鮮人とは子供の内から性質が違つて居る、戦争をしてドコの兵隊にも負けぬのは子供の内から此気象があるからでせう。（一〇二頁）

〈図4〉は、男女をほとんど差異なく描いたこの記事の挿絵である。「男らしさ」が欠如した女性的少年は国家を滅ぼす。ジェンダーの境界線の濃淡が、二国の強さを象徴する。

図4　『少年世界』7-16［1901年］100頁「朝鮮の幼年世界」挿絵

「日本と朝鮮」（一九〇四［明治三七］年10巻5号）と題した記事には、「日本はこの弱い朝鮮を扶《たす》けて、長く独立させて行かねば成らぬと云ふ、大きな責任を負ふ事と成つた」と書かれる。相手を弱者に仕立て、植民地的欲望を「加護」というヴェールで包み隠す。「朝鮮土産」（一九〇五［明治三八］年11巻12号）は、少年と国家を結ぶ。

　亡びやうとする国と興らうとする国とは、其国へ行つて、一寸《ちょっと》見れば直ぐ分るものがある。それは何であるか

図5 『少年世界』10-4［1904年］4-5頁「弱い者いぢめ」

> と云ふと、即ち其国の少年が朝夕学校へ往き返りする其景況である。（中略）日本の兵士は実に強い！ が、併し、之は決して陸軍や海軍の兵が強いのではなく、全く日本の少年が強いのである!!!（五四～五五頁）

亡国の「少年」は弱く、興国の「少年」は強い——国家の強さはその国の男性の強さなのである。少女をそうしたように、「おとなしい」と特徴づけた朝鮮の少年を梃子として、「やんちゃ」という理想的な日本人少年像が捏造される。少年に投影されたのは、西欧列強に百年遅れて近代国家の道を歩み始めた日本が必要とした男性像に他ならない。

国家の一大事である戦争に、少年間の「男らしさ」の図式をはめ込んだのが、ロシアとの戦争に突入した翌月に発行された一九〇四年10巻4号の「弱い者いぢめ」である。弱者の清二郎（清）を強者の魯太郎（ロシア）から日之助（日本）が守るという図式を見せる。稚拙な喩として済まされるものではなく、「弱者を守り、強者に立ち向かう」という一見正当性を有すこの言説には、強者と弱者という序列、弱者という存在の捏造、従順を拒絶した弱者への暴力的攻撃といった「男性性」を軸とする空間に潜む問題性が透明化している。魯太郎に跨り拳を振り上げる日之助の挿絵〈図5〉は、少年たちに暴力を肯定してみせる。

日清戦争期の「日本男児」という言葉は、「国家を担う」という国家意識を色濃く反映したのに対し、西欧列強との戦争に突入した日露戦争時・後は「日本男子特有の強さ」なるものが強調される。その一つの表れとして細谷実は武士道への回帰を挙げる（細谷 二〇〇一）。一九〇八（明治四一）年、「戊申詔書」は人々の生活態度の引き締めを求め、「軍隊内務書」には武士的モラルの衰えが改正理由として挙げられていた。日露戦争の勝利による植民地化の心配の消失がもたらした奢侈への流れ、さらには社会主義の流行の兆しが国家を武士道への回帰に向けたと考えるのは妥当であろう。その結果、忠義の対象として天皇という君主が急速に浮上した。

この時期の「男らしさ」の再定義を顕著に見せるのは、「青年」であった。一八九六年に『田舎青年』を著した山本瀧之助の青年団構想は、「戊申詔書」発布後に影響力を発揮していく。彼がその著書で訴えた「剛健」という「男らしさ」は、青年たちによって自発的に内面化された（加藤 二〇〇六）。「質実剛健な男子の気性」とは、帝国的拡大を遂げる国家の担い手に求められたものに他ならなかった。

2　衆道の継承

同性愛認識の変遷を捉えた古川誠によれば、森鷗外の『ヰタ・セクスアリス』（一九〇九）にあるような男子学生間の男色が「とりわけ日清日露の両戦役の間（一八九四〜一九〇五）に盛んだった」という（古川 一九九四）。「差別」を検証してきた三橋修が指摘するように、「出身藩による限定付き」であったにせよ、流行るほど存在したわけである（三橋 一九九九）。『ヰタ・セクスアリス』、あるいは坪内逍遥『当世書生気質』（一八八五）に映る男色という男性同性愛は、「硬派」に分類されている。すなわちそこにエフェミナシーは存在せず、むしろ女色の方が軟弱とされたのである。「柔弱《にゅうじゃく》、奸佞《かんねい》、堕落《だらく》の鼠輩《そはい》を撲滅《ぼくめつ》せんが為《ため》に出現《しゅつげん》せしなり」と産声を上げた『冒険世界』一九〇九年2巻10号の「青年学生の腐敗堕落読者投票結果」には、女色が上位にある。[3] さらに同記事に見える男色の集票は、その存在が特異なものとして未だ隠蔽されてはいなかったことを物語る。また西村酔夢「小歴史家」に描かれた教師と生徒の愛は、男色は学生間だけに限定されたものではなかったことをも示しているといえよう。

この投票結果の前号2巻9号「学生の暗面に蟠れる男色の一大悪風を痛罵す」に、男色に対する憤怒を露わにしていたのは同雑誌編集主幹であった河岡潮風である。河岡は「申《まう》す迄《まで》もなく男色は指弾《しだん》すべき大罪悪《だいざいあく》、背徳破倫禽獣《はいとくはりんきんじゅう》にも比《ひ》すべき醜行《しうかう》である」とし、「男色《だんしょく》の不滅《ふめつ》は男性《だんせい》の侮辱《ぶじょく》である」と、それが男性の尊厳を貶める行為であるとする。その理由とする件「愛せられる男子を女子の地位に置くものであるから、つひに相手の精神まで女女しく小さくさせるのだ。猜忌嫉妬《さいきしんと》などかつて自覚《じかく》せなかつた劣情《れつじやう》を平気《へいき》で表《あら》はすに至《いた》る」には、「女々しさ」への脅威が露呈する。性愛・恋愛は男女という両性間に於いてしか成立しえないというコンプレックス（固定観念）を有す河岡にとって、男同士における一方を女性化するのは必然であろう。「美少年《びせうねん》を弄《もてあそ》ばんとする奴《やつ》、美少年《びせうねん》ブル奴を片ツ端《はし》からなぐるべし」と、暴力までをも奨励する河岡は『新公論』一九一一年26巻9号「男性間《だんせいかん》の転倒性欲《てんたうせいよく》を排《はい》す」においても同性愛を社会問題と見なし、「愚」「軽佻浮薄」「意気消沈」「猜疑」「嫉妬」などといった言葉の羅列により男性同性愛者のイメージ形成に加担していく。

河岡が残した著書『五々の春』に、彼は社会の不公正に対する怒りを吐き出していた。重い病いに苛まれながらも「赤手空拳」を自負する河岡は、まさにウィークネスフォビアの渦中にあったのではないか。そして学生の意気消沈に対する憤怒の矛先を、「女々しさ」を象徴する男性同性愛者へと向けたのではないか。河岡が希求した「元気」の対極にある「柔弱」が、そこに重ねられたのだ。

二　第一次世界大戦から軍縮期

1　ウィークネスフォビアの変容

第二期は一九一〇年代前半より一九二〇年代後半で、第一次世界大戦、ロシア革命、朝鮮の独立運動、さらに国際連盟成立による軍縮の時流といった国際情勢、国内での普選期成大会の開催、児童文学での『赤い鳥』の創刊などが含まれる。この時期には、『日本少年』[4]と『少年倶楽部』[5]が世相をよく反映している。

〈図6〉の竹久夢二画のように、少年雑誌の中の「少年」は国家・戦争・外交といった政治とは切り離されていく。

この時代、『少年世界』を凌ぐ発行部数を記録し、詠嘆調と評された後続の『日本少年』には、抒情的画風を有す森田ひさしによる〈図7〉のような「美しい」少年が描かれていた。少年像に男性の肉体的な逞しさは存在しない。

少年像の変化は夢二の「童化」にだけ見られるものではない。芸術・文学を愛好する少年への温か

図6　『少年世界』19-11［1913年］49頁「お正月」挿絵

図7『日本少年』13-11［1918年］口絵「羊かひ」

い眼差しも登場する。「現代の五少年」（一九二一年16巻7号）では、浅原鏡村が文学を志して草むらに空想にふける少年を見守り、中島薄紅は「特等席で活動写真を観て、帝劇の珈琲店の大理石テーブルが似合う紺の制帽に金釦をつけた少年紳士」を主人公にする。[6]「少年」の前に「未来」を置き、モラトリアムな時間を提供する。そこに「少年」の不安や悩みは許容され、文学や芸術の愛好が「文弱」と批判されることもない。思い起こせば、それは日露戦争後の「青年」において嫌悪されたものである。少年像には時代が求める男性像、「男らしさ」が反映されていく。

一九一四（大正三）年一一月創刊『少年倶楽部』は、「諸君、男子らしき男子は、優しさと雄々しさとを兼ね備へなければならない」と、冒頭に『日本少年』との差異を声高に宣言した。「少年は居常快活なるべし。前途に希望をおいて勇往邁進すべし。少年の老成ぶるは極力排すべし」（一九一五年2巻1号）が示す『少年倶楽部』の方向性は、日常という至近な時間の中に子どもを置き、道徳的な行為と日々の成長を求めるものである。編集の中心にあったのは、文学者ではなく、子どもの現実を日々見ていた群馬県の小学校教員であった。
一九二三（大正一二）年の『少女倶楽部』の創刊は、ジェンダーの境界線を色濃く引き直すものとなる。[7]一方『少年倶楽部』では、一時消失していた国家の影が再び少年に近づき始める。それは一九二五（大正一四）年の記事に登場する軍人数の増加、「軍隊生活」の紹介（12巻8号）、そして一九二六（大正一五）年の軍人数の顕著な増加とこれまでにない兵卒の登場に表れている。また同年の「幼年学校の午後」（13巻8号）は陸軍幼年学校（以下、幼年学校と略す）の様子を報告し、皇族子弟の在校、生徒の礼儀正しさと逞しい身体、保護監督の充実を謳った。出自が武士階級に限定的で「荒々しい武人的」なイメージを有していた幼年学校を、広く一般的な進路の選択肢へと転換する意図が読み取れる。再び「少年」は国家が所有するものへと転じていく。

一方、昭和の初めの銀座には新たな男性像が登場していた。モダン・ボーイである。モダン・ガールとともに都会を闊歩した「おしゃれな」男のイメージは、少年雑誌にも寄稿していた竹久夢二に見ることができよう。ファッションに気を配る姿は、質実剛健とは対照的な軽佻浮薄なものとされた。「モボ」と呼ばれる男性が『少年倶楽部』に登場することなど、けっしてなかった。

そして夢二の筆は、彼の中の「少女」を映す。「自分たちがうつくしいキモノをきて、芸術品、そのものになれば好いのだ、とおもふ。美しい男に生まれたかつた」[8]「私も少女のやうにお化粧をすることが出来たら」[9]と日記に吐露する。沼田笠峰、竹貫直人、松本かつぢ、中原淳一らの作家も「少女」を描いた。[10]彼らの描く「少女」は、外見のかわいらしさだけではなく、どこまでも優しく、繊細で、思いやりにあふれ、笑みが似合う。振り返れば、それらはジェンダー「少年」から取り除かれたものではなかったか。意図的な配分によって「少女」に託されたものを惜しむかのように、彼らは少女雑誌の中で少女の如くに舞った。

ここに見られた一つのジェンダーのトランスは、ジェンダーの構築を暴き、心に明確な性別境界線を引くことの不可能性を見せる。

2 「変態」

異性愛を前提とした夫婦・性役割・家庭・恋愛など、今も続く健全で模範的なイメージが作り上げられていったのは、この時代である。一九世紀後半に欧米で急速に発達した性科学は一八九〇年代から日本に紹介され始め、一九一〇年代に本格的に移入され、性を表面化する。性欲は人間にとって自然で必要不可欠な本能と捉えられ、正確な知識と社会的統制の必要性が強調されることになった（赤川 二〇〇二）。そしてクラフト=エビングの翻訳『変態性慾心理』（一九一三）は「異常な」性欲なるものの存在をカテゴライズし、一九二〇〜三〇年代には同性愛に対する「変態性欲」という眼差しが確立されていったのである。

古川誠は、異常性欲に具現化したイメージを期せずして与えたのが「かげま」であり、かつての学生間の（そして武士的な）男色関係が消滅したわけではないが、男性同性愛の社会的イメージが武士的なものから「かげま」的なものへと転換したと見る。[11] ここに男性同性愛がその「女性的」イメージを色濃くする転換の契機を見ることは重要である。「変態性欲」の事例として取り上げられる男性同性愛の多くは、その「女性的」傾向を強調するものである。「かげま」が見せた一つの嗜好に過ぎない女装は、そこに揺るぎない証拠を与えるものであった。同性愛者は、ジェンダー二分の中で「女みたい」を象徴する「男性」とされる。性や性的指向のグラデーションを無視した「二分」こそが「女々しい」「女性的」という言葉を生むのである。

「男子は女子化し女子は男子化して結局は中性のものたらんとするの傾向は現代式なり。之れでは個人も社会も国家も偉大なる進歩は求め得られぬ[12]」。その後まもなく陸軍大臣となった陸軍中将宇垣一成の言である。性別の曖昧さは咎められるものとなる。

近代精神医学の礎を築いたとされる医学博士の呉秀三は、同性愛を病いと位置づけた。

同性愛《どうせいあい》は確《たし》かに一種《しゆ》の病気《びやうき》であります。それも自分の不心得《ふこころえ》不摂生《ふせつせい》から招《まね》いた必然《ひつぜん》の病気《びやうき》ではなく、多《おほ》くは親《おや》の、でなければ祖先《そせん》の放縦《ほうじう》、不摂生《ふせつせい》な生活《せいかつ》、露骨《ろこつ》に言《い》へば、大酒《たいしゆ》、梅毒《ばいどく》などから遺《い》伝的《でんてき》に起《おこ》つた業病《ごふびやう》。[13]（二四頁）

そして呉も「女性化」を憂える。「男子《だんし》ならば女子《ぢやし》となつて男子《だんし》を愛《あい》するという風《ふう》で、その歩《ある》きつきでも態度《たいど》でも、男子《だんし》であれば女性的《ぢよせいてき》となり、嗜好《しかう》までも女性化《ぢよせいくわ》し、風姿《ふうし》は繊弱《せんじやく》になり」と、男性同性愛者の「女性化」傾向を結びつけ、さらにその特殊な性情を薄弱・軽佻、身体的な神経症状に見出すのである。

紅夢楼主人は「美少年論」において「『女性的傾向』を帯び来らしむべき最大の動機は、受動的男色にある」とし、性行為における「女性の役割」を担うことに、「女性化」の一因を見出している。[14]

解剖医であり、性欲研究者であった田中香涯が主筆を務めたのが雑誌『変態性慾』である。[15] 2巻2号では、「女性的男子」というタイトルの下、呉同様に「女性化」の記述から始める。

男子でありながら、その身體及び精神共に女性に類似する者が往々世間にある。所謂女性的男子Androgynie或は女性化Effeminatio或は女性體格Habitus femininusと称せられるもので、その性欲は通常なることもあるが、併しまたそれが転倒して同性を愛する者も決して稀でない。（四九頁）

さらに同性愛者は「性器が小さい、声が女性的、髭が少ない」（五〇頁）などの身体的特徴の枚挙に遑がない。心性・素振りから身体に及ぶ「女性的」特徴が「非男」をカテゴリー化する。同性愛者は「非男」であり、「真っ当な男性」、否、人間ではないのだ。病いであり、精神も身体も「欠陥」というレッテルを貼られたこのカテゴリーに同一視することは「絶望」に等しい。

「変態性欲」は個人のアイデンティティにとって中心的な位置を占めるものとなる。綿貫六助はその小説の中で、自らを「変態」と自覚する主人公に「私のやうな人間は誠に奇であらう。死んだあとで解剖でもしてもらつたら、斯界研究の為めに幾分の貢献があるかも知れぬ。」と吐露させる。[16] そして綿貫はいずれもが妻帯者である男対男の恋を描いた。[17]

私には、今、ゐてもたつてもゐられないほど可愛いお爺さんが一人ゐる。尤も、私は、幾百人と云ふ老爺と恋をした。（九一頁）
私は、夢中になつて、爺さんの首玉へ飛附き、その顔の所きらはず接吻をあびせた。（九三頁）

「かげま」というイメージに一括りにされてしまった男性同性愛が異性愛と何ら変わることはなく、実は多様であることを物語る。同性愛は「女性的」と短絡的に等号で結ばれるものでもなく、ボーイズラブのように「女と見間違う美少年」だけを主人公とするものでもない。
「変態」という眼差しから逃れ、真実の欲望に目をつぶる同性愛者の苦悩が読者投稿欄を埋める。百年の時の彼方に、同性婚の認知を求める声がある。

若し実際自分の願ひが一度も叶へられずに一生を終るとしたら何といふ無駄な生涯であつたらうと思はれます。（中略）生まれた以上自己の欲望に生きる権利があるのです。（中略）昨年台湾総督府の或る嘱託は、土人間の同性結婚に就いて、無理解の妄を弁ずる一書を出したと聞きました。私は更に我々文明人に於てもそれは素より許さるべき、寧ろそうせねばならぬものと信じます。斯くて悩める多くの人々を救ひ、社会の有用なる一員となすことが出来ますと同時に、他の人々を彼等の誘惑から救ふことが出来ると思ひます。[18]（一三〇頁）

当事者には見える「変態」と抑圧された愛の迷走、そしてそこに派生する破綻。「非男」とカテゴライズされ、内なる欲望の抑圧を強いられる生は苦悶に満ちる。

悶えあかしてかうしたいまはしい悶えにけがれた生から一刻も早く逃れ、（中略）併し精神は兎も角も外観上、人間として男として生きて居る以上、理解の無い多くの世の人の前で、その人としての「体面」を滅茶々々にしてまでも、有りの儘の自分をさらけ出す事は到底出来る事では有りません。[19]（二三七頁）

「いまはしい悶えにけがれた生」、「生」を受けたことを、「性」によって恨まねばならない。それは「男」として生きなければならないというジェンダーがもたらした苦悩に他ならない。明確なカテゴライゼイションを前にした真実の隠蔽は至極当然であり、また性的指向を公に表明する必要性の根拠を見出せるものでもない。ゲイ・レズビアン・バイセクシャルの自殺未遂経験・自殺念慮率が当事者のおよそ七〇％という飛び抜けた数値が頭を過《よぎ》る。[20]

三　アジア太平洋戦争下

1　ウィークネスフォビアの再編

第三期は、一九三〇年代より第二次世界大戦における日本の敗戦までである。国内の冷害、失業、労働争議、日本共産党大検挙という不穏な世相を背景に、中国との「力」の争いが頻発し、いよいよ戦時へと突入していく。それは「正しい男性」をより明確に定義していくプロセスでもあった。思い起こされるのは、シンシア・エンローの言である。「『真の男』とはだれかをめぐる政治は軍事主義のパッケージに固く縫い込まれる」のである。[21]

一九三二年、上海事変時に「命を惜しまず敵陣を突破した」と英雄に仕立てられた「爆弾三勇士」こそ、「正しい男性」の明快平易な表象といえよう。モダン・ボーイを引き立て役にし、拠り所を求める人々の心性に適応した「男らしい日本男子」である（中川・加藤 二〇〇三）。そして軍国主義に沿って、『少年倶楽部』は「男らしさ」を再定義するプロセスを見せていく。昭和初期、「のらくろ」や江戸川乱歩の小説を有した『少年倶楽部』は、他を圧倒する発行部数を誇り、少年文化の最大の担い手となっていた。

〈図8〉（一九三四［昭和九］年21巻2号）のポスターが見せるように、姿勢やことばに「男らしい」という形容詞が付される。「男らしい」が「正しい」に取って代わる。

図8　『少年倶楽部』21-2［1934年］45頁

「弱い女たちを助けて、自ら進んで降りた、あの在郷軍人の男らしい行ひは、いまだに忘れることができません」（一九三五［昭和一〇］年22巻9号）と、軍人が「男らしさ」を体現する。ここでの「男らしさ」とは、「弱い」とされた女性を助けることである。その他、目の不自由な人を助けるために規則を破り罰則を甘んじて受けた友人、冷静沈着な行動をした友人への感銘を「男らしい行い」として語る作文が優れた評価を受ける。「男らしさ」に重ね合わされたのはいわゆる道徳である。真面目さを侮り、女性・弱者・無力な者へと押しつけながらも、道徳を装うジェンダー「男性」が見せる虚飾の一つである。

こうして構築された「男らしさ」からの逸脱は、あの言葉によって戒められ、恐怖感を煽られる。『あいつは女みたいな奴だ！』（一九三四〔昭和九〕年21巻4号「陸軍大臣林銑十郎大将の少年時代」）と（傍点筆者）。

一九四二（昭和一七）年、『少年倶楽部』が描いた社会の構図はホモソーシャルであった。構成したのは、兄と弟である。始まりは戦地にいる兄へのメッセージである。

しかし、兄さん、僕も日本男子です。兄さんが出発される時、靴の紐をむすびながら、『おれは、先に行つてゐる。お前はあとからやつて来い。』と、いはれたことが、近頃だん〳〵わかつて来たやうです。（一九四一〔昭和一六〕年28巻5号「兄さんの御霊に捧ぐ」一四二頁）

国家のために戦っている、そして兄の次に命を投げ出すからこそ、兄弟は尊い連帯となりうる。続いて「兄の肉体的逞しさ」と「憧憬の視線を送る弟」という構図が登場するようになる。兄が見せたのは西洋体型ではなく、がっしりした「戦車体型」である。どのような身体が望ましい「日本男児」のものであるかが提示される。

〈図9〉の逞しい体型をした兄は、肉体に「甲種合格」という国家による評価を受ける（一九四二

図9　『少年倶楽部』29-2［1942年］「甲種合格」挿絵

図10　『少年倶楽部』30-5［1943年］表紙

〔昭和一七〕年29巻2号〉。「男らしさ」は数値化され、「男」の身体は国家のモノとなる。

戦時に死の香りを漂わせ、その姿を現した「兄と弟」というホモソーシャルな連帯は同性への強い思慕を軸とし、「弱」を嫌悪・排除し、逞しく美しく潔いものとして差異化されたのだ。〈図10〉（一九四三〔昭和一八〕年）の表紙の兄弟が見つめる先には、「国のための死」という「男」であることを立証する義務が待ち構える。ホモソーシャルな連続とは連弾である。兄と弟から剝奪されたのは「幼さ」や「あどけなさ」であり、望まれたのは「男らしさ」に他ならない。

この憧憬の兄は肉親に限定されない。従弟、隣のお兄さん、先輩、若い教師、逞しく若い肉体を有している年長者であればよい。兄と弟というホモソーシャルな関係が肉親であるがゆえに排除できた性愛の可能性は、この拡がりの中で開かれる。

この連帯が嫌悪したのは、「弱」である。女性の「弱さ」はそうあるべきもの、老人の弱さはそうであるはずのものとして許容される。一方で、蔑視が突き刺さるのは「弱い男」

図11 『少年倶楽部』28-12［1941年］8頁「幼年学校訪問グラフ」

である。太平洋戦争下の日本では、「弱者」には障害者だけではなく、筋骨薄弱者も含まれていた。ましてや、性別曖昧な身体など許されるはずがない。近代日本における徴兵検査が可視化した「半陰陽」という身体は、男女二分の社会の中でその行き場を失う（アルゴソ 二〇一三）。

「兄と弟の構図」は、アジアの国々に対してもその適用範囲を拡大する。「まづ《ママ》満州国だが、これは東亜共栄圏なんて言葉のできない前から、日本とは兄弟だ」（一九四一［昭和一六］年28巻1号「少年時局問答——共に栄える大東亜」）、「強くてやさしい日本の兵隊さんたちは、早くも南方共栄圏の人たちと仲よしになつてゐます」（同年29巻3号「兵隊さんとマレーの子供」）と、日本という国家そして日本の兵士は、アジアの他国と民を導き守る「強い兄」となる。アジアにおける特権的地位獲得への日本の野望は、家父長制イデオロギーとパターナリズムの表象によってその牙を隠す。

「兄弟」という構図が見せた「強き男性」とそれに導かれ、守られる「弱い女こども」という差異化に引かれた境界線によって、逸脱とそれに対する制裁の脅威が生まれる。

次に雑誌の表象分析から、実体の実態へと目を転じる。「男らしさ」が構築の産物であることを、軍学校ほどに露呈するものはない。ここではその一つ、〈図11〉に見える幼年学校という空間の検証を試みる。[22]

例えば、幼年学校出身である加賀乙彦『帰らざる夏』に再現された時空には、こうした言葉が飛び交う。「アノとは何だ。女言葉じゃないか。将校生徒は男だ。男のなかの男だ。アノなんか使ってはならん。わからんならわからんと言え」と「オトコの言葉」が学習される（加賀 一九九三）。

さらに、「男らしさ」の注入は、「言語」から「身振り・動作」「容姿」そして「身体」へと及ぶ。「男らしさ」の証しとなるのは筋骨逞しい肉体である。体を鍛えることが、「正しい少年・男性」にとって必須となる契機を、この戦時に見出すことができよう。「寒クテモ縮マツテハヰナイ吾々男子ダ。」のように、作文や日記は「男だ」と自分を鼓舞する幼年学校生の姿を繰り返し見せている[23]。まさにエンローの「『生のままの』男らしさで十分だとしたら、汗とまめと屈辱だらけの基礎訓練の必要はほとんどないはずだ」という言葉を裏づける（エンロー 一九九九）。強靭な肉体と高い運動能力には高い価値が付与され、スポーツ競技はその優劣を見せつける格好の場となる。

耳に聞こえる「言葉」、目に見える「身体」や「動作」に続き、「男らしい」精神が明確に定義される。

> そのころの少年は、みな「日本男子」であった。祖国に対する忠誠心、剛健の精神、正義感、廉恥心（恥をしる気持ち）などは、将校生徒でなくても一般に強かった。卑劣、恥しらず（破廉恥）とか、めめしい、女みたいなヤツ（柔弱）などといわれることは男の子にとって最大の屈辱であった。いわんや将校生徒は、その「日本男子」の中から選ばれた者という自覚があったから、他からやかましく言われなくても、みずから固くいましめていた。

図12 『少年倶楽部』27-5［1940年］表紙

図13 『少年倶楽部』31-13［1944年］表紙

当然、女性は金銭・カンニングとともに、この世でいちばん、けがらわしいものとして、口にすることはおろか頭のすみで、チラと考えることさえ自分で恥じたものであった。[24]

幼年学校を舞台にした当時の人気小説『星の生徒』の復刻版（一九六九）に寄せられた、東京陸軍幼年学校第三七期生小田博正による解説の言である。優れた「日本男子」とは、「汚らわしき」ものとして女性を見下すミソジニー、そして「女みたい」と評価されることへの異様なまでの脅えの上に構築される。侮蔑と脅えが生むのは蹂躙である。それを男性とする発言には、傲慢と稚拙、そして「やんちゃ」として冤罪されようとする甘えが垣間見える。

〈図12〉一九四〇年『少年倶楽部』の表紙を飾った生徒にあった幼さやあどけなさは、〈図13〉一九四四年の表紙からは剝奪されている。〈図13〉の生徒が幼年学校紹介の書籍にモデルとして多用されたのは、求められた「男らしさ」を見せているからであろう。

戦前日本のマスキュリニティ構築プロセスは、エンローの言葉を余すところなく立証する。

軍事主義的価値観や信条は、「男らしさ」「女らしさ」の操作によって正当化され、他方社会において制度あるいは個人がどういうものを男らしい／女らしいと考えるかは軍事主義的な価値観や信条によって構築される。[25]

戦時の「少年」は「切磋琢磨」という言葉に操られ、他者の眼差しと評価に自らを適応させていったのである。

幼年学校はウィークネスフォビアの包囲網の中にあり、「非男」のレッテルは「少年」にとって最大の脅威となる。張りつめた空間に、「少年」文化特有の暴力と虚勢が生まれる。だが、同時にその空間は、教師が見せた擬似家族愛、さらには「逞しき兄のような先輩」とのホモセクシュアリティの存在をも見せる。

教育社会学者広田照幸は、「自分と彼のために二本のチューリップの鉢を買った」と幼年学校生の日記の一文を引用する（広田 一九九七）。幼年学校出身である村上兵衛は、特定の下級生を稚児と呼んで格別に贔屓することがあった事実に言及する（村上 一九八四）。しかし、広田は「男ばかりの幼年学校では別に珍しいことではなかった」、村上は「女を知る前の屈折した欲情」と表現し、その言及は短く、女性の欠如による代替疑似行為という解釈の域を超えようとはしない。他の多くの歴史研究がそうであるように、広田の視界から同性愛は消されている。村上に至っては、「ナマグサイ関係ではない」と性行為の存在を敢えて否定までしている。村上を性行為の有無に言及させるのは、「『ホモ』などと思われてはならない」という脅えではなかろうか。

しかし、『帰らざる夏』の加賀乙彦は同性愛と向き合う（加賀　一九九三）。

> 省治は目を瞑り唇を開いた。源の舌が歯をこじあけて入りこみ、省治は肩を抱かれていた。（中略）まるで大樹の枝のような腕、香り高い毛の簇生する大地のような広い胸、そのなかに包まれた何かの未熟な果実が省治であった。彼は自分の未熟な体を恥じた。とくに無毛を恥じている部分に源の手が伸びた時その羞恥は大きくなった。が、羞恥の先に今まで知らぬ悦楽が現れてくるのを夢見心地で感じた。硬い果実は急速に柔かく熟れていった。（二二四頁）

上級生の源は主人公省治に愛を抱き、彼をその腕の中に包む。省治は上級生への思慕の前に、その身を委ねた。

一九七四年、『文藝春秋』でなされた幼年学校卒業生の対談もホモセクシュアリティの存在を暴いている。[26]なだいなだの「筋骨隆々の汗くさい体の教官が夜、生徒を部屋に連れ込んだりした例はいくらもあったらしい」という発言に続き、加賀乙彦は柔道での身体の密着や稚児と呼ばれた下級生への熱い愛情を見せた上級生の事例を挙げて、幼年学校は「ホモの巣窟」であったと言い切る。

加賀：幼年学校生徒というのはどうせすぐ死ぬんだということがあるでしょう。だから稚児を持つということをまわりも祝福した傾向があるね。なだ：女の話をするのは女々しいが、男の話はよろしいということだった（三一四頁）。

戦争が齎す死の恐怖と蔓延したミソジニーは、ホモソーシャルな空間にホモセクシュアリティを許容する。

富田晃弘『兵隊画集――戎衣は破れたり』は、軍隊での「愛」を明かす（富田 一九七二）。

『Tはいるか』と探す声がした。走っていくと、K上等兵が二階の内務班からひとりで降りてきていた。仲間たちは、不審そうにまわりにかたまっていた。K上等兵は春日伊吹《かすがいぶき》の植こみのかげに誘《いざ》なった。濃い闇のなかで強《きつ》く抱いた。（中略）闇のなかに、これとおなじ一対《いっつい》がほかにいても不思議はないし、実は一組だけであったかもしれない。（二〇八頁）

Tと思われる富田は、以前にこの上等兵が伸ばしてきた手への戸惑いも克明に描いている。上級生が相手であった『帰らざる夏』の主人公と同様、相手が上官であるという力関係を前にした服従という要素があったかもしれない。だが、両者ともにその抱擁の記憶に嫌悪を読み取ることはできまい。在るのは、その身を委ねた省治そしてTの相手への思慕ではなかろうか。

戦争へと突き進んだ時代、ウィークネスフォビアはメディアで強調され、さらにホモソーシャルな軍学校・軍隊でその極限の包囲網を見せた。そこでは、天下国家を背負った「戦う強き男」とその

「男らしさ」を恋慕する男との間の同性愛が「寛容」される。それは同時に、性愛の対象というものが「決して揺るぎないもの」ではありえないことをも示していよう。

戦時のホモソーシャルな空間は、期せずして「変態」というレッテルを張られたホモセクシュアリティに「逃げ場」を用意したのである。だが、それは外部世界の視線に耐えうるものではない。ホモセクシュアリティには「女っぽさ」の影が付き纏う。そこに女の役割を担う「女性的男性」が存在するとされるからである。それは「変態」であり、紛れもなく「非男性」という評価を下されるのだ。「女のように」弱い男が「女のように」男に愛される。この図式に、ウィークネスフォビアとホモフォビアの二つのフォビアは接点を見る。それは「そうであってはならない」「そう思われてはならない」という強迫観念、そしてそうした人間への激しい嫌悪として表出するのである。

おわりに

「西欧列強と肩を並べる、一等国になる」、その野望の実現は、少年、すなわち男性に託された。そこに構築された「男と女」というジェンダー二分は、各々の属性・役割を規定した。「女は弱く、男のように国家を支える力もない。男であればそうであってはならない。女とは異なるのだ」と。やがて男性は「超えてはならない」ものと化したジェンダーの境界線に追い込まれることに脅え、「女っぽい」男であってはならないという強迫観念に捕らわれていった。そして「女っぽい」男を象徴した男性同性愛者への嫌悪へと至ったのである。

こうした「男性性」がいかにして作られたのかを歴史的文脈の中に検証することで初めて、その「男性性」が何のために、どのような意図で構築されたものかが判明し、同時に「男らしさ」「男性性」を議論の遡上に持ち出すことが可能になると考える。

注

・ルビはすべて原史料のままである。
・引用に際し、旧字体の漢字は新字体に改め、旧仮名遣いはそのままにした。なお、現代では不適切な表現と見なされるものについても、原史料の歴史的性格を鑑み、そのままの表現とした。
・「男らしさ」という語は肯定的なイメージだけを連想させるため、負の側面も含めた「男性」の属性に対して「男性性」という語を用いている。また両者ともに構築されたものという意味で括弧を付している。

1　本章は、2013年6月8日に奈良女子大学で行われたジェンダー史学会シンポジウム「歴史のなかのセクシュアリティ」での報告に加筆・修正を施したものである。

2　1895年1月、巌谷小波を編集主筆とし、当代人気作家を集め、博文館より『太陽』とともに二大雑誌として発刊された少年雑誌である。その前身である『幼年雑誌』(1894年4巻23号) に載った「発刊の主意」は、「東洋随一の強国となり、世界の雄邦と伍し、覇を宇内に争はんとす」と日本という国家を位置づけ、「他日日本帝国を双肩に担ふべき、我少年諸君は、今より大に剛健雄大の気象、克己耐忍の徳性、明截透徹の智識を発養せんとを要す」と少年への大きな期待を語りかけた。

3　人気作家押川春浪を編輯長とした『冒険世界』は1908年に創刊され、冒険小説やスポーツ記事を中心に掲載した。創刊の辞には、「冒険世界は何故に出現せしか、他無し、全世界の壮快事を語り、豪胆、勇侠、磊落の精神を鼓吹し、柔弱、奸佞、堕落の鼠輩を撲滅せんが為に出現せしなり」とある。「青年学生を腐敗堕落せしむる最も悪むべき誘惑の事物五個を投票の結果」（『冒険世界』2巻10号）、（一）女色、（二）婬猥小説、（三）ハイカラ、（四）悪所（料理屋、待合、女郎屋など）、（五）閑居、ランク外の最初に男色、そしてオナニズムと並んでいる。

4　1906年1月に実業之日本社より創刊された。第3代主筆の滝沢素水の時代に大衆少年雑誌としてのスタイルを確立し、第4代主筆の有本芳水・第5代主筆の松山思水の頃に絶頂期を迎えた。国文学者岡保生は大衆的な『少年倶楽部』に対し、『日本少年』を「感傷的な文学少年ムード」と評している。

5　1914年11月に大日本雄弁会講談社より創刊され、昭和30年代後半まで長期にわたり発行された。大日本雄弁会講談社社長野間清治、小学校の代用教員から1921年に編集長に就任した加藤謙一には、国民性の啓発や精神教育を担うという方針が見られた。

6　・浅原鏡村（六朗）

1920（大正9）年に実業之日本社に入社し、『少女の友』の主筆となる。翌年に童謡「てるてる坊主」を発表している。

・中島薄紅（徳行）

1919（大正8）年に松山思水の後を受けて『日本少年』の編集長となる。『小さき芽』（1920）の著書がある。

7　1923年に創刊され、1962年に廃刊。『少女倶楽部』は長編小説に力点を置いていたのが特色で、小学校高学年から女学校の少女を主な読者対象としていた。『少女の友』『少女画報』とは異なり、映画俳優や歌劇のスターを取り上げることはなく、紙面では良妻賢母的な人物が紹介されていたため保護者からも支持を受けた。

8 『夢二日記1』筑摩書房、1987、49頁（1910〔明治43〕年5月23日）。
9 同前、389頁（1915〔大正4〕年12月25日）。
10 ・沼田笠峰（藤次）1881〜1936
編集者、教育者。1906（明治39）年、博文館『少女世界』の主筆となる。
・竹貫直人（直次）1875〜1922
小説家、編集者。1904（明治37）年博文館入社、『少年世界』『中学世界』の編集に従事した。
・松本かつぢ 1904〜1986
1931（昭和6）年、『少女世界』で挿絵画家デビューする。エキゾチックで繊細な美少女画により新しいタイプの少女画を確立した。
・中原淳一 1913〜1983
1932（昭和7）年、『少女の友』専属挿絵画家となり人気を博す。戦後、『それいゆ』『ひまわり』といった雑誌を次々に創刊し、イラストレーター、ファッションデザイナー、ヘアメイクアーティストなどとしても活躍した。
11 古川誠（1994）に見るならば、昭和初期のエロ・グロ・ナンセンスに象徴されるような大衆文化、とりわけ性文化の変化を背景に、江戸期の「かげま」同様に「新東京陰間団」と呼ばれるような売春と密接に結びつく女装男性が1920年代に社会の前面にふたたび現れたという。
12 1921年の日記。宇垣一成『宇垣一成日記 I』みすず書房、1968、363頁。
13 呉秀三「同性の愛」『婦人画報』1920年10月号。
14 紅夢楼主人「美少年論」『戦前期同性愛関連文献集成』1巻、不二出版、2006、15頁。
15 田中香涯 主筆／日本精神医学会発行『変態性慾』1巻1号（1922年5月）〜6巻6号（1925年6月）。
16 綿貫六助「晩秋の懊悩」『変態資料』3巻1号、100頁、1928（昭和3）年2月号。

17　綿貫六助「丘の上の家」『変態資料』3巻3号、1928（昭和3）年4月号。
18　田中香涯　主筆／日本精神医学会発行『変態性慾』1923年2巻3号。
19　同前　1923年2巻5号。
20　『セクシュアル・マイノリティ理解のために――子どもたちの学校生活とこころを守る』〝共生社会をつくる〟セクシュアル・マイノリティ支援全国ネットワーク、2010。
　2010年の時点で、全国対象の19・1%に対して同性愛者の自殺願望は3〜4倍になっている。
21　シンシア・エンロー　ジェンダー史学会第10回記念大会（2013年12月）記念講演。
22　陸軍幼年学校条例が1875（明治8）年に定められる。1897（明治30）年、日清戦争後の軍備拡張の一環として全国に6校設置される。1930年代には30倍以上の競争率となった。
23　東幼史編集委員会『わが武寮――東京陸軍幼年学校史』東幼会、1982年所収、1924（大正13）年生徒の作文。
24　山中峯太郎　復刻版『星の生徒』同盟出版社、1960（初版、秋元書房、1943）。
25　前注20。
26　「なつかしの幼年学校時代」『文藝春秋』、1974年8月号、314頁。

【参考文献】

赤川学「恋愛という文化／性欲という文化」『恋愛と性愛』服藤早苗・山田昌弘・吉野晃編（シリーズ比較家族第Ⅱ期　5）早稲田大学出版部、2002。
アルゴソ、テレサ・A、内田雅克訳「男として不適格?――二〇世紀初頭の日本における徴兵制・男性性・半陰陽」ザビーネ・フリューシュトゥック／アン・ウォルソール編著、長野ひろ子監訳、内田雅克／長野麻紀子／粟倉大輔訳『日本人の「男らしさ」――サムライからオタクまで「男性性」の変遷を追う』明石書店、２０１３。

内田雅克「少年雑誌が見せた『軍人的男性性』の復活――占領下のマスキュリニティーズ」『ジェンダー史学』第８号、２０１２。

内田雅克『大日本帝国の「少年」と「男性性」――少年少女雑誌に見る「ウィークネス・フォビア」』明石書店、２０１０。

エンロー、シンシア／池田悦子訳『戦争の翌朝』緑風出版、１９９９。

加賀乙彦『帰らざる夏』講談社文芸文庫、１９９３。

加藤千香子「近代日本における「青年」像と男性性の変容」細谷実編集・発行、近代日本男性史研究会、『モダン・マスキュリニティーズ』２００６。

河岡潮風『五々の春』博文館、１９１２。

坪内逍遥『当世書生気質』岩波文庫、２００６。

富田晃弘『兵隊画集――戎衣は破れたり』番町書房、１９７２。

中川雄介・加藤千香子「『爆弾三勇士』と男性性」細谷実編集・発行『モダン・マスキュリニティーズ』２００３。

西村酔夢「小歴史家」『文藝倶楽部』13巻６号（『近代日本のセクシュアリティ 35 同性愛言説・性教育からみるセクシュアリティ アンソロジー 文藝作品に描かれた同性愛』ゆまに書房、２００９所収）

広田照幸『陸軍将校の教育社会史――立身出世と天皇制』世織書房、１９９７。

古川誠「セクシュアリティの変容――近代日本の同性愛をめぐる３つのコード」『日米女性ジャーナル』17、日米女性センター、１９９４。

細谷実「大町桂月による男性性理念の構築」『自然・人間・社会』31号、２００１年７月、関東学院大学経済学

部総合学術論叢、関東学院大学経済学部教養学会。

三橋修『明治のセクシュアリティ——差別の心性史』日本エディタースクール出版部、1999。

村上兵衛『陸軍幼年学校よもやま物語』光人社、1984。

森鷗外『ヰタ・セクスアリス』新潮文庫、1993。

『別冊 一億人の昭和史 陸士☆陸幼』毎日新聞社、1981。


【参考資料】

『少年世界』1巻1号（1895年1月）～31巻12号（1925年12月）
『日本少年』9巻1号（1914年1月）～18巻10号（1923年10月）
『少年倶楽部』1巻1号（1914年1月）～33巻3号（1945年3月）
『冒険世界』1巻1号（1908年1月）、2巻9号（1909年8月）、2巻10号（1909年9月）
『新公論』26巻9号（1911年）
『変態性慾』2巻2号、2巻3号、2巻5号（1923年）

COLUMN4

物語としての『青い花』――雛形としての少女文学

山崎 明子

はじめに

志村貴子のマンガ『青い花』は、雑誌「マンガ・エロティックスF」で二〇〇四年Vol.30から連載された、女の子同士の恋愛を描いたいわゆる「百合」マンガである。二〇〇九年七月には連載の完結前にもかかわらずテレビアニメ『青い花 Sweet Blue Flowers』が放映され、このアニメは平成二一年度第一三回文化庁メディア芸術祭審査委員会推薦作品アニメーション部門／長編に選ばれた。アニメ化と同時期には『青い花公式読本』が刊行されるなど、広く話題になるとともに高い評価を得てきた作品といえるだろう。

少々乱暴な言い方ではあるが、日本の少女マンガは、その歴史の中で異性愛をベースとした「恋愛」によって物語を稼働させてきた。もちろんそれだけではなく、少女たちの自己実現や家族・友だちとの関係性も重要なテーマであったが、一般に少女マンガは異性との恋愛――それが成就であれ失恋であれ――を求めてきたということができよう。異性との恋愛をめぐって少女たちの共同体は連帯や決裂を繰り返し、その心理的描写は読者である少女たちにとって漠然とした憧憬やリアリティとして感受されてきたといえる。

それでは同性との「恋愛」を軸とした物語である『青い花』は、どのような位置に置かれる表象と読み解くことができるだろうか。

今
わたしの中に
宿るのは
愛する彼女と
よりそいたいという
強い意思です
『青い花』8巻より

『青い花』のあらすじ

物語の舞台は鎌倉。主人公で進学校の松岡女子高等学校に通う万城目ふみと、ふみの幼なじみでミッション系一貫校の藤が谷女学院高等部の奥平あきらの二人の高校入学時から始まる。ふみは高校進学前に従姉と恋愛関係にあったが彼女の結婚によりその関係は終わり、高校入学後、同じ通学電車の中でふみは幼なじみで初恋の相手であるあきらと再会する。幼い頃、泣き虫のふみはいつもあきらに支えられてきた。ふみは松岡女子の先輩で女子高のアイドル的存在の杉本恭己に惹かれ付き合うが、恭己は中学時代の男性教員への想いを忘れられず二人の関係は終わる。その後、ふみはあきらへの想いを告白し、あきらはふみへの「好き」が恋愛なのか友情なのかに戸惑いつつもふみと付き合い始め、親密な関係を作っていく。高校時代には二人の「好き」の一致を

みることはないが、数年後に再会してハッピーエンドが示唆されて物語は終わる。

恭己に恋をする井汲京子、京子の許婚、友人の恋愛（異性愛）、さらにあきらの学校の女性教員（同性の恋人と暮らす）を女性同士の恋愛の一つのモデルとして登場させるなど複数の「恋愛」が並行して展開され、その恋愛が「演劇部」や「文芸部」という物語を発動する場を用いながら、全体としての「物語」を成立させている。

しばしば少女たちの同性愛――とくに女子校という閉ざされた時空における――が、卒業後に異性愛制度に参入するまでの猶予や、異性愛の代替として描かれるのに対して、『青い花』は卒業後のふみとあきらのハッピーエンドが示されることから、セクシュアルな関係も含めて彼女たちが女の子だけの空間という条件を超えて二人の恋を実らせていく物語といってよいだろう。

「物語」を内包する物語

進学校や伝統あるミッションスクールに通う少女たちの日常は他愛ない会話で綴られているものの、彼女たちのアクティヴィティは基本的に知的なものとして描かれている。いまどき女／男のキャラクター設定で少女から知を奪うような作品も少なくなったが、この作品では登場する全ての少女たちが知的な存在であり、その点において男性と差異化されていない。異性愛ドラマの典型的少女像――頭がいいよりかわいいことが優先される――と比すれば、異性が限りなく排されることで既存のジェンダー秩序からうまく逃れられていることがわかる。とはいえ、ショートカットの「イケメン風」の恭己の存在や背の高さがしばしば話題になるように、男性性を刻印された少女たちが「男役」のように読者の視覚的欲望に応えている点は否めない（志村貴子と藤が谷女学院新聞部 二〇〇九）。

彼女たちの知的なアクティヴィティは主に演劇や文芸という形で物語の中に表出する。両校の主要な登場人物は演劇部に所属しており、年に一度の藤が谷女学院の演劇祭はこの物語の中で最も重要なシーンとなっている。ふみたちが一年生の時はエミリー・ブロンテの『嵐が丘』、二年目には三島由紀夫の戯曲『鹿鳴館』が演目に選ばれ、女子校の演劇部なので当然男性の役は女生徒が男装して演じていく。「演劇」が選ばれた理由について、「舞台上で異性装あるいは同性愛を『あたりまえのものとして』描くことができるという点」や「登場人物の性格を象徴的に表すため」また「男装の麗人によって華麗にそして存分に誌面を彩ることができるという画的な要請」などがあり、それらは女性同士の恋愛という「倒錯」を何の軋轢もなく実現する装置であると指摘される（小倉 二〇一三）。

また、主人公のふみは文芸部に所属する読書をする少女であり、ふみが憧れる恭己は中学時代「図書館の君」と呼ばれていた。文学作品は『青い花』の中心的モチーフなのである。演劇の脚本として取り上げられる文学作品が持つレトロなイメージは、この物語の細部を彩る装飾となる。前述の『嵐が丘』や『鹿鳴館』のようにヴィクトリア朝の影響を受けた衣装や背景、近代文学特有のセリフの言い回しは、『青い花』の少女たちを一気に近代の世界観に引き込んでいく。他にも『若草物語』などいわゆる少女文学として読み継がれてきた文学作品が多数登場する。各話のタイトルも第1話の「花物語」に始まり、「秘密の花園」（第5

話）、「小公女」（第39話）、「第七官界彷徨」（第51話）など全てが文学作品のタイトルから採られ、当然メインタイトル『青い花』もノヴァーリスである。サブタイトルになっている文学作品のストーリーがマンガに反映されているわけではない。しかしそれらは非常に重要な役割を果たしている。

反復されるファンダム

少女たちは「物語」を読み、「物語」を演ずることで、何を表象（＝再現）しているのか。それは、戦前の少女たちが女学校文化の中で醸成してきた、吉屋信子の『花物語』に見られるような「エス」と呼ばれた少女同士の強い絆があった「時代」そのものだと考えられる（今田 二〇〇七）。少女たちが強い絆で結ばれ、学ぶことや語る時間を共有しながら独特の少女文化を作り出したその「歴史」こそ、現代の百合文化を「エス」の再現として描くためのメディアとなっているのではないだろうか。

戦前の女学生たちが少女雑誌の読者として「想像上の読者共同体（オトメ共同体）」を形成し（川村 一九九三）、雑誌の投稿欄を通じたネットワークの中で「少女」という「虚構集団」を作り出していた（本田 一九九〇）ように、メディア文化は同時代において文化を共有する仮想ネットワークを形成していく。現代ではさらにネットワーク化は進み、とくにSFやアニメ、マンガなどのサブカルチャーのファンは、関心を共有する人々と情報を交換し、その語りを同人誌などで発信していくファンダムを形成している。

アニメ・マンガ評論刊行会による『話の飛躍についていけません――志村貴子『青い花』

評論集』は、まさに『青い花』に関心を寄せるメンバー——物語受容の読者共同体——によって刊行された評論集である。ファンによる主体的な語りであるため、そこには極めて自由な、そして物語への強い愛着が見える。積極的な解釈の試みの数々はこの作品への批評となり、さらに女性同士の恋愛について語る言説も生み出している。

語ること（書くこと）によって参与すること——これは近代の少女たちが文学から学びとった重要な表現技法で、権威ある批評家の語りとは異なり、「大きな声」を持たない「無名」の者たちこそが作り得る仮想ネットワークが少女雑誌への投稿欄であった。『青い花』をめぐって展開されるファンダムは、あたかも「百合」文化のプロトタイプとして近代の少女文化の歴史を反復しているようである。そのことで「百合」作品をある種の鋳型にはめこみ女性同性愛の多様性を不可視化する可能性はあるものの、表象は常に虚構と現実の間に浸食するものである以上、ポジティブな表象には一定の意義がある。そして、表象が繰り返し語られていくこと（二次制作や批評も含めて）によって、より豊かな文化が形成されると期待できるのではないだろうか。

主要参考文献

今田絵里香『「少女」の社会史』勁草書房、2007。
小倉浩平「溶ける劇場・ユリトピア——演劇祭から見る『青い花』」『話の飛躍についていけません——志村貴子『青い花』評論集』アニメ・漫画評論刊行会、2013。
川村邦光『オトメの祈り——近代女性イメージの誕生』紀伊國屋書店、2007。

志村貴子『青い花』（1〜8巻）太田出版、2006〜2013。
志村貴子と藤が谷女学院新聞部『青い花公式読本』太田出版、2009。
本田和子『女学生の系譜——彩色される明治』青土社、1990。

第7章

ナチズムと同性愛

田野　大輔

はじめに

ナチスがユダヤ人と並んで同性愛者を迫害したことは、今日ではよく知られている。だが「同性愛者のホロコースト」といった表現を用いて両者を同列に置くような一部の見方は、あまりにも一面的といわざるをえない。信頼できる研究によれば、第三帝国期に有罪判決を受けた同性愛者は五万人、そのうち強制収容所に送られた者が五〇〇〇人から一万五〇〇〇人で、死亡者はさらに少なかった[1]。その絶対数からも、「同性愛者のホロコースト」を認めることは困難である。

同性愛者の迫害がユダヤ人の場合ほど大規模かつ組織的なものにならなかったのは、いったいなぜだろうか。これを明らかにするには、何よりもまず加害者側の論理に目を向ける必要があろう。結論を先取りしていえば、その理由は次の二点にもとめられる。すなわち、（1）同性愛がナチスにとって単なる人種的な問題ではなかったこと、(2)それがナチスという男性集団の存立に関わる問題であったことである。本章ではこうした観点から、ナチスが同性愛の問題をどうとらえ、これにどう対処したのかを考察していきたい。[2]

一 「悪疫」としての同性愛

まず最初に、ナチスによる同性愛者迫害の流れを確認しておこう。一九三三年一月にアドルフ・ヒトラーが政権を掌握した直後、新政府は矢継ぎ早に政令を出して、連れ込み宿や同性愛者の溜り場の閉鎖、猥褻な出版物の禁止とともに、同性愛者解放団体の解体、同性愛者の逮捕などを進めたが、この段階ではまだ同性愛の風紀上の危険が問題とされたにすぎず、「ドイツ民族の道徳的刷新」という目的が中心を占めていた。[3]だが一九三四年六月の突撃隊幹部の粛清、いわゆる「長いナイフの夜」の後、同性愛が政治問題化されるに及んで、同性愛者の本格的な迫害が始まることになった。[4]同年一〇月、ゲシュタポは各地の警察当局に対して、「何らかの同性愛行為を行ったすべての人物の名簿」を作成し、ゲシュタポの特別班に提出するよう命じた。[5]一九三五年六月には同性愛を取り締まる刑法175条が強化され、男性間の「性交に似た」行為だけでなく、相互オナニーを含むあらゆる「猥褻行為」が処罰の対象となった。[6]これによって同性愛行為の立証が容易となり、同性愛者の恣意的な逮捕が可能となった。一九三六年六月に親衛隊長官ハインリヒ・ヒムラーがドイツ警察を掌握すると、迫害はさらに強化されることになった。同年一〇月には「同性愛・中絶撲滅帝国本部」が設立され、

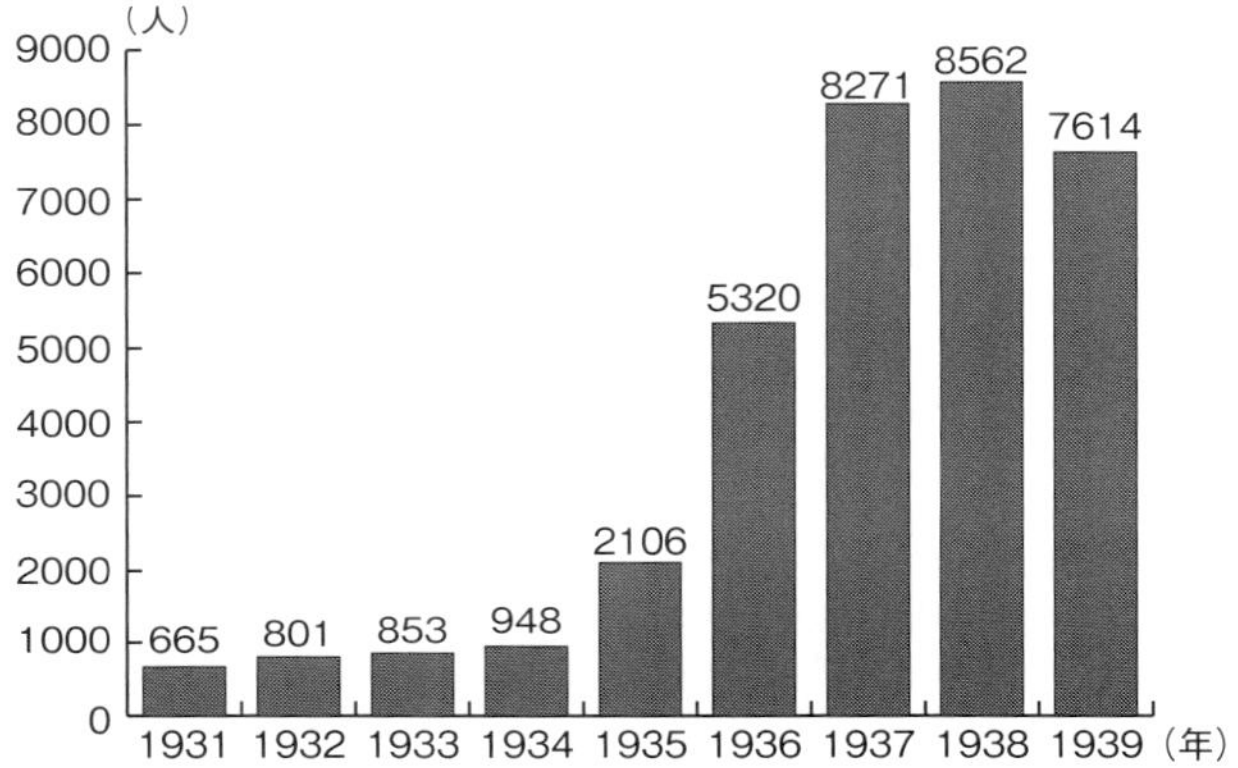

図１　刑法175条違反で有罪判決を受けた者の数
（出典：Jugendführer des Deutschen Reichs o. J., S. 89）

「統一的な方針にしたがったこの違反行為の一元的な把握と効果的な撲滅」が宣言された。[7] 同性愛と中絶を同一機関で取り締まるというこの方針は、同性愛者が民族の再生産を阻害する存在として問題視されるにいたったことを示していた。

こうした一連の措置を通じて同性愛の取り締まりは強化され、同性愛者の逮捕は急増した。刑法１７５条違反で有罪判決を受けた者の数は、一九三三～三五年の四〇〇〇人から、三六～三八年の二万二〇〇〇人へと増加した。[8] だがそれでも有罪判決を受けた同性愛者はあわせて数万人程度であり、同性愛の「撲滅」は十分に組織化されていたとはいいがたかった。その原因を究明する上でまず銘記しておくべきなのが、同性愛問題の複雑さである。ギュンター・グラウがまとめているように、ナチスが同性愛を取り締まった主な理由としては、①風紀紊乱の危険、②青年誘惑の危険、③徒党形成の危険、④生殖阻害の危険が重要であり、これら四つが絡み合って、問題を複雑にしていた。[9] その入り組んだ論理は、何よりも同性愛者迫害の黒幕であるヒムラーの発言にあらわれている。

一九三七年二月、ヒムラーは親衛隊将校たちを前にした演説で、同性愛の及ぼす破壊的影響に注意を促した。彼の試算によれば、ドイツには一〇〇万人から二〇〇万人の男性同性愛者がおり、それはドイツ人男性の一〇%近くが子供をつくらないことを意味した。こうした事態を放置すれば、「わが民族はこの悪疫に冒されて破滅する」にちがいない。「血統のすぐれた民族も、子供の数がきわめて少なければ没落することは確実で、五〇年から一〇〇年で重要性は失われ、二〇〇年から五〇〇年で確実に消滅する」[10]。同性愛の蔓延が出生率の低下を招き、民族の没落をもたらすというのだが、こうした人口政策上の脅威が、同性愛問題の一つの焦点をなしていたことは疑いない。ヒトラーもやはりこの点を重視し、古代ギリシアの例を挙げながら、同性愛が民族を滅ぼす危険を次のように力説していた。「その伝染力はいったん力を得ると、自然法則のように確実に、最良で最も男らしい人物の間に広がり、ついにはその子孫にこそ民族の命運がかかっている人々を、生殖から切り離してしまう。だがこの悪習の直接的な結果は、放っておくと自然に反した情熱がたちまち国政を支配するようになることである」[11]。

ここで注目すべきは、ヒトラーとヒムラーがともに同性愛を人から人へ伝染する「悪疫 Seuche」のイメージでとらえている点である[12]。それはとりもなおさず、同性愛を遺伝的な疾患と見なすべきでないことを意味していた。ヒムラーも認めているように、親衛隊員の間ですら同性愛事件は後を絶たなかったから、人種的純粋さも罹患を防ぐ保証とはならず、誰もがその害毒に冒されうると考えざるをえなかった[13]。そのことは同時に、同性愛に屈した者も「治療可能」で、民族共同体に再統合されうるということを意味していた。同性愛が若者の間に広まっていく連鎖的な過程は、例えば次のように説明された。「一人の成人の同性愛者がたいてい多数の若者を誘惑する。彼らが今度は別の若者の誘惑者になるので、同性愛コンプレックスの多くは伝染病のような効果を通じて途方もなく広まる」[14]。親衛隊機関紙の論説は、同性愛を先天的な異常と見なす見解に反論し、同性愛者の二%のみが「治療不能」で、残りの圧倒的多数は誘惑に屈した「同調者」にすぎないと指摘している。同性愛は性的指向が流動的な思春期の過ちと見なすべきで、「誰もが発達の過程である程度この害毒に冒されやすい時期を無意識に経験している」というのである[15]。同紙はまた別の論説で、同性愛を蔓延させる社会的な要因にも言及し、従来の教育が若者の性的問題に対処してこなかったことを批判しつつ、性交を「恥ずべき罪」として抑圧する「市民道徳」こそ、「過去数年間に無数の若者を悪疫に罹患させた元凶である」と断定している[16]。

同性愛の原因は幼少期の環境や思春期の誘惑にあるというのだが、こうした認識はしかし、同性愛者への寛大な対応をもたらさなかった。事態はむしろ逆で、刑罰の脅しが抑止効果を持つと考えられたため、同性愛者は厳しく処罰されることになった。この点について、ヒトラーは次のように説明している。「同性愛は容赦ない厳しさで弾圧しなければならないが、それは若者の性的感覚が容易に間違った方向に向けられる時期が青年期には存在するからである。まさにこうした年代の若者が同性愛者に誘惑される。一人の同性愛者がたいてい無数の若者を誘惑するので、同性愛は実際に疫病と同様に伝染し、危険なのである。……だがわれわれの若者は堕落してはならず、反対に正しい方法で教育されなければならない。それゆえ、若者の間に同性愛の現象が見られる場合には、残忍な厳しさをもってこれを弾圧しなければならないのだ」[17]。

同性愛者は再教育によって正道に引き戻す必要があり、それこそがこの「悪疫」の蔓延を食い止める最善の方法だというのである。まさにこうした考えに基づいて行われたのが、精神医学や精神療法による「治療」の試みだった。当時の指導的な精神科医は、性的障害のほとんどが不健全な社会的環境によるもので、基本的に「治療可能」であるとの立場から、同性愛の「治療」と「排除」というナチスの政策に深くコミットしていた[18]。だが政策を推進するナチス当局の側は、もっと苛酷な方法を考えていた。親衛隊機関紙がもとめたのは、ある種の労働を通じた矯正だった。「彼らを計画的に労働させ……、『正常』な人間から隔離して厳重な監視下に置き、人前で病気ゆえの独善的な態度をとるのを妨げ、仲間の姿にたえず自分の無能さの反映を見るように強いるならば、驚くほどすみやかに変化が生じる。『病人』は健康になる。『異常者』はまったく正常であることが明らかになる。彼は若いときに経験しそこなった発達段階を経験するだけなのである」。もっとも、すべての同性愛者を矯正するなどということは、もとより無理なことであった。なぜなら、「国家は二〇〇万人の『病人』のために療養所をつくるわけにはいかない」からである[19]。ヒムラー自身もまた、こうした方法に懐疑的だった。二万人の男娼を収容所に送れば、おそらく三、四〇〇〇人は「正道に引き戻す」ことができるだろう。だが男娼がいなくなれば、同性愛者は新たな餌食をもとめることになる。過ちを犯した若者を再教育したところで、問題の根本的な解決にはならないというわけである[20]。

もっと思い切った手段が必要だと考えた彼は、こういう連中を根こそぎ駆除すべきだとして、同性愛者を沼に沈めたゲルマンの風習を賞賛した。「それは刑罰ではなく、この異常な生命の抹消にすぎなかった。刺草を引き抜き、積み上げて燃やしてしまうのと同様に、そういうものは始末しなければならないのだ」。ヒムラーの考えでは、こうした方法をとるのは今日では「残念ながら」不可能であったが、同性愛者が存在を許されないことにかわりはなかった。そこでせめて親衛隊から同性愛者を一掃するため、彼は隊員たちに次のような刑罰を告示した。「こうした人間はもちろんいかなる場合も公的に降格・追放され、法廷に引き渡される。法廷で下された刑期を終えた後、彼らは私の指令で強制収容所に送られ、強制収容所で逃亡をはかって射殺される」[21]。

過ちを犯した隊員たちの処罰については、最終的に一九四一年一一月の「親衛隊と警察の純潔維持のための総統命令」で明確な方針が定められた。この秘密命令は、親衛隊と警察から「同性愛的性向の害虫」を一掃するため、「他の男性と猥褻行為を行った者、あるいは猥褻行為に悪用された者」を死刑に処し、軽度の場合でも六年以上の懲役または禁固刑に処すことを定めていた[22]。ヒムラーはこの命令が発せられたことに満足し、部下たちに「ドイツ民族の同性愛撲滅闘争の前衛」としての自覚を説いた。いわく、同性愛事件は親衛隊と警察では「きわめてまれにしか」生じないが、「容赦のない厳しさで」処罰する必要がある。なぜなら、総統はこれらの組織を「無条件に清潔」に保ち、この「危険で伝染する疫病」を一掃することを望んでいるからである[23]。ヒムラーの精鋭部隊はあくまで純潔かつ健全で、あらゆる退廃から守られなければならないのだった。

とはいえ、この悪名高い命令が発せられた後も、親衛隊と警察で同性愛者に対する死刑が常態化したわけではなかった[24]。法廷で死刑判決が下されることはめったになく、死刑が宣告されてもヒムラーが却下したり、専門家が刑罰の軽減をもとめて介入したりする場合も多かった[25]。ヒムラーは軍事経済的理由から同性愛者の再教育には否定的で、「異常な人間」への厳しい処罰を要求したが、戦争末期にいたるまで同性愛の病因を探る試みに関心を示し、医学的な治療の可能性にも期待を持ちつづけた。彼の煮え切らない態度は、同性愛への対応が男性集団の存立に関わる微妙な問題であり、単なる人種的な問題ではなかったことを示唆している。ナチスはまさに男性が担う国家・社会秩序の維持をめざして、同性愛問題の解決に血道を上げることになったのである。

二 「男性国家」の中の同性愛

ナチスは男同士の友愛で結ばれた結社を自認し、男性的な力強さや攻撃性をもって国家に規律と秩序を打ち立てようとしていた。そこには紛れもなく、ドイツの伝統的な「男性同盟 Männerbund」の理念が反映していた。帝政期の青年運動の潮流に根ざし、第一次大戦時の塹壕の中で息を吹き込まれたこの理念は、ヴァイマル共和国に反対して立ち上がった多くの準軍事団体に引き継がれ、闘争期をへて権力を掌握したナチ党によって新国家の中核に据えられた。それは男同士の友愛を共同体意識やカリスマ的指導力、戦闘的精神、自己犠牲などと結びつけ、ドイツ的な美徳として賞賛するものだった。[26] ヒムラーの率いる親衛隊もまた、北方系の男たちの騎士団、「規律と血によって北方の血に結びつけられた国民社会主義の兵士的結社」であるとされ、太古の昔から存在するゲルマン的男性同盟の継承者として、歴史の中に位置づけられた。「何世紀も何千年もゲルマン民族、とりわけドイツ民族は男性国家的に統治されてきた[27]」。

こうした「男性同盟」としての自己理解が、同性愛者への激しい嫌悪を生んでいたことは疑いない。ヒムラーによれば、同性愛者は「徹頭徹尾精神的に病んだ人間」であり、「軟弱で決定的なときに臆病」である。彼らは嘘つきで、自分のついた嘘を信じており、口が軽く、すぐに仲間を売る。[28] 惰弱で女々しい同性愛者のイメージは、忠誠を重んじる男らしい親衛隊員の理想像とはまさしく対極にあった。同性愛者は男性性に基づく国家・社会秩序を揺るがす存在であり、それゆえにこそ徹底的な迫害の対象となったということができよう。

しかしながら、ヒムラーは他方で、男だけで組織された集団そのものに同性愛を呼び起こす要因が内在しているのではないかと疑っていた。ヴァンダーフォーゲル運動の指導者ハンス・ブリューアの著作を読んで青年運動の性愛的傾向に当惑した彼は、男性間の友愛が同性愛へと転化することに不安を募らせていた。[29] だがそこに深刻な危険を認めるにせよ、男性集団が国家の中核を担わなければならないことは自明であった。ヒムラーは部下たちに向かってこう力説する。「われわれは男性国家であり、この男性国家がどんな過ちを犯そうとも、断固としてこれを維持しなければならない。なぜなら男性国家は最良の制度だからである」。彼が危惧したのは、男性同盟が同性愛によって自滅することであった。「男性国家の質と男性同盟の利点を過ちへと堕落させるのを許すわけにはいかない」[30]。

要するにナチスは、アクセルとブレーキを同時に踏む必要に直面していたのだった。男同士の結びつきを強化しながら、その関係が性愛化するのを防がねばならないというディレンマ──「お前は男を愛さねばならないが、同性愛者になってはならない」──こそ、同性愛問題への対応を難しくした究極的な理由だったといえよう。[31] 実際のところ、男同士の友愛と同性愛の境界はきわめて曖昧で、当事者たちもそれと気づかぬうちに、この境界を踏み越えてしまうことが多かった。戦時中の同性愛事件に関する裁判記録は、前線の兵士たちが極度の性的欲求不満に陥った結果、罪の意識なく相互オナニーに慰みをもとめていく状況を明らかにしている[32]。男性同盟の友愛は、ハードな男性性を要求すると同時に、そこからの逃げ場を提供するという硬軟両面を持っていた[33]。ハンス・ブッフハイムは、親衛隊の厳格な規律の背後に「マイルドな実践の傾向」を見出し、「それによって公式の自己認識の厳しさや厳格主義の神聖化が中和された。他人に対してはつねに厳しさがもとめられたが、仲間内では弱さは大目に見られた」と指摘している[34]。その本質的な両義性はもちろん、同性愛に向かう危険もはらんでいた。ナチスが同性愛問題への対応に苦慮したのも、そこに理由があった。

ヒムラーにとって、親衛隊のごとき男性集団が国家の中核を担うことは自明であったから、男性集団に内在する同性愛の危険はすぐれて政治的な問題であった。親衛隊機関紙の主張によれば、同性愛の主たる危険は、それが指導者層に蔓延して、「国家のなかの国家」――「民族の利害に反する国家に敵対的な秘密組織」――を形成することにあった[35]。同性愛者は性的な原則によって仲間を寵遇するので、個人の能力や成果に基づく人事を阻害し、国家に破滅的な損害をもたらすと、ヒムラーは警告していた[36]。「突撃隊や親衛隊や国家の人事が同性愛的性向にしたがって行われるようになったら、正常な人間が冷遇されて、同性愛者の倒錯した世界が支配することになるだろう。……国家を危険にさらすそんな事態を許してはならない。だから同性愛者を一人残らず排除しなくてはならないのだ[37]」。

同性愛者が徒党を組んで謀反を企てるという危険がいかに現実的なものかは、あらためて説明するまでもなかった。一九三四年六月の突撃隊幹部の粛清は、同性愛者の陰謀に対する制裁として公式に

図2　ヒムラー（左）とレーム（右）（出典：Bundesarchiv, Bild 102-14886）

正当化されていたからである。事件後に発表された「突撃隊に対する一二の要求」の中で、ヒトラーは突撃隊が「純粋で清潔」な機関たるべきこと、母親が息子を安心して預けられるような組織運営を行うことを指示し、同性愛行為に対する断固たる処罰をもとめた。[38] 突撃隊隊長エルンスト・レームが同性愛者であることは周知の事実で、ヒトラーもそれを長らく黙認していたにもかかわらず、突撃隊と国防軍の対立が表面化するに及んで、彼は政治的理由からレームを切り捨て、道徳的純潔の擁護者になりすましたのだった。[39]

　この突撃隊の一件が、同性愛の脅威に対するヒムラーの不安を高めたことは間違いない。レームとその部下たちの行状は、戦闘的な男性集団の中で同性愛の害毒がいかに容易に蔓延しうるかを示していたからである。彼らが粛清された後、突撃隊にかわって権力を握った親衛隊の長官は、自らの部隊が同性愛に汚染されることを極度に恐れ、あらゆる手段を講じてその防止につとめた。彼の見るところでは、親衛隊やヒトラーユーゲントのような男性集団では、軍事的な規律ばかりが要求され、男女が交流する機会も少ないため、メンバーの間に女嫌いの態度が広まりやすい。このような「過度の男性化」の中にこそ、「同性愛の温床」が見出される。それゆえ、若者が誤った道に迷い込むのを防ぐには、彼らにもっと女性に向かうよう促してやる必要がある。[40] ヒムラーはこうして、異性愛の奨励へと踏み出すことになる。

壮健な男たちを女性に向かわせようと、ヒムラーは部下たちに次のように要求していた。「われわれの男たちが……夏至の祭りの際に娘たちとダンスを踊れるよう配慮したまえ」。若い男たちが最良の娘たちと出会い、楽しく過ごせる機会をつくるべきである。そうすれば、彼らが「同性愛に向かう誤った道」に迷い込んだり、「人種的に劣った娘」と結婚したりすることは避けられるだろう。示唆するところが多いのは、彼が男女を近づけることで、同性愛の危険を防止できると信じていたことである。いわく、一五、六歳は男子が性的に不安定になる年齢であり、この時期に女子と接触する機会を持つことで、危険な段階を通過することができる。ダンスで知り合った娘に惚れれば、彼は勝利をおさめたことになるのである。若い男女をあまりに早く性に目覚めさせることを心配する必要はない。この年代の若者はそれを純粋で理想的な愛と見なすものだからである。[41] 同性愛が思春期の一過性の逸脱で、女を知る前の屈折した欲情にすぎないという認識が、ここには示されている。

こうした主張に呼応して、親衛隊機関紙もくり返し若者の自然な欲求を肯定し、それを抑圧する「市民道徳」に非難を浴びせていた。「若者の中に湧き起こる健全な本能」には「自然なはけ口」を与えるべきであり、それを卑しむべき「罪深い欲求」として否定すると、彼は不健全な「誤った道」に迷い込むことになる。この「同性愛の過ち」に比べれば、「軽薄でふしだらな娘」との交際など取るに足らない問題である。[42] 同紙はさらに、若者の間の婚前交渉は「社会的障害と道徳説教者に対する健全な反発」であるとさえ主張する。健全な青年にとって、異性は汚れのない純粋な存在であり、若い男女の無邪気さは、親たちの秘密めいた関係よりよっぽど「道徳的」である。男女の交際に反対する連中こそ、若者の堕落に手を貸す「汚い道徳」の提唱者だというのである。[43]

ヒムラーはもちろん、若者の婚前交渉によって子供の出生が増えることを期待していたのだが、生殖に寄与するかどうかを問わず、彼が性交そのものに積極的な意義を見出していたことも事実だった。それは男性の健全な本能の発露と見なされたのである。「さらに確実なのは、多くの女と遊んだ経験があるか、いまも遊んでいる兵士こそ、たいてい非常にすぐれた兵士だという事実である。われわれの運動においても闘争期にはよく経験したことだが、ひどく道徳家ぶる男は、必ずしも最高の闘士ではなかった[44]」。

性交が男性の士気を高めると信じていたのは、親衛隊長官にとどまらなかった。ヒトラーも若者に「健全な生の喜び」を認める必要を説き、「兵士の戦闘力を保つのに、性愛の禁欲を命じる教会の戒律など無用である」と強調していた。「ドイツの男が兵士として無条件に死ぬ覚悟をするためには、無条件に愛する自由も与えられなければならない[45]」。こうした発言の背後に、性交渉の奨励を通じて士気の高揚をはかる狙いがあったことは疑いない。というのも、ナチスはすでに開戦前から売春宿の運営に乗り出していたからである。[46] ヒムラーも部下たちに対して、売春を容認する姿勢を明確にしていた。「この問題（同性愛問題）に比べれば、それ自体まったく無害な売春問題を組織することができる。それは特定の措置を講ずれば、文化民族に許容できる組織に持っていくことができる。われわれはこの領域では、きわめて寛容であろうと考えている。というのも、一方で全青年が同性愛へ向かうのを妨げようとしながら、他方で逃げ道を塞ぐことはできないからである。それは狂気の沙汰である。結局のところ、都会で娘たちと出会う機会を与えること――たとえ金によってであれ――が、他方での大きな成果をもたらすのである」[47]。

思春期の若者が同性愛に引きずり込まれるのを防ぐためには、何としても若い娘と接触させる必要がある。「男性国家」が同性愛の泥沼に沈むことに対する恐怖は、「ドイツ民族の道徳的刷新」という目標までも脇へ押しやり、不道徳を奨励してでも若者の性欲にはけ口を与えるという露骨な欲求充足に舵を切らせたのだった。そこでは女性はもっぱら性欲の対象として、男同士の関係を維持するための道具と化すことになった。同性愛防止のためなら売春容認も辞さないというヒムラーの発言は、男性の性欲を——女性の身体を媒介にして——国家の用に供するという苛酷な人間管理の狙いを浮き彫りにしていた。

おわりに

男同士の絆の根底にホモソーシャルな欲望を見出し、それが同性愛に向かう傾向をはらみながら、同性愛嫌悪と女性嫌悪を通じて強固に構造化されていることを指摘したのはイヴ・セジウィックだが、以上に見たナチスの同性愛政策は、その基本的特徴においてセジウィックの議論を裏書きするものといえるだろう[48]。ナチスを同性愛者迫害に駆り立てたのは、親衛隊のごとき男性集団が同性愛の温床となり、国家・社会秩序を根底から揺るがすことに対する不安にほかならなかった。そこには疑いなく、同性愛がホモソーシャルな関係の産物であることを認めつつ、それでもなお——同性愛者の排除と女性の道具化を通じて——ホモソーシャルな男性支配を維持しようとする執念があらわれている[49]。

男同士の関係がはらむ本質的な両義性と、そこから生じる同性愛の危険に対して、ナチスは執拗に闘いを挑みつづけたが、最後まで有効な手立てを打つことができなかった。同性愛者の迫害がユダヤ人の場合ほど大規模かつ組織的なものにならなかったのも、このような同性愛問題の複雑さから説明できよう。いずれにせよ確実にいえるのは、同性愛が男性支配の存立を左右する問題であること、それが男性権力と切り結ぶ時に初めて問題化されることである。ナチスの迫害の対象となったのがほぼ男性同性愛者だけだったという事実は、何よりもこのことを物語っている。

注

1　ブルクハルト・イェロネクは、リュディガー・ラウトマンの研究（Lautmann 1977）に基づいてこれらの数字を挙げ、ホロコーストに関わる用語を援用して「同性愛者のアウシュヴィッツ」や「同性愛者問題の最終的解決」について語る一部の研究者を批判している。Jellonnek 1990, S. 32-33.

2　本章は、拙著（田野　２０１２）の第３章を下敷きにして、加筆・修正したものである。それゆえ、詳しい事実関係や史料の出典などについては、同書を参照されたい。

3　Grau 1993, S. 56-60 ; Bleuel 1972, S. 286.（邦訳、２４４頁）

4　ヒムラーによれば、すでに１９３４年の最初の６週間で、ベルリン警察が過去25年間に逮捕したよりも多くの同性愛者が逮捕されたという。Smith/Peterson 1974, S. 98.

5　Grau 1993, S. 74.

6　*Ebenda.*, S. 93-94.

7　Jellonnek 1990, S. 123. この機関は当初ベルリンのプロイセン州刑事警察局に置かれたが、その後ゲシュタポの特別班と統合され、最終的に帝国刑事警察局に編入された。関係史料の欠如により活動の実態は十分に解明されていないが、１９３９年には３万３０００人がこの機関に登録され、そのうち７８００人が青年誘惑者、３８００人が男娼であった。１９４０年には４万２０００人が登録され、その半数が青年誘惑者であった。*Ebenda.*, S. 131-132.

8　*Ebenda.*, S. 122 ; Jugendführer des Deutschen Reichs o. J., S. 89.

9　Grau 1993 S. 31-32.

10　Smith/Peterson 1974, S. 93-94. ジョージ・モッセによれば、この演説は「ナチ党指導者によってなされたセクシュアリティ論議の中で最も包括的かつ本質的なもの」であった。Mosse 1985, p. 166.（邦訳、２０６頁）

11　Diels 1950, S. 381.

12　ヒトラーは同性愛について、はっきりと「ペスト Pest」という表現を用いている。Grau 1993, S. 213.

13　ヒムラーによれば、親衛隊内では月に1件の同性愛事件が発生しており、年に10件近くに達していた。Smith/Peterson 1974, S. 97. ただし彼の試算は不正確で、実際にはもっと数が多かったと推察される。ライプツィヒの警察署管内だけで、１９３７〜３８年に４人の親衛隊員が逮捕されていた。Grau 1993, S. 184.

14　Jugendführer des Deutschen Reichs o. J., S. 94.

15　*Das Schwarze Korps*, 4. März 1937.

16　*Das Schwarze Korps*, 15. April 1937.

17　Grau 1993, S. 213-214.

18　例えば著名な精神科医ヨハンネス・ハインリヒ・シュルツは、同性愛の大部分は「深層の心的発達障害」によるもので、基本的にはつねに「適切な専門医による精神的な治療（精神療法）」によって「治療可能」であると主張していた。Schultz 1942, S. 97-98. シュルツはベルリンのドイツ心理学精神療法研究所（通称ゲーリング研究所）の外来診療部長として、同性愛者の精神療法的な「治療」に従事した。詳細は、拙著（田野　２０１２）の第２章を参照。
19 *Das Schwarze Korps*, 4. März 1937.
20 Smith/Peterson 1974, S. 99.
21 *Ebenda.*, S. 97-98.
22 Grau 1993, S. 244.
23 *Ebenda.*, S. 248-251.
24 ジェフリー・ジャイルスによれば、総統命令後に死刑が実行されたことはたしかだが、この命令が適用されたケースはほとんどなかった。１９４３年の最初の四半期に有罪判決が下された22件のうち、死刑判決は皆無であった。Giles 2005, p. 266.
25 １９４３年に3件の死刑判決が下された際には、親衛隊の鑑定医と精神科医がこれに異議を唱え、ヒムラーの逆鱗に触れることになった。親衛隊長官は、この2人がもとめる「異常な人間への教育の試み」を軍事経済的理由から拒否した。Bundesarchiv Berlin（以下BAと表記）, NS 19/2957.
26 ナチズムと男性同盟および同性愛の関係については、とくに次の論考を参照。Mosse 1985, pp. 158-170（邦訳、１９６～２１０頁）; Oosterhuis 1991, pp. 241-263.（邦訳、１６０～１７５頁）
27 Smith/Peterson 1974, S. 100.
28 *Ebenda.*, S. 96-97.
29 Smith 1971, p. 115.
30 Smith/Peterson 1974, S. 99.
31 クラウス・テーヴェライトは、この点にファシストが直面するダブルバインドを見出し、内的な欲望を統制するための防衛機制として、規律化された筋肉の外郭が必要とされたという心理的解釈を提示している。

Theweleit 1978, S. 334.（邦訳、４７３頁）

32　Giles 2005, pp. 273-280.

33　トーマス・キューネによれば、男性同盟の友愛は厳格で攻撃的なイメージばかりでなく、親密で家族的なイメージも含んでおり、そのことが厳しい規律を安堵感で和らげ、辛い訓練を耐えうるものとしていた。Kühne 1996, S. 184-188.（邦訳、１８８～１９２頁）

34　Buchheim 1967, S. 258. 内田雅克は、戦時下日本の少年像を考察する中で、陸軍幼年学校の生徒たちが過剰に「男らしさ」を要求され、「弱さ」への嫌悪を掻き立てられると同時に、そうした強迫観念からの「逃げ場」として、疑似家族愛や同性愛に向かっていく様を描き出しているが、これもまた、男同士の絆の本質的な両義性を明らかにしたものといえよう。内田、２０１０。

35　*Das Schwarze Korps*, 4. März 1937.

36　Smith/Peterson 1974, S. 96.

37　Kersten 1952, S. 69. 同性愛の政治的危険をヒトラーも同じように認識していたことは、次の発言がはっきりと示している。「われわれの国家とわれわれの秩序はまさに業績の原則の上にのみ築かれうるし、築かれるべきである。お気に入りの関係はすべて拒否されなければならない。秘蔵っ子のようなものは不要である。ところが同性愛者は他の男を業績によって判断しない。彼は最も有能な男でも同性愛者でなければ、いや同性愛者でないからこそ拒否し、同性愛者を優遇するのである」。Grau 1993, S. 214.

38　Domarus 1973, Bd. 1, S. 401.

39　同性愛の告発が反対派の弾圧に有効な政治的手段であることは、１９３６～３７年のカトリック教会に対する攻撃や、38年の陸軍総司令官の更迭の際にも明らかとなった。

40　Smith/Peterson 1974, S. 103.

41　*Ebenda*, S. 103-104. ヒトラーユーゲントの指導者バルドゥーア・フォン・シーラッハもまた、男女の接触によって同性愛を防止できるという信念を表明していた。Bleuel 1972, S. 155-156.（邦訳、１３４～１３５頁）

42 *Das Schwarze Korps*, 5. März 1936.

43 *Das Schwarze Korps*, 7. Januar 1937; 15. April 1937.

44 BA, NS 2/41. ヒムラーは側近に対しても、「真の男の行動意欲は性の領域にも及ぶものである」と強調していた。Kersten 1952, S. 232.

45 Picker 1993, S. 332-333.

46 第三帝国下の売買春の問題については、Paul 1994を参照。

47 Smith/Peterson 1974, S. 98.

48 Sedgwick 1985.

49 このような見方からすると、１９３４年の突撃隊幹部の粛清を「突撃隊レーム（ホモソーシャル）から親衛隊ヒムラー（ホモフォビー）への転換を示すもの」「同性愛を容認するホモソーシャル的社会の再構築ではなく、この間台頭してきた近代家族主義的価値観をヒトラーに選択させた事件」とする星乃治彦の説明は、ピントが外れているように思われる。星乃、２００６、１２９～１３０頁。

参考文献

Bleuel, Hans Peter. *Das saubere Reich. Die verheimlichte Wahrheit: Eros und Sexualität im Dritten Reich*. Bern und München: Scherz, 1972.（『ナチ・ドイツ――清潔な帝国』大島かおり訳、人文書院、１９８３）

Buchheim, Hans. “Befehl und Gehorsam.” In *Anatomie des SS-Staates*, hrsg. von Hans Buchheim, Martin Broszat, Hans-Adolf Jacobsen und Helmut Krausnick. München: Deutscher Taschenbuch Verlag, 1967.

Diels, Rudolf. *Lucifer ante portas: Es spricht der erste Chef der Gestapo*. Stuttgart: Deutsche Verlags-Anstalt,

1950.
Domarus, Max（Hrsg.）*Hitler. Reden und Proklamationen 1932-1945: Kommentiert von einem deutschen Zeitgenossen.* München: Süddeutscher Verlag, 1973.
Giles, Geoffrey J. "The Denial of Homosexuality: Same-Sex Incidents in Himmler's SS and Police." In *Sexuality and German Fascism*, edited by Dagmar Herzog. New York: Berghahn Books 2005.
Grau, Günter（Hrsg.）*Homosexualität in der NS-Zeit: Dokumente einer Diskriminierung und Verfolgung.* Frankfurt am Main: Fischer, 1993.
星乃治彦『男たちの帝国――ヴィルヘルム2世からナチスへ』岩波書店、２００６。
Jellonnek, Burkhard. *Homosexuelle unter dem Hakenkreuz: Die Verfolgung von Homosexuellen im Dritten Reich.* Paderborn: Schöningh, 1990.
Jugendführer des Deutschen Reichs（Hrsg.）*Kriminalität und Gefährdung der Jugend: Lagebericht bis zum Stande vom 1. Januar 1941.* Berlin, o. J.
Kersten, Felix. *Totenkopf und Treue: Heinrich Himmler ohne Uniform.* Hamburg: Robert Mölich Verlag, 1952.
Kühne, Thomas. ""...aus diesem Krieg werden nicht nur harte Männer heimkehren". Kriegskameradschaft und Männlichkeit im 20. Jahrhundert." In *Männergeschichte — Geschlechtergeschichte. Männlichkeit im Wandel der Moderne*, hrsg. von Thomas Kühne. Frankfurt am Main: Campus, 1996.（「戦友意識と男らしさ」『男の歴史――市民社会と〈男らしさ〉の神話』星乃治彦訳、柏書房、１９９７）
Lautmann, Rüdiger. *Seminar: Gesellschaft und Homosexualität.* Frankfurt am Main: Suhrkamp, 1977.
Mosse, George L. *Nationalism and Sexuality: Respectability and Abnormal Sexuality in Modern Europe.* New York: Howard Fertig, 1985.（『ナショナリズムとセクシュアリティ――市民道徳とナチズム』佐藤卓己・佐藤八寿子訳、柏書房、１９９６）

Oosterhuis, Harry（ed.）*Homosexuality and Male Bonding in Pre-Nazi Germany. The Youth Movement, the Gay Movement and Male Bonding before Hitler's Rise*. New York: The Haworth Press, 1991.（「ナチス以前のドイツにおける同性愛と男性結社」辰巳伸知・月川和雄訳『imago』１９９５年11月号）

Paul, Christa. *Zwangsprostitution: Staatlich errichtete Bordelle im Nationalsozialismus*. Berlin: Edition Hentrich, 1994.（『ナチズムと強制売春——強制収容所特別棟の女性たち』イエミシン恵子・池永記代美・梶村道子・ノリス恵美・浜田和子訳、明石書店、１９９６）

Picker, Henry. *Hitlers Tischgespräche im Führerhauptquartier*. Berlin: Ullstein, 1993.

Schultz, Johannes Heinrich. *Geschlecht · Liebe · Ehe: Die Grundtatsachen des Liebes- und Geschlechtslebens in ihrer Bedeutung für Einzel- und Volksdasein*. 3. Aufl. München: Verlag Ernst Reinhardt, 1942.

Sedgwick, Eve Kosofsky. *Between Men: English Literature and Male Homosocial Desire*. New York: Columbia University Press, 1985.（『男同士の絆——イギリス文学とホモソーシャルな欲望』上原早苗・亀澤美由紀訳、名古屋大学出版会、２００１）

Smith, Bradley F. *Heinrich Himmler: A Nazi in the Making, 1900-1926*. Stanford: Hoover Institution Press, 1971.

Smith, Bradley F. und Agnes F. Peterson（Hrsg.）*Heinrich Himmler: Geheimreden 1933 bis 1945 und andere Ansprachen*. Frankfurt am Main: Propyläen, 1974.

田野大輔『愛と欲望のナチズム』講談社選書メチエ、２０１２。

Theweleit, Klaus. *Männerphantasien. Band 2: Männerkörper. Zur Psychoanalyse des weißen Terrors*. München: Deutscher Taschenbuch Verlag, 1978.（『男たちの妄想 II 男たちの身体——白色テロルの精神分析のために』田村和彦訳、法政大学出版局、２００４）

内田雅克『大日本帝国の「少年」と「男性性」——少年少女雑誌に見る「ウィークネス・フォビア」』明石書店、２０１０。

COLUMN5

フランス近代小説に見る同性愛

髙岡 尚子

黙っているので、寝かけたのかなと思った。ところが、しばらくして、彼のつぶやく声が聞えた。

「そばにいると、うれしくて眠れません」

彼は、夜明けまで私を放さなかった。

本書をここまでたどってこられた読者であれば、これが二人の男性の間に起こった出来事であることは、容易に想像がつくだろうか。「寝かけたのかな」と思った「私」とは、二〇世紀フランスを代表する作家アンドレ・ジッドの小説『贋金つくり』(一九二六)の主人公エドゥアールで、「私」を「夜明けまで放さなかった」のは、彼の甥オリヴィエである。

男性同性愛者の心情がここまではっきりと小説作品に描かれるようになるのは、マルセル・プルーストの大著『失われた時を求めて』(一九一三〜一九二七)のうち、著者の死の直前に出版された第四篇『ソドムとゴモラ』(一九二二)あたりであろうと考えられる。本作で繰り広げられた、シャルリュス男爵と男たちとの性関係の描写は、当然のごとく批判や嘲笑の的にもなったが、小説『ドリアン・グレーの肖像』(一八九〇)で知られる、イギリスの作家オスカー・ワイルドの投獄事件（一八九五）を筆頭に、同性愛者への厳しい風当たりが続いた時代にあっては、画期的な一ページであったともいえるだろう。

同性愛関係の登場

では、フランス近代小説において、同性愛関係が登場するのは二〇世紀に入ってからかといえば、そういうわけでもない。

フランスが近代国家への道を歩み始めたのは、一七八九年の大革命を決定的な契機とするが、この国における「近代小説」の誕生と成長もまた、この大変革の勃発と軌を一にしている。フランス革命を思想的側面から後押ししたとされるジャン＝ジャック・ルソーが書いた唯一の長編小説『新エロイーズ』（一七六一）は、この後花開くことになる「小説の世紀」（フランス文学史は、一九世紀をこのように呼ぶ）の作品群に、多大な影響を与えた。『新エロイーズ』に見出せる「男性同士の親密な関係」（「ホモソーシャル」な関係）といえば、主人公の一人サン＝プルーとその友人エドゥアール卿を挙げることができるが、この二人の間にあるのは、性愛関係をにおわせるようなものではなく、お互いに異性愛者であることを前提とした、深い友情関係のように見える。

こうした関係が隠れていないかと、小説の中を意識的に覗いてみれば、意外なほど多くの例にぶち当たる。なかでも、バルザックの小説『幻滅』（一八三七～一八四三）には、ホモソーシャル的であると同時にホモセクシュアル的でもある男性同士の関係が見出せると、かなり以前から指摘されてきた（その先駆けが、上記したジッドやプルーストである）。

『幻滅』の主人公である、美貌の青年詩人リュシアンをめぐっては、複数の「男性同士の親密な関係」を指摘することができる。一つめは、リュシアンに対する、故郷の親友ダヴィッドからの献身的な友情である。ダヴィッドはリュシアンの妹エーヴと結婚することで義理の兄弟となるが、男二人の間でやりとりされる姉・妹という構図は、イヴ・セジウィックが『男同士の絆――イギリス文学とホモソーシャルな欲望』（上原早苗／亀澤美由紀訳、名古屋大学出版会、二〇〇一）において、ホモソーシャル関係の典型的なあり方の一つと指摘しているところである。もう一つは、自らの失敗から、ダヴィッドと家族を不幸にしたことで、絶望のあまり自殺を企てようとしていたリュシアンを、通りがかりに救い、助力を約束するヴォートランとの関係である。

実は、ヴォートランは、バルザックの小説世界においては大変な有名人（!）で、『幻滅』の前には『ゴリオ爺さん』に登場しており、後に他の作品にも顔を見せる、いわば「常連」である。『ゴリオ爺さん』では、貧乏貴族の青年ラスティニヤックに対し、父のごとく保護する建前で、悪事の片棒を担がせようとするヴォートランが、『幻滅』ではリュシアンに、「妻が夫に服従するごとく、私に服従したまえ。私は君を釣り上げ、生き返らせてやったんだ。だから、これから君は私のものだ。被造物が創造主のものであるように」と語りかける。「妻が夫に」や「被造物が創造主のもの」というたとえからも理解されるように、彼らの間には、徹底した上下関係があると同時に、「女と男」という性役割が充てられている。年かさで強く、指導者としての男役割を果たすヴォートランと、美しく、弱く、付き従う女役割を受け持つリュシアンという構図には、ホモソーシャル関係からは一歩進み、セクシュアリティを喚起させる雰囲気が漂っている。

近代小説と女性同性愛

ここまで男性同性愛について述べてきたが、女性同性愛はフランス近代小説において、重要なモチーフではなかったのか。答えは、そうとも言えるし、そうでないとも言える。女性同性愛は、セクシュアリティにまつわる規範や固定概念に「揺らぎ」を与えるという意味では、男性同性愛と同等の可能性を秘めていたに違いない。しかし、男性同性愛に比べれば、女性同性愛は、無邪気で過渡期的な遊びくらいに考えられており、強い非難が顕在化することはなかったように見える。先にあげたプルーストは『ソドムとゴモラ』の中で、男性同性愛者だけでなく、女性同性愛者の姿も描いているが、コレットはそれを『純粋なものと不純なもの』（一九三二）の中で、男性同性愛者の代用ではないかと指摘している。ここにもまた、「男女の非対称性」が存在するのだ。

自身がバイセクシュアルであったコレットは、夫のウィリー名で出版した最初の作品『学校のクローディーヌ』（一九〇〇）以来、女性同性愛者の姿を描き続けた女性作家である。『学校のクローディーヌ』というタイトルが示す通り、物語は女子寄宿舎学校を舞台にしており、そこに繰り広げられる女性間の情熱や嫉妬といった恋愛模様の描かれ方は、どこかしら、日本の大正・昭和初期に少女たちのあこがれの的となり、絶大な支持を受けた「少女小説」（吉屋信子の『花物語』など）と、似通っているともいえるだろう。コレットが文筆家だけではなく、ダンサーなど幅広い活動を行っていたベルエポックの時代、女性同性愛者は自分たちのことを、当時、ネガティブな意味の語であった「レズビアン」と呼ぶのを避けていた。この語がポジティブな意味を持ち始めたのは、一九七〇年代に入って、フランスでの第二波フェミニズム運動が盛んになってからのことである。

映画と同性愛

一九八〇年代に入り、HIVの感染と同性愛との関係が取りざたされるようになると、治療法がないことへの恐怖感などもあいまって、エイズと同性愛をテーマにした小説や映画が多く作られるようになる。なかでも、一九九〇年に発表されたエルヴェ・ギベールの小説『ぼくの命を救ってくれなかった友へ』は大変なセンセーションを巻き起こした。

二〇一三年、女性同性愛者たちの苦しみ、歓び、悲しみを描いた映画『アデル、ブルーは熱い色』（アブデラティフ・ケシシュ監督、フランス映画。原作はジュリー・マロのコミック『ブルーは熱い色』）が、カンヌ映画祭で最高賞（パルム・ドール）を受けた。

その背景には、異性間パートナーに限らず、税制上で結婚とほぼ同様の法的優遇権を受けられる「連帯市民協約（通称PACSパックス）」の制定（一九九九）といった社会的変化があると考えられる。二〇一三年に同性婚を法制化したフランスで、今後、同性愛をテーマにした小説や映画は、どのような変化を遂げるだろうか。注目したい。

【資料】　同性愛／性的指向／LGBTに関する対比年表

世界	年代	日本
前11世紀～前256　周（易経の発達） 前7世紀末～前6世紀初（ギリシア）女性詩人サッフォー（生地レスボス島） **■前500～前449　ペルシア戦争** 前5世紀（ギリシア）アテナイ民主政（少年愛の容認）[*総論] ○古代ギリシアでは異性愛と同性愛の区別は不分明 ○スパルタでは軍事教練に男性同性愛行為が推奨された 前460頃～前370頃（ギリシア）ヒポクラテスの医学 前403～前221（中）戦国時代（美男美女を贈って敵方を籠絡する） ○前近代中国では、男性同性愛は「分桃」「龍陽」「断袖」、女性同性愛は「磨鏡」と呼ばれる。男性同性愛の記事は多いが、女性同性愛の記事はほとんどない。[*C③] 前380頃（ギリシア）プラトン（前427～前347）『饗宴』（ウーラニオス信仰） 前4世紀（ギリシア）テーバイの「神聖隊」（男性同性愛カップルで構成）[*総論] 前324（ギリシア）アレクサンドロス大王が親友ヘファイティオンの死を悼んで神格化［*総論］ 前3世紀（中）「余桃の僻」（霊公と弥子瑕の親密な同性愛） 前245頃～前184（ローマ）プラウトゥスの喜劇（奴隷との同性愛行為を描く） ○『聖書』 **■前27　ローマ元首政**	紀元前	
30頃　イエス処刑→キリスト教の成立 129頃～200頃（ローマ）ガレノスの医学 130（ローマ）皇帝ハドリアヌスの愛人アンティノウスが溺死［*総論］	紀元後	

313（ローマ）ミラノ勅令（キリスト教の公認）
342（ローマ）受け身の同性愛を禁じる勅令（違反者は去勢）
390（ローマ）売春宿で受動役をする男娼を火刑にするとの勅令
395（ローマ）ローマ帝国の東西分裂
438（ローマ）セックスで受動役の男性すべてを火刑に処す勅令
■476　西ローマ帝国の滅亡
5世紀末（フランク王国）クローヴィスがカトリックに改宗
6世紀頃（朝鮮）「花郎」（若く美しい兵士の部隊）の結成（廷臣に性的奉仕をしていた可能性がある）
533（ビザンツ）同性愛者の火刑を規定
550～577（中）「男色」という語の使用開始（北斉）
■622　ヒジュラ（イスラム教の成立）
○クルアーンもハディースも同性愛を厳しく非難（当時、同性愛行為は子どもや奴隷・敵などに対する虐待行為であった）
○イスラム王朝のうち、同性愛が高く評価されたのは、スペインの後ウマイヤ朝（756～1031）、ペルシアのセルジューク朝（1037～1194）、エジプトのマルムーク朝（1300～1923）
755頃～813頃（中東）アラビア文学の代表的詩人アブー・ヌワースによる同性愛を含む性愛・肉欲賛美の詩集
■800　カール大帝の戴冠
■962　神聖ローマ帝国の成立
1016（教会）第1回十字軍
1140頃（教会）グラティアーヌス教会法令集（教会法の確立）
1179（教会）第3回ラテラノ公会議（性的放縦の取り締まり強化）[*総論]
○12世紀マリア信仰の高まり
1265～1273（教会）トマス・アクイナス『神学大全』（同性間性交は「自然に反する罪」）[*総論]
○13世紀（欧）同性愛男性を「ソドマイト」と呼び、教会裁判所で裁くようになる

■4世紀前半　大和政権成立
■710　平城京遷都
■794　平安京遷都（平安時代794～12世紀末）
■858～1072　摂関政治
11世紀初頭『源氏物語』
■1086～1185頃　院政期
1146　藤原頼長（1120～56）3年来恋慕の藤原隆孝に本意を遂げる（藤原頼長日記『台記』）[*5]
1155～92　後白河院（1127～92）（天皇：1155～58→院政：1158～92（院・上層貴族・平家公達との男色関係が政治に影響）[*5]
○院に寵愛された者たちは、諸国の国司（受領）を歴任して富裕になり、高い官職を得た者が多い。保元・平治の乱（1156/59）の背景にも男色関係があった
■1192～1333　鎌倉幕府
1212～21　『宇治拾遺物語』（僧同士の同性愛）
13世紀後半　『我身にたどる姫君』[*4]
1309　絵巻物「春日権現験記絵」（当時の寺院社会の様子が克明に描かれている。酌をする稚児たちは長い髪・絵模様の着物を着ている）
■1338～1573　室町幕府
1386～1428　4代将軍足利義持は近習赤松持貞を寵愛

○13〜14世紀（欧）同性愛に対する敵視の開始 ■**1299〜1922　オスマン・トルコ** ■**1368〜1644　明** ○男色が民間にも広まり、専門の男娼が存在［*C③］ ■**1392〜1910　朝鮮（李王朝）** ○朝鮮王朝においてはじめて同性愛禁忌がはじまる 1418〜50（朝鮮）世宗治下で同性愛関係がはじめて有罪とされる（息子の妃が世宗の妾と同衾しているのを見つけ追放。妃は父に殺され、父は自殺） 1418（伊）フィレンツエに「夜間取り締まり局」を設置（〜1502） ■**1492（スペイン）コロンブス、アメリカ大陸に到達**		
1513（中米）デ・バルボアによる虐殺（女装の若者40人を猟犬にかみ殺させる） 1517（独）宗教改革開始 1519（中米）スペイン人征服者コルテスが先住民に発した命令（ソドミーなどの悪習をすべてやめよ） 1530頃（北米）デ・ヴァカの先住民報告（男同士で結婚しているのを見たが、それは不能な、めめしい男たちで、女の服装をし、女の仕事をし、弓を射て、大きな荷物を運び…他の男たちよりは声がしゃがれていて背が高い） 1532（独）カロリナ刑法典（ソドミー罪に火刑を規定）［*総論］ 1533（英）ヘンリー8世「肛門性交の悪徳を処罰するための法」（同性愛行為を死刑に処す＝ターゲットはカトリック聖職者）［*総論］ 1563（英）同性愛死刑法の再制定（〜1885年まで有効） 1564（北米）ド・モルグの先住民報告（両性具有者はまったくふつうのことである。彼らは糧食の運搬や、戦場から病人・戦死者を運ぶ任にあたる） 1576（南米）ガンダーヴォの先住民報告（先住民は「人間の理性をそなえていないかのように」ソドミーを行っている）	**1500**	1549　ザビエル来航（キリスト教伝来）

1574～89（仏）フランス王アンリ3世（宮廷は「男女両性具有者たちの島」と風刺された） 1586頃（南米）デ・ソーザの先住民報告（若者たちが日常的にソドミーにふけり、それによって自分たちの男らしさを証明したり自慢したりしている） 1599～1669（中）丁耀亢『続金瓶梅』（女性同性愛を前世での淫乱の罪に対する罰として描く）[*C③] 1584（北米）イギリスによる植民開始		
1610～80（中）李漁『憐香伴』（妻妾が仲良く夫を共有する物語→じつは女性同性愛を肯定的に描いた作品）[*C③] ■1616～1912　清 1647（中）順治律例（鶏姦罪の導入）[*総論] 1647～80（英）有名な放蕩貴族ロチェスター伯（愛人を片腕に、稚児を他の腕につかまらせて見せびらかした） 1650～1702（英）イングランド国王オラニエ公ウィリアム3世（位1688～1702）は男性家臣を寵愛する（とくにハンス・ウィリアム・ペンティングが有名） 1663（英）サミュエル・ピープスによる報告（「ソドミーはいまや当地の伊達男たちのあいだでイタリアとおなじくらいふつうの風習になっていて、そのことで小姓たちが主人たちを悪く言い始めた」） 1667～1690年代（仏）警官が「発展場」（男色者のたまり場）を監視する体制を確立 1672（蘭）卵子理論の成立（リーニエル・デ・ク・ラーフ）[*総論] ○1680年代　啓蒙主義のはじまり 1690～1738（英）風俗向上協会による男色者の摘発	1600	■1603～1868　江戸幕府 ○江戸期には歴史上男色がもっとも流行したが、規制ももっともきびしい。 1604　稚児舞の流行 1618　江戸遊郭吉原の成立 1629　幕府、女舞・女浄瑠璃・女歌舞伎を禁止 1643　仮名草子『心友記』（衆道の心構えを説く）[*5] 1650　武家に男装・男色を厳禁（西丸奉仕者の法度） 1652　若衆歌舞伎の女装禁止、江戸・京・大坂での若衆歌舞伎の禁止。 1653　幕府、野郎歌舞伎を許可 1653　幕府、衆道（男色）・売女禁止の町触 1654　幕府、武家に男色を禁止 1657　仮名草子『催情記』（衆道の作法・手管を説く）[*5] ■1680～1709　5代将軍綱吉（1648～1709）時代 ○主君と家臣の男色関係を許容・綱吉の「矛盾」＝儒学重視による人民教化と美男好み及び過剰な能楽愛好［*5］ 1680～1702　戸田茂睡『御当代記』（綱吉の恣意的人事に批判的・綱吉の小姓役を拒否した事例・美男髪

1695（仏）ルイ14世の弟オルレアン公フィリップの妻が書いた手紙（宮廷で「男性間の放蕩」が培養された）		型「しゅすびん」や綱吉の目に止まるのを避けるための男性髪型「よけびん」の流行・能役者の登用）[*5] 1683　武家諸法度により末期養子の禁が解かれる（「無子」への寛容→「男色」への寛容）[*5] 1687　井原西鶴『男色大鑑』[*総論] **■1688～1704　元禄期** 1689　幕府は歌舞伎野郎の統制を強化（野郎が芝居町の外へ派遣されることを禁止）[*5] 1690　大名評判記『土芥寇讎記』（大名243名についての人物批評・好色非難は62名・うち男色22名・男色女色15名）[*5]
○18～19世紀（中）京劇で「旦」（女役）が理想化される 1716（露）ピョートル大帝がソドミー罪を導入（陸軍と海軍に適用） 1749（英）イタリアを批判したパンフレット（「ソドミーの母と乳母…この国では主人はうるわしき奥方とよりは小姓と通じていることのほうが多い」） 1762（仏）ルソー『新エロイーズ』（男性間の親密な非性愛的な友情関係を描く）[*C⑤] 1764（伊）ベッカリーア『犯罪と刑罰』（同性愛行為の非犯罪化を提唱） 1765～69（英）ブラックストーン『英法釈義』（(男色は「口にできない犯罪」であり、「自然と理性の声および神の明白な掟が大罪と定めている」） 1768（墺）テレジア法典（男色者は火刑） 1783（仏）「この悪徳［ソドミー］は…たいへんはやっていて、現在この国［フランス］では上は公爵から下は下男や庶民にいたるまでこれにおかされていない階級はなくなってしまった」	1700	1715頃　儒者太宰春台『三王外記』（綱吉の男色関係について記述）[*5] 1768『男色細見序』

■1775～83　アメリカ独立戦争 1787合衆国憲法成立 ○18世紀末～1960年代（米）性に厳しいピューリタン刑法（ソドミー法）（ブラックストーン『英法釈義も影響』） 1787（墺）ヨセフィーナ法典（男色者は「政治的犯罪」であり、禁固・懲役・むちうち刑） **■1789～99　フランス革命** 1791（仏）ソドミーを非処罰化 1794（独）プロイセン一般ラント法（ソドミー罪を死刑から禁錮刑に変更）［*総論］		1788　春画『婦美の清書』（女性同性愛行為シーンを描く）シリーズの作者である鳥橋斎栄里（1759～没年不詳）初作［*4］
1803（墺）オーストリア刑法典（「不自然な情欲」への刑罰は禁固半年～1年） 1803（蘭）ヨーロッパ大陸におけるソドミー罪による最後の死刑執行 **■1806　神聖ローマ帝国滅亡** 1810（仏）フランス刑法典（ソドミーの非処罰化を維持）［*総論］ 1810（オランダ）ナポレオンによるオランダ併合（フランス刑法典の導入：1840年代まで有効） 1813（独）バイエルン刑法典（ソドミーを非処罰化） **■1814/15　ウィーン会議** 1822（スペイン）ソドミーを非処罰化 1829（中）女性詩人李媞（1805～29）が入水自殺（従妹の後追い自殺）［*C③］ **■1837～1901　ヴィクトリア時代（良妻賢母主義・性の二重基準が顕著）** 1837～84（仏）バルザック『幻滅』（男性間のホモソーシャルかつホモセクシュアルな関係を描く）［*C⑤］ 1839（独）ヴュルテンベルクがソドミーを非処罰化 1840（独）ブルンスヴィック、ハノーヴァーがソドミーを非処罰化	1800	1832　蕎麦屋雇人男が子を出産して解雇（2件）

海外		日本
■1848　48年革命 1851（独）プロイセン刑法 1852（墺）オーストリア刑法典：同性愛行為への刑罰を5年に延長 1858（独）ベルリンの医師カスパーが「男色」は生来的なものであり、「精神的半陰陽」という精神疾患だと論じる 1861（英）身体に対する犯罪法（10年以上終身までの禁固刑） 1864（独）法学者ウルリクスがドイツ法曹大会で男性同性愛の無罪化と組織化を訴える。男性同性愛者を「ウルニング」と名付け、「第3の性」とみなす［*総論］ 1867（独）ドイツ法曹会議（ミュンヘン）でウルリクスの発言［*総論］ 1869（墺）オーストリア＝ハンガリーの医師ベンケルトにより「同性愛Homosexualität」という語が考案される。 ■1871～1918　ドイツ第二帝政 1871（独）ドイツ帝国刑法典（刑法175条＝同性愛禁止条項：禁固および公民権剝奪）［*総論］ 1883（英）同性愛の死刑廃止（終身禁錮刑） 1885（英）同性愛概念の拡大（性交＋性交類似行為）2年以下の懲役刑 1887（独）クラフト＝エビング『精神病理（第2版）』（同性愛を「変態性欲」とする） 1890（伊）イタリア全土でソドミーを非処罰化 1892（英）〈ホモセクシュアリティ〉を英語に導入（チャドック）：それ以前は「性的倒錯」 1895（英）オスカー・ワイルド事件（同性愛の罪で投獄される）［*C⑤］ 1897（独）ヒルシュフェルトが同性愛に関する研究・啓蒙組織「科学的人道委員会」を組織		1867　ええじゃないか踊りの流行（異性装あり） ■1868　明治維新（明治時代1868～1912） 1873～1882　改訂律例（鶏姦罪の導入）成人間男性の同性愛行為に関する処罰はなし。 1875　『造化機論』（西洋のセクソロジーの初の紹介） 1880　刑法（旧刑法）制定 1885　坪内逍遙『当世書生気質』［*6］ 1890　教育勅語 ■1894～95　日清戦争 1894　クラフト・エビング『色情狂』翻訳出版→発禁処分［*4］ 1895　雑誌『少年世界』発刊［*6］ 1897　台湾に総督府を設置

1900~45

1900（仏）コレット『学校のクローディーヌ』（女子校寄宿舎を舞台にした女性同性愛を描く）[*C⑤]

○女性同性愛者たちは、当時は否定的なニュアンスをもつ「レズビアン」とは自称しない。「レズビアン」が肯定的意味をもつのは1970年代以降である。[*C⑤]

1902（独）男性同盟論の開始（シュルツ『年齢集団と男性同盟』）

1904（独）ヒルシュフェルト『ベルリンの第三の性』

1907~08（独）オイレンブルク事件（皇帝ヴィルヘルム2世と親友オイレンブルクの同性愛疑惑事件）[*総論]

■1911~12（中）　辛亥革命→中華民国の成立

■1914~18　第一次世界大戦

■1917　ロシア革命→ソビエト政権成立

■1918~1933　ヴァイマル共和国

○（独）ヴァイマル期（15年間）175条有罪総数9375名

1919（独）ベルリンに性科学研究所を設立（ヒルシュフェルト）

1920（独）ヒルシュフェルト暗殺未遂事件

1922（仏）マルセル・プルースト『ソドムとゴモラ』（男性同性愛者の心情をはっきりと描いた最初の小説）[*C⑤]

1923（米）ニューヨーク州「風紀紊乱行為」の処罰化 [*総論]

1926（仏）アンドレ・ジッド『贋金つくり』（男性同性愛を描写）[*C⑤]

1927（米）バドロック法（「性的倒錯」等を描く芝居の上演禁止）

1930（スウェーデン）同性愛の非処罰化

1930~68（米）ハリウッド「ヘイズ・コード」（ヌード・同性愛などの描写を禁じる映倫規定）

■1933~1945　ナチス政権

1933（独）ヒルシュフェルト財団の財産没収

1935（独）レーム粛清「長いナイフの夜」（以後、同性愛者への弾圧強化）[*7]

■1904~05　日露戦争

1906　雑誌『日本少年』発刊 [*6]

1909　森鷗外『ヴィタ・セクスアリス』（男色こそが硬派の性愛とする）[*4] [*6]

■1912~1926　大正時代

1912　平塚らいてう「円窓より――茅ヶ崎へ、茅ヶ崎へ」（尾竹紅吉とのレズビアン関係を描く）[*4]

1913　クラフト・エビング『変態性慾心理』（色情狂の改題）翻訳出版 [*4] [*6]

■1914~18　第一次世界大戦

1914　雑誌『少年倶楽部』発刊 [*6]

1914　ハヴロック・エリス「女性間の同性恋愛」への平塚らいてうの序文 [*4]

1915　澤田順次郎・羽太鋭治『変態性欲論』

1920　吉屋信子『花物語』（吉屋は女性同士の友情・恋愛を描いた「少女小説」を多く発表した。吉屋はパートナーである門馬千代と同居し、のちに千代を養女として迎えた）[*C④]

1920　陸軍幼年学校令の制定

○陸軍幼年学校における「男らしさ」の鍛錬（「ウィークネスフォビア」と「ホモセクシュアリティ」の併存）[*6]

○1920年代に「ホモセクシュアリティ」の訳語として「同性愛」が定着

1922　雑誌『変態性慾』（主筆：田中香涯）発刊（~1925廃刊）[*4] [*6]

1923　雑誌『少女倶楽部』発刊 [*6]

1924　宮本百合子『伸子』[*4]

1925　澤田順次郎『神秘なる同性愛』[*4]

1935（独）刑法175条の厳格化（すべての同性愛行為が罰則対象になる→1969年撤廃）[*7] 1936（独）「同性愛と中絶克服のための帝国センター」設置（同性愛者の逮捕や迫害が頻発）[*7] 1937（独）ヒムラー、激烈な反同性愛者演説 [*7] 1938（独）将軍事件（陸軍総司令官フリッチュの同性愛スキャンダル） ■1939～45　第二次世界大戦 1941（独）「親衛隊と警察の純潔維持のための総統命令」（同性愛者処罰を指示）[*7] 1941（米）アメリカ参戦 ○（米）第二次世界大戦中に軍隊における同性愛者の存在が問題になりはじめる 1942（仏）ヴィシー政権下で同性愛を再処罰化（1982年非処罰化） 1942（米）同性愛者を軍隊から放逐する初の除隊規定 1944（独）ブーヘンヴァルト強制収容所で同性愛者を人体実験に利用		■1926～1989　昭和時代 1929～30　江戸川乱歩『孤島の鬼』[*4] 1932　上海事変 ■1941～45　太平洋戦争 1943　山中峯太郎『星乃生徒』[*6]
■1949～90　東西ドイツ分裂 1949（独・西）ナチ的刑法175条を踏襲し、「科学的人道委員会」の活動禁止（1994年再開） ■1949　中華人民共和国の成立 1950（独・東）ナチ的刑法175条の廃止 1947（米）国防省による同性愛者制裁指令の制定 1948（米）キンゼイ『男性の性行動』 ○1940～70年代（欧米）ホモファイル運動 1950年代（米）マッカーシズムによる同性愛弾圧 [*1] 1951（欧）ヨーロッパ人権条約 [*3] 1951（米）マタシン協会（アメリカ初のゲイ擁護団体） 1953（米）連邦政府への忠誠審査プログラムに「性的倒錯」を盛り込む	1946～69	■1946　日本国憲法 1946　日本国憲法成立：第13条・第14条・第24条 [*1] 1947　宮本百合子『二つの庭』[*4] 1948～51　宮本百合子『道標』三部作 [*4] 1950　キンゼイ『男性の性行動』翻訳

1954（英）ウォルフォンデン委員会設置（同性愛犯罪と売春に関する委員会） 1955（米）ビリティスの娘たち（アメリカ初のレズビアン擁護団体） 1955（米）アメリカ法律協会模範刑法典（ソドミー法の廃止） 1957（独・西）連邦憲法裁判所：ナチス刑法175条を「合法的に成立」と認定 1959（独・西）175条違反による有罪3530名 ○（独・西）1950～65年の175条有罪総数約4万5000名 ■**1960　アフリカの年（アフリカ諸国が独立）** 1961（米）イリノイ州ソドミー法廃止 1964（米）統一軍事裁判法典（125条ソドミー行為に対する処罰） 1967（米）コネティカット州ソドミー法廃止 1967（英）性犯罪法（21歳以上男性の非公然の同性愛行為を非処罰化）ただし、軍隊と商船には適用しない。 1968（独・東）同性愛の非犯罪化 1969（独・西）第1次刑法改正（第13章「性的自己決定を侵害する罪」姦通と成人間同性愛の非処罰化） 1969（米）ストーンウォール暴動 1969（米）ノートン判決（同性愛理由とする公務員解雇は無効）		1969～70　ブルーボーイ事件（「ブルーボーイ（男娼）」をしていたMTFに性別適合手術を行った医師が優生保護法違反で有罪とされた→1997年まで日本では性別適合手術が行えない状況となった）
○（米）1970年代：ゲイ権利運動の高まり→20余州が同性愛を非処罰化 1970（独・西）学生ゲイ組織の誕生 1973（独・西）刑法175条改正（同性愛の年齢制限を21歳から18歳に引き下げる） 1973「ホモフォビア」という語の考案（心理学） 1973（米）アメリカ精神医学会（精神障害の項目から同性愛を削除） 1978（国際）国際レズビアン・ゲイ協会（ILGA）結成 1978（米）「虹色の旗」の考案（ベイカー） 1978（米）ハーヴェイ・ミルク殺害事件	1970	1971　ゲイ雑誌『薔薇族』の刊行 1977　ウェスト『同性愛』の翻訳（病理的な同性愛観＝「性的倒錯者への「寛容」）

1980（独・西）トランスセクシュアル法 1980「強制的異性愛」／「レズビアン存在」（アンドレア・リッチ） 1981（欧）ダジャン対イギリス判決：北アイルランドのソドミー法はヨーロッパ人権条約に違反する（人権条約違反をはじめて認定）[*3] 1981（米）エイズに関する初のマスコミ報道（「ゲイのペスト」） 1981（米）国防総省が「同性愛は軍務と相容れない」との公式見解を発表 ○1981～1991（米）：同性愛を理由に除隊した男女は1万6919人 1982（米）ウィスコンシン州（包括的なゲイライツ法＝民間企業での差別も禁止） 1983（独・西）キースリング事件（NATO高官キースリングの同性愛スキャンダル事件） 1983（独・西）雑誌『シュピーゲル』によるエイズ報道 1985「ホモソーシャル」（セジウィック） 1985（米）ロック・ハドソンのエイズ問題 1986（米）連邦最高裁（バウワーズ対ハードウィック判決）ソドミー法を容認（ソドミー行為は「たちの悪い冗談」） 1988（デンマーク）世界初のドメスティック・パートナーシップ制度の導入 1988（独・西）政府が「忘れられた被害者」（同性愛者を含む）に対する補償を決定 1989（米）ニューヨーク州最高裁（同性カップルを家族と認める） ■1989　冷戦終結	1980	1985　「エイズ1号患者」（男性同性愛者） ○「日本の同性愛に対する差別は、1980年代後半から90年代初めのエイズの時代になって、はっきりと顕在化するようになった」（ヴィンセント他1997:47） 1988　エイズ予防法
■1990　ドイツ統一 1990（仏）エルヴァ・ギベール『ぼくの命を救ってくれなかった友へ』（エイズと同性愛をテーマにした小説で一大センセーションを巻き起こした）[*C⑤] 1990「クイア」という語がアカデミズムではじめて使用される。	1990	1990　府中青年の家でアカー（「動くゲイとレズビアンの会」）の合宿 1994「府中青年の家事件」東京地裁判決

1990　WHOが疾病分類リストから同性愛をはずす ○1990年代　イスラーム復興運動の興隆 1992（国連）マイノリティ権利宣言［*3］ 1992（国連）自由権規約委員会の個人通報事例：トゥーネン対オーストラリア（同性愛が普遍的な国際人権の文脈で位置づけられた最初の事例）［*3］ 1993（米）アメリカ軍DADT政策（「問わず、語らず」の原則＝入隊時には審査しないが、発覚すれば除隊）を採用 ○1993～2008（米）：同性愛を理由に除隊したのは1万3444人 1993（米）ヴァージニア州裁判所（レズ女性に娘の養育権を否定） 1995「覇権的マスキュリニティ／従属的マスキュリニティ」（コンネル） 1994（独）第29次刑法改正（同性愛の完全非犯罪化）→刑法175条撤廃 1996（米）アメリカ連邦法として婚姻防衛法が成立［*総論］ 1997（EU）EU運営条約（アムステルダム条約）「性別、人種もしくは種族的出身、宗教もしくは信条、障碍、年齢または性的指向にもとづく差別と戦うことを目指す」［*総論］ 1997（中）刑法改正（同性愛行為の非犯罪化）［*C③］ 1998（蘭）登録パートナーシップ法成立→2001　同性婚容認［*2］ 1998（ベルギー）法定同居→2003　同性婚容認［*2］ 1999（仏）パックス（民事連帯協約）［*総論］→2013　同性婚容認［*2］		1997　東京高裁「府中青年の家事件」判決・確定［*3］
2000（EU）EU基本権憲章［*総論］ 2000（国連）自由権規約委員会の個人通報事例：ヤング対オーストラリア［*3］ 2001（蘭）世界初の同性婚容認 2001（独）生活パートナーシップ法［*2］ 2001（中）精神疾患の項目から同性愛を除外［*C③］ 2001（独）生活パートナーシップ法成立［*総論］	2000	2000　新木場事件（ヘイトクライム事件＝若者たちが同性愛者男性を殺害） 2003　性同一性障害者特例法［*2］ 2004　志村貴子『青い花』（少女同士の恋愛を描いたいわゆる「百合」マンガ）［*C④］ 2006　『男性史』全3巻

2001（独）同性愛者がベルリン市長に就任 2002（独）ナチ時代の不当判決撤回法改正（ナチ時代に裁かれた同性愛者の名誉回復） 2003（国連）国連人権委員会決議の失敗［*3］ 2003（米）連邦最高裁（ローレンス対テキサス州）ソドミー法無効の判決→アメリカ全州でソドミー法が撤廃 2003（米）マサチューセッツ州最高裁（レズビアン・ゲイに婚姻の権利を保障） 2004（英）シビル・パートナーシップ［*2］ 2005（カナダ）民事婚姻法（同性婚容認）［*2］ 2005（国連）自由権規約委員会の個人通報事例：X対コロンビア［*3］ 2006（国際）性的指向・性自認に関する国際人権法の適用に関するジョグジャカルタ原則［*3］ 2006（国際）LGBT人権国際会議（モントリオール宣言）［*3］ 2007（独）パパ・クオータ制度による男性の育児休暇取得促進 2008（米）カリフォルニア州最高裁同性婚容認判決 2008（独）連邦最高裁（TS法婚姻要件違憲判決） 2008（米）カリフォルニア州最高裁が同性婚禁止の州法を無効（6月から同性婚が解禁） 2008（米）カリフォルニア州で婚姻を異性間に限る住民投票提案が成立 2009（米）ヒューストン市長にオープンリー・ゲイの女性が当選 2009（ウガンダ）「反同性愛法案」（同性愛者を死刑などの重罪に処す）がウガンダ議会に提出される 2009（スウェーデン）婚姻の性中立化を承認		2008　強制わいせつ罪の性別比（n=7111、女=6928、男=183［2.6%］：男性被害者のほとんどが未成年者） 2008　自由権規約委員会による日本政府レポート審査の総括所見29［*2］
2010（米）セクシュアリティによる雇用差別を禁じている州は21州 2010（国連）女性差別撤廃委員会一般勧告28［*3］	2010	

2011（国連）第19回国連人権理事会が「人権、性的指向および性自認」決議（初の国連決議）[*3＝資料1・2] 2011（国連）国連人権高等弁務官による初の正式な国連報告書「性的指向・性自認を理由とする個人に対する差別的法律・慣行・暴力行為」[*3] 2012（国連）国連人権理事会における公式パネル討議 [*3] 2013（露）同性愛宣伝禁止法（未成年者に対して同性愛の宣伝を禁じる）の成立 2013（仏）同性婚を容認 [*はじめに][*C⑤] 2013（米）連邦最高裁が婚姻防衛法（1996）を違憲と判断 [*総論] 2013（仏）映画『アデル、ブルーは熱い色』（女性同性愛者たちを描く）がカンヌ映画祭で最高賞を受賞 [*C⑤] 2014（英）イングランドとウェールズで同性婚を合法化 2014（フィンランド）同性婚を合法化（欧州で12番目） 2014（国連）第27回国連人権理事会が、性的指向と性自認について決議 2015（米）連邦最高裁が同性婚を全米で容認（アメリカ諸州のうち、同性婚容認州は36州と首都ワシントン、禁止州は14州。訴訟は禁止州が起こしていた）[*はじめに][*総論]		2013　最高裁：婚外子相続差別違憲判決 [*1] 2012　電通LGBT調査（LGBTの比率は5.2%） 2014　セクシュアル・ハラスメント指針の改正 [*2] 2014　国連自由権規約委員会第6回日本の政府レポート審議の最終見解（LGBT差別の撤廃）[*総論] 2015　東京都渋谷区「同性パートナーシップ条例」成立（同性カップルに「結婚証明書」を発行し、事業者への配慮を求める。ただし、証明書に法的効力はない）[*1] 2015　電通LGBT調査（LGBTの比率は7.6%・市場規模は5.94兆円）

※［　］内の*数字は、本書の章番号およびコラム（C）番号をさす。

（作成：三成美保）

二宮　周平（にのみや・しゅうへい）
立命館大学名誉教授。1951年生まれ。専門：家族法。主な著書：『事実婚の現代的課題』（日本評論社、1990年）、『家族と法』（岩波新書、2007年）、『家族法〔第4版〕』（新世社、2013年）、共編著『離婚紛争の合意による解決と子の意思の尊重』（日本加除出版、2014年）、共著『離婚判例ガイド〔第3版〕』（有斐閣、2015年）。【第2章】

野村　鮎子（のむら・あゆこ）
奈良女子大学研究院人文科学系教授。1959年生まれ。専門：中国文学・中国女性史。主な著書：『帰有光文学の位相』（汲古書院、2009年）、『ジェンダーからみた中国の家と女』（共編著、東方書店、2004年）、『中国女性史入門——女たちの今と昔』（共編著、人文書院、2004年）、『台湾女性史入門』（共編著、人文書院、2008年）、『台湾女性研究の挑戦』（共編著、人文書院、2010年）。【COLUMN 3】

原　ミナ汰（はら・みなた）
NPO法人共生社会をつくるセクシュアルマイノリティ支援全国ネットワーク代表理事、よりそいホットラインセクシュアルマイノリティ専門ライン統括コーディネーター、翻訳通訳業。1956年東京生まれ。主な翻訳書に、『レスビアンの歴史』（原 美奈子名義、共訳、筑摩書房）、『生きる勇気と癒す力』（原 美奈子名義、共訳、三一書房）、Transforming Japan -- How Feminism and Diversity are making a Difference(Minata HARA名義、共訳、The Feminist Press)。【COLUMN 2】

山崎　明子（やまさき・あきこ）
奈良女子大学研究院生活環境科学系教授。1967年生まれ。専門：視覚文化論。主な著書：『近代日本の「手芸」とジェンダー』（世織書房、2005年）、『ひとはなぜ乳房を求めるのか——危機の時代のジェンダー表象』（共著、青弓社、2011年）。【COLUMN 4】

鈴木　則子（すずき・のりこ）
奈良女子大学研究院生活環境科学系教授。専門：日本近世史。主な著書：『歴史における周縁と共生――女性・穢れ・衛生』（編著、思文閣出版 、2014年）、『江戸の流行り病――麻疹騒動はなぜ起こったのか』（吉川弘文館、2012年）。【第5章】

髙岡　尚子（たかおか・なおこ）
奈良女子大学研究院人文科学系教授。1964年生まれ。専門：フランス文学。主な著書：『摩擦する「母」と「女」の物語――フランス近代小説にみる「女」と「男らしさ」のセクシュアリティ』（晃洋書房、2014年）、『恋をする、とはどういうことか？　――ジェンダーから考える ことばと文学』（編・共著、ひつじ書房、2014年）。【COLUMN 5】

谷口　洋幸（たにぐち・ひろゆき）
青山学院大学法学部教授。専門：国際法・ジェンダー法。主な著書：『性的マイノリティ判例解説』（編著、信山社、2011年）、『性同一性障害――ジェンダー・医療・特例法』（共著、御茶の水書房、2008年）。【第3章】

田野　大輔（たの・だいすけ）
甲南大学文学部教授。1970年生まれ。専門：歴史社会学・ドイツ現代史。主な著書：『魅惑する帝国――――政治の美学化とナチズム』（名古屋大学出版会、2007年）、『愛と欲望のナチズム』（講談社選書メチエ、2012年）。【第7章】

中里見　博（なかさとみ・ひろし）
大阪電気通信大学共通教育機構人間科学教育研究センター教授。1966年生まれ。専門：憲法。主な著書：『憲法24条＋9条――なぜ男女平等がねらわれるのか』（かもがわ出版、2005年）、『ポルノグラフィと性暴力――新たな法規制を求めて』（明石書店、2007年）、『脱原発のための平和学』（共著、法律文化社、2013年）。【第1章】

■編著者紹介（【　】内は執筆箇所）

三成　美保（みつなり・みほ）
追手門学院大学教授・奈良女子大学名誉教授。1956年生まれ。
専門：ジェンダー史・ジェンダー法学・西洋法制史。
主な著書：『ジェンダーの法史学――近代ドイツの家族とセクシュアリティ』（勁草書房、2005年）、『ジェンダーの比較法史学――近代法秩序の再検討』（編著、大阪大学出版会、2006年）、『権力と身体』（共編著、明石書店、2011年）、『歴史を読み替える――ジェンダーから見た世界史』（共編著、大月書店、2014年）、『講座ジェンダーと法、第1巻ジェンダー法学のインパクト』（共編著、日本加除出版、2012年）、『ジェンダー法学入門（第2版）』（共著、法律文化社、2015年）。【はじめに】【総論】

■執筆者紹介（五十音順・【　】内は執筆箇所）

内田　雅克（うちだ・まさかつ）
元・東北芸術工科大学教授。1957年生まれ。専門：英語教育・男性史。主な著書：『大日本帝国の「少年」と「男性性」――少年少女雑誌に見る「ウィークネス・フォビア」』（明石書店、2010年）、「日本人男性の「男性性」――軍事化プロセスにおける「少年」を捉えて」『「慰安婦」問題を／から考える――軍事性暴力と日常世界』（共著、岩波書店、2014年）。【第6章】

長　志珠絵（おさ・しずえ）
神戸大学大学院国際文化学研究科教授。 1962年生まれ。 専門：日本近現代史。主な著書：『歴史を読み替える――ジェンダーから見た日本史』（共編著、大月書店、2015年）、『ジェンダー史』（共著、山川出版、2014年）、『占領期・占領空間と戦争の記憶』（有志舎、2013年）。【COLUMN 1】

木村　朗子（きむら・さえこ）
津田塾大学教授。1968年生まれ。専門：日本文学。主な著書：『女たちの平安宮廷――『栄花物語』によむ権力と性』（講談社メチエ、2015年）、『震災後文学論――あたらしい日本文学のために』（青土社、2013年）、『乳房はだれのものか――日本中世物語にみる性と権力』（新曜社、2009年）など。【第4章】

世界人権問題叢書94

同性愛をめぐる歴史と法
尊厳としてのセクシュアリティ

2015年8月31日　初版第1刷発行
2022年8月31日　初版第3刷発行

編著者　三　成　美　保
発行者　大　江　道　雅
発行所　株式会社 明石書店
〒101-0021　東京都千代田区外神田6-9-5
電　話　03（5818）1171
ＦＡＸ　03（5818）1174
振　替　00100-7-24505
http://www.akashi.co.jp

組　版　朝日メディアインターナショナル株式会社
装　丁　明石書店デザイン室
印　刷
製　本　モリモト印刷株式会社

（定価はカバーに表示してあります）　ISBN978-4-7503-4239-9